W0065747

Anne Christen

Flucht nach vorn

BASTEI-LÜBBE-TASCHENBUCH
Band 61324

Erstveröffentlichung
© 1995 by Gustav Lübbe Verlag GmbH, Bergisch Gladbach
Printed in Germany, März 1995
Einbandgestaltung: Manfred Peters
Titelillustration: Gemälde von José Luis Serrano
Satz: hanseatenSatz-bremen, Bremen
Druck und Bindung: Ebner Ulm
ISBN 3-404-61324-4

Inhalt

Vorwort 7
Kapitel I: Flucht nach vorn 11
Kapitel II: Spießrutenlauf 24
Kapitel III: Die große Chance 39
Kapitel IV: Alte Wurzeln, neues Leben 50
Kapitel V: Auf revolutionären Pfaden 65
Kapitel VI: »Excélsior«
oder: Bereite den Weg,
indem du ihn gehst 84
Kapitel VII: Ein konterrevolutionäres Kind 90
Kapitel VIII: »Las Madres Libertarias«
oder: Die kämpferischen Mütter 111
Kapitel IX: Der Pfeil der schnöden Diana 131
Kapitel X: Irrungen, Wirrungen und viele
Überraschungen 158
Kapitel XI: Das große Beben 177
Kapitel XII: Der Countdown läuft 203
Kapitel XIII: Ein falscher Schritt 216
Kapitel XIV: Das bittere Ende 236
Kapitel XV: Stunde Null 251
Kapitel XVI: Kampf der Giganten 255
Kapitel XVII: Überraschende Wende 299

Vorwort

Das Buch »Nicht ohne meine Tochter« von Betty Mahmoody hat mich fasziniert. Ich konnte es nicht mehr aus der Hand legen. In ihrem Kummer und ihrem Kampf habe ich mich mit der Autorin identifiziert, denn ich habe Ähnliches erlebt, auch wenn sich meine Geschichte in einem anderen Kulturkreis abgespielt hat und überhaupt anders verlaufen ist.

Gierig habe ich jeden Zeitungsartikel gelesen, der zu Betty Mahmoodys Buch erschien. Doch die Einwände mancher Kritiker (und besonders die mancher Kritikerinnen), daß sich Betty Mahmoody nicht genügend mit dem Land ihres Mannes auseinandergesetzt habe, daß sie sich von Vorurteilen habe leiten lassen und diese auch noch verbreite — spielen sie wirklich eine Rolle? Stellt sich nicht eher die Frage: Welche Wahl hatte sie, Betty-Frau und Betty-Mutter? Jeder handelt doch entsprechend seiner individuellen Vorgeschichte! Und bleibt die Intellektualität in einem persönlichen Konflikt nicht bei jedem auf der Strecke?

Ich habe viele Berichte von Frauen gelesen, die ihre Kinder an ihren Mann »verloren« haben. Sie haben alle eines gemeinsam: Einer der Elternteile ist immer der Verlierer. Und warum? Weil letztlich keiner zugeben will, daß das gemeinsame Kind am Ende der Beziehung zum Machtmittel wird. Und je gebildeter die Eltern sind (dabei ist der Kulturkreis, aus dem sie kommen, völlig gleichgültig), desto erbitterter, raffinierter, ja machiavellihafter wird der Kampf um das Kind geführt: Das Kind wird zum Synonym für Macht. Aber das Schlimmste an diesem Machtkampf ist, daß das eigentliche Opfer das Unschuldigste an der ganzen Geschichte ist: Seine einzige »Schuld« besteht darin, daß es existiert! Wir Eltern, die wir uns um unsere Kinder streiten, nehmen uns einfach das Recht zu richten und rauben dem Kind aus Egoismus die Möglichkeit, sich mit dem anderen Teil seines Ichs zu identifizieren, es überhaupt kennenzulernen und sich damit auseinanderzusetzen. Den verlassenen, den vom anderen »annullierten« Elternteil verdammen wir zu Trauer, Verzweiflung, Haß, Wut und Resignation.

Und schließlich: Jeder ist das Ergebnis seiner eigenen Geschichte, selbst wenn diese vom Umfeld, in dem man aufgewachsen ist und in dem man sich später — freiwillig oder unfreiwillig — bewegt, geprägt ist. Die Antwort, die Reaktion auf einen Konflikt, ist immer individuell. Egal, aus welchem Land oder Kulturkreis man stammt, jeder glaubt nur das, was er glauben will, hat nur für das Augen, was er sehen will. Da betrügt und belügt jeder sich selbst. Und das nur, um nicht als Verlierer dazustehen! Aber wer schon zu sich selbst nicht ehrlich ist, der kann auch zu anderen nicht ehrlich sein.

Als ich im Dezember 1986 allein mit meiner ersten Tochter nach Deutschland zurückkehren mußte, glaubte ich, alles verloren zu haben: meine kleine Tochter, die damals sechs Jahre alt war, unser schönes Zuhause in Mexiko, meine Arbeit beim »Excélsior«, die mir die ausgefülltesten Jahre meines Lebens bescherte, meine Freundin Mina und meine große Liebe Peter. Mit meiner kleinen Tochter verlor ich Mexiko, verlor ich mich selbst.

Ich kehrte in eine Welt zurück, aus der ich dreizehn Jahre zuvor geflüchtet war, die schon lange nicht mehr meine war. Ich glaubte, in eine Geschichte zurückgedrängt zu werden und in ein Ich, die ich ablehnte und dachte abgeworfen zu haben. Zu meiner unermeßlichen Trauer kamen die Wut und der Haß, aber das Schlimmste war das Gefühl der Ohnmacht, in der ich mich selbst verfangen hatte.

Der Kampf um meine Tochter war auch ein Kampf um mich selbst. Erst als ich sie wiederhatte, begriff ich, worum es eigentlich wirklich gegangen war und worum es ging. Und erst da begann ich mich zu fragen: ›Wer bin ich eigentlich?‹ Und: ›Was will ich?‹ Als ich mir diese Fragen beantworten konnte, lernte ich zu verzeihen — nicht nur Lauras Vater, sondern auch mir — und war damit in der Lage, unsere Welt, das heißt meine und die meiner Kinder, wieder ins Lot zu bringen und ihren Vater sowie ihre mexikanische Familie darin zu integrieren, auch wenn wir nicht mehr in Mexiko leben.

Ich habe nicht nur meine Tochter wieder, meine Tochter hat ihre Eltern wieder, ihre Wurzeln und ihre Identität. Das gleiche gilt für meine große Tochter, die als Baby von wenigen Monaten einen Vater und eine Familie gewann. Und ich habe mich und mein Mexiko wieder!

Kapitel I

Flucht nach vorn

An alle die fliegen auf der Suche nach ihrem Schatten.
Merkt Ihr nicht daß er Euch immer begleitet?
An alle die ihre Wahrheit suchen.
Welche?
Ich weiß es nicht.
Darum fliege ich.

Mexiko-Stadt, den 27. Mai 1990

Lieber Raúl,
wenn Du diesen Brief liest, sind wir schon wieder auf dem Rückflug nach Deutschland. Wie gerne wäre ich in Mexiko geblieben! Und Marlene und Laura auch. Aber das Schicksal hat es wohl nicht gewollt. Oder waren wir selbst unser Schicksal?
Es ist heute elf Jahre her, daß Du mich in Deiner Buchhandlung an der »Avenida Baja California« angesprochen hast. Ich hatte — halb gedankenlos, halb interessiert — das Buch »México insurgente« von John Reed in der Hand und wollte es gerade wieder ins Regal stellen.
Später habe ich es dann ja doch gelesen . . .
Damals aber suchte ich eigentlich etwas über die Geschichte Mexikos, über die historische Revolution, weniger etwas über die revolutionäre Zukunft und den Sieg der Arbeiter- und Bauernklasse. Mit Deinen Hinweisen auf die Schriften der »Revolutionären Arbeiterpartei« und der IV. Internationalen konnte ich jedenfalls nicht viel anfangen.

Die Ideale und Ziele der mexikanischen Trotzkisten waren mir damals so schnuppe wie die der Moskowiter Kommunisten. Ich wollte doch nur etwas über Land und Leute lernen und nicht der Revolution oder gar einem lebendigen Revolutionär begegnen . . .

Bei uns in Deutschland gab es so etwas wie Revolutionäre allenfalls in Form der Terroristen der RAF oder Angehörigen der Baader-Meinhof-Gruppe, die in konspirativen Wohnungen hockten und Bomben bastelten. Und nun in Mexiko ein richtiger Revolutionär! Ohne Bombe in der Tasche, aber immerhin mit Pistole. Einfach so in der Buchhandlung. Das hat meine Neugier geweckt. Irgendwie sahst Du auch so aus, wie man sich einen richtigen Revolutionär vorstellt: Baskenmütze, verwegener Bart, schwarz eingerahmte, funkelnde Augen und die außergewöhnliche Kombination einer rostfarbenen Kordhose mit einem rot-weiß-gestreiften Hemd. Unmöglich. Aber interessant.

Daß wir uns einmal bis aufs Blut bekriegen würden wegen unserer Tochter Laura, das ahnten damals weder Du noch ich. Wie konnten wir auch?! Ein »Wir« gab es noch nicht. Es war zunächst auch gar nicht vorstellbar: Du, der mexikanische »Revolutionär«, und ich – die Bourgeoise aus dem Wirtschaftswunderland Deutschland, in Mexiko im Dienste der »kapitalistischen Ausbeuter« tätig. Eigentlich natürliche Feinde!

Vielleicht konnte es schon deshalb mit uns nicht gutgehen, obwohl wir ja eine Zeitlang sehr glücklich gewesen sind. Unsere Welten und unsere Geschichte hätten gegensätzlicher nicht sein können. Laura, unser – wie Du einmal gesagt hast – »konterrevolutionäres Kind«, ist inzwischen groß. Eure Revolution träumt dagegen noch immer von ihren großen Zielen. Eine Enttäuschung warst Du damals nicht . . .

Ich bin froh, daß wir nach allem nun wieder zusammensitzen konnten, ohne uns böse zu sein. Auch ohne den Zwang, uns weh zu tun. Und Deine neue Frau Olivia finde

ich eigentlich ganz nett, auch wenn ich sie wohl auf eine ge-
wisse Art gehaßt habe. Bekanntlich bringt Haß aber wenig,
vor allem demjenigen, der haßt . . .

Auch macht es mich glücklich, daß Du Marlene noch im-
mer als Dein Kind liebst. Für sie bist Du ihr Vater. Ich habe
mich oft gefragt, ob es das gibt: die »Macht des Schicksals«.
Ich glaube, das Schicksal hält manche Chance und Unbill
für uns bereit, aber wir entscheiden darüber, was wir daraus
machen. Du hast mir oft vorgeworfen, daß ich vor mir selbst
weglaufe. Manchmal sicherlich zu Recht. Aber eines mußt
Du mir zugestehen: Es war stets eine Flucht nach vorn . . .

Ich glaube nicht an Zufälle.

Es war ein ungewöhnlich warmer Tag im November
1952, als ich in einer alten Villa am Starnberger See auf die
Welt kam. Vermutlich zieht es mich deshalb immer wieder
in warme Gefilde.

Mein Vater war ein international tätiger Wirtschaftsbera-
ter und streunte mit seiner Familie durch die Welt. So lernten meine vier Geschwister — meine älteren Schwestern
Ruth und Birthe, mein älterer Bruder Nico sowie das Nest-
häkchen Martin — und ich mehr als ein Dutzend Schulen
und Internate in ganz Deutschland und Europa von innen
kennen.

Das Vagabundenleben tat unserer Familie nicht gut. Eines Tages wurde es auch meinem Vater zuviel, und er be-
schloß, Reeder zu werden. Zwar mit der Welt verbunden,
aber von zu Hause aus.

Es war eine verhängnisvolle Entscheidung: Sein Partner
war ein Gauner, und mein Vater haftete und zahlte mit seinem ganzen Vermögen. Darüber ging die Ehe meiner Eltern in die Brüche, mein Vater flippte völlig aus und war
fortan praktisch nicht mehr existent.

Mit fünfzehn war meine heile Welt eines verwöhnten
Mädchens unversehens zerstört. Meine Lebensträume wa-

ren von einem zum anderen Tag ausgeträumt: Ich mußte die Schule verlassen, Abitur und Studium wurden unrealistisch. Eigentlich begann meine Odyssee an jenem 13. Mai 1967, als mein Vater meinen Bruder Nico und mich unversehens aus dem Unterricht im Internat am schönen Bodensee herausholte und einfach mit nach Hamburg nahm.

Meine Mutter war eine schöne, aber strenge Frau. Von Geburt Dänin, stammte sie aus einem sehr bürgerlichen Elternhaus, in dem großer Wert auf Tradition gelegt wurde. Sie erzog uns mit eiserner Hand. Ein Blick aus ihren großen, grauen Augen genügte, uns zur Raison zu bringen. Wir waren immer froh, wenn unser Vater zu Hause war — dann wurde ihre Stimmung besser, sie war heiterer und gelöster. Sie war die perfekte Hausfrau und Gastgeberin, und trotz des großen Hauses, das sie führte, nahm sie sich stets Zeit für ihre Zeitung und für ein gutes Buch. Die Lektüre der »FAZ« entsprach fast einem Ritual, das niemand stören durfte.

Ich verehrte meinen Vater sehr. Er war ein geselliger, heiterer Mann, der wunderbar erzählen konnte und seine Erzählungen noch durch eine lebhafte Mimik unterstrich. Er konnte mit den Ohren wackeln , wie schon mein Großvater, und je nachdem, was er erzählte, sah er spöttisch oder bedrohlich aus, und seine buschigen, widerspenstigen Brauen tanzten über den dicken Rändern seiner Brille.

Unser tägliches Abendbrot entsprach einer Zeremonie. Wir Kinder scharten uns um den Tisch und folgten gebannt den Gesprächen unserer Eltern über Politik, Bücher, Musik und Theater, über die Begegnungen meines Vaters mit den unterschiedlichsten Menschen aus Wirtschaft und Politik oder über fremde Länder, die er bereist hatte. Oft brachte er Besuch aus aller Welt mit nach Hause: aus den USA, aus Indien und Pakistan, aus England. So wurde früh in uns das Interesse für das Ausland geweckt. Über die Grenzen unseres Landes hinauszuschauen war etwas Selbstverständliches, obwohl wir niemals unsere Ferien woanders als in Deutschland verbracht haben. Das Abendessen endete immer mit demselben Ritual: Mein Vater zündete zwei Zigaretten gleichzeitig an und reichte eine quer über den ganzen Tisch meiner Mutter. Er stützte den Ellbogen auf den Tisch, die rauchende Zigarette in der Hand, und schaute in die Runde seiner fünf Kinder, als ob er auf unseren Applaus wartete. Dann durften wir erzählen, bis meine Mutter die Tafel aufhob und der tägliche Streit zwischen meinen Geschwistern und mir losbrach, wer das Geschirr abwusch und wer abtrocknete.

Mein Vater zog sich daraufhin in sein Arbeitszimmer zurück. Umgeben von Hunderten Büchern, saß er an seinem schweren Schreibtisch, stopfte seine Pfeife und schrieb oder las. Ich liebte den Tabakduft nach Pflaumen und Karamel, der auch an seinen Jacketts aus rauhem Tweedstoff haftete. Er hörte gern klassische Musik, und wehe, wir unterbrachen ihn dabei: »Psst«, sagte er dann, und vorbei war jede Chance, mit ihm zu reden.

Ich war sehr schüchtern und hielt mich außerdem für häßlich mit meinen unzähligen Leberflecken im Gesicht und den großen weißen Flecken auf meinen Schneidezähnen. In der Schule wurde ich gehänselt, weil ich eine Brille trug. Dabei war ich kein häßliches Mädchen, aber sich hübsch zu finden war bei uns verpönt. Meine Mutter schimpfte dann und meinte: »Bildet euch ja nichts darauf ein.« Damit unterstützte sie meine Schüchternheit noch.

Als unser Zuhause zerbrach, wurden wir in alle Richtungen zerstreut. Meine Mutter behielt unseren jüngsten Bruder, meine beiden Schwestern heirateten, und mein ein Jahr älterer Bruder und ich mußten arbeiten. Uns schlug es nach einem kurzen Intermezzo in Hamburg nach Berlin in die Nähe unseres Vaters, und ich setzte es durch, wieder zur Schule gehen zu dürfen, auch wenn ich nebenbei jobben mußte. Die frühe Selbständigkeit machte mich selbstbe-

wußter, aber nicht unbedingt reifer. Ich war extrem liebebe-
dürftig und hechelte nach Anerkennung — und die beinhaltete für mich, von einem Mann geliebt zu werden, der etwas
darstellte. Daß meine erste große Liebe ein Student war,
der obendrein aus einem guten, betuchten Elternhaus
stammte, war bezeichnend für mich. Mit gleichaltrigen
Jungs konnte ich nichts anfangen.

Die Zeit mit Jan in Berlin war herrlich. Ich ging zur
Schule, wohnte wieder bei meiner Mutter, die uns nachge-
reist war, und lebte so, wie es sich für ein junges Mädchen
gehört — unbeschwert und sorgenfrei, verliebt und ausgelassen. Aber es war nur ein Aufschub, die Ruhe vor dem
großen Sturm. Meine Mutter verließ Berlin schließlich mit
meinem kleinen Bruder, und mein Freund Jan machte mit
mir Schluß, als er sein Studium beendet hatte, um seine Ju-
gendfreundin »aus gutem Hause« zu heiraten. Ich war siebzehn Jahre alt, hatte nichts und konnte nichts. Ich versuchte,
eine Lehrstelle zu bekommen, und scheiterte immer wieder
daran, daß das Geld nicht zum Überleben reichte. Es war
ein Teufelskreis.

Ich weiß nicht, was aus mir geworden wäre, wenn mich
Jans Eltern nicht von Berlin zu sich nach Düsseldorf geholt
hätten. Sie mochten mich sehr und fühlten sich für mich irgendwie verantwortlich. Sie gaben mir nicht nur ein neues
Zuhause, sondern ermöglichten mir auch einen sauberen
Start ins Leben. Sie schickten mich zur Sprachenschule, und
als ich dann stabil genug war, suchte ich mir eine Arbeit als
Sekretärin und ein eigenes Zimmer. Ich liebte sie sehr, aber
der Schmerz, daß Jan, meine erste große Liebe und der erste Mann in meinem Leben, mich verlassen hatte, weil ich
seinen gesellschaftlichen Ansprüchen nicht genügte, saß
tief. So entwickelte ich einen ungeheuren Ehrgeiz und Bildungshunger. Mit aller Macht wollte ich beweisen, daß ich
es wert war, nicht nur geliebt zu werden, sondern auch, daß
man bei mir blieb. Ich baute eine Fassade aus Stolz, Selbst-

bewußtsein und burschikosem Auftreten auf, hinter der ich meine große Unsicherheit und Verletzlichkeit zu verbergen suchte. Entsprach das nicht auch meiner Erziehung? – Sich nur nicht anmerken lassen, wie es in einem aussieht!

Mein »Vize-Mütterchen« nimmt heute noch, nach über fünfundzwanzig Jahren, einen festen Platz in meinem Leben ein. Unsere Beziehung hatte später nichts mehr mit Jan zu tun. Sie bewunderte meinen Ehrgeiz und meinen Kampfgeist, der mich 1972 schließlich als Redaktionssekretärin zu einer großen Zeitung führte.

Für mich begann damit eine sehr glückliche Zeit. Meine Arbeit machte mir sehr viel Freude. Ich wurde angespornt, gefördert, war beliebt und genoß das Leben so, wie man es als Zwanzigjährige tut. Ich lernte Autofahren, verdiente Geld, war spontan, unbedarft und fröhlich. Die bitteren Erfahrungen hatte ich völlig verdrängt.

Mein Glück schien vollkommen, als ich eines Tages in meinem Stammcafé, dem »Muggel« in Oberkassel, Hans begegnete. Mich beeindruckte seine seriöse Erscheinung. Er war sehr groß und schlank, mit einem scharf gezeichneten Gesicht und einer griechischen Nase, die sich ein wenig nach oben bog und auf der eine große, modische Brille saß. Mit seinen angegrauten Schläfen und Geheimratsecken verkörperte er in meinen Augen den klassischen erfolgreichen Manager. Seine Erscheinung erinnerte mich sehr an Jan, wie er so an einem kleinen Tisch saß, Tee trank und die »FAZ« las. Auch meine Eltern lasen immer die »FAZ«, und diese Zeitung war für mich der Inbegriff von Bildung, Kultur und Gediegenheit. Bei mir war es Liebe auf den ersten Blick. Und es begann so, wie ich glaubte, daß es sein müßte: Erst beäugten wir uns nachhaltig, dann trafen wir uns immer »rein zufällig« zur selben Zeit zum Kaffee. Als wir schließlich ins Gespräch kamen, waren wir schon alte Bekannte. Nach seiner ersten Einladung ins Kino und zum Essen schwebte ich wie auf Wolken. Daß er seriös war, unterstrich er noch dadurch, daß er mich immer brav nach Hause brachte. Er war dreizehn Jahre älter als ich und genoß es, mir, dem Küken, etwas zeigen zu können. Als er mit mir durch halb Europa reiste, glaubte ich, das große Los gezogen zu haben.

Allerdings konnte ich mit ihm nie gut reden. Es ärgerte ihn, wenn ich über meine Familie sprach und den Kummer, den ich mit ihr hatte. Da ich im Gegensatz zu ihm kein Abitur gemacht und demzufolge auch nichts studiert hatte, meinte er, mir etwas beibringen zu müssen, stellvertretend für meinen Vater, den er verachtete, weil er seine Familie im Stich gelassen hatte. Er warf mir vor, einen solchen Vater zu haben, nach dem Motto: »Der Apfel fällt nicht weit vom Stamm.« Es gab kaum etwas, das ich ihm recht machen konnte, und er duldete keinen Widerspruch. Er konnte es nicht ertragen, wenn ich in der Öffentlichkeit seine Hand nahm und seine körperliche Nähe suchte. Zeigte ich mich darüber traurig, so machte er mich lächerlich. Nur wenn wir bei ihm zu Hause waren und er nach einem Drink seine geschäftsmäßige Fassade ablegte, war er lieb und zugänglich. Manchmal weinte ich angesichts seiner Härte und Gefühllosigkeit. Dann wandte er sich ab und sagte mit Eiseskälte: »Dein Weinen ist nur subjektiv.«

Damals konnte ich über diese Bemerkung nicht lachen. Es dauerte Monate, bis er sich herabließ, mit zu meinen Vize-Eltern zu kommen. Meine Vize-Mutter fragte mich oft, wo denn mein Stolz geblieben sei und warum ich mir das alles gefallen ließ. Holte er mich bei ihnen ab, so klingelte er und wartete mit laufendem Motor. Wenn ich später vor ihrem Haus wieder ausstieg, jagte er mit quietschenden Reifen davon. Er raste mit hundertachtzig über die Autobahn, drängelte und schimpfte und war stolz darauf, wenn er sagte, daß sein Leben irgendwann einmal an der Leitplanke enden würde.

Dennoch faszinierte er mich. Er konnte mit mir stundenlang durch Paris wandern, am »Boulevard Saint Michel« und im Quartier Latin die alten Buchhandlungen durchstöbern und auf den Spuren von Henry Miller oder Proust, Sartre und Simone de Beauvoir oder Manès Sperber wandeln. Er schleppte mich in sämtliche Museen von Paris, ließ keine Ausstellung aus.

Nirgendwo bin ich so viel zu Fuß durch eine Stadt gegangen wie in Paris, das ich schon als kleines Mädchen kennengelernt hatte, weil unsere Familie dort ein paar Jahre gelebt hat. Hans war fassungslos, als ich ihm das erzählte, und fast beleidigt, daß ich schon vor ihm in Genf gewesen war.

Einmal fand in Düsseldorf eine Ausstellung mit Werken des Expressionismus statt. Ausnahmsweise interessierte sie mich, denn eigentlich haßte ich es, mit Hans ins Museum zu gehen. Kaum betrat ich mit ihm solch heilige Hallen, überfiel mich eine unerklärliche, lähmende Müdigkeit. Im Schloß von Versailles hätte ich mich am liebsten auf eine Bank zum Schlafen gelegt. Aber zu den Expressionisten wollte ich gehen, denn ich liebte Chagall. Allein um ihn zu sehen, kam ich mit. Unter den ausgestellten Werken fehlte natürlich Picasso nicht. Ich habe seine Bilder nie gemocht. Seine eckigen Gesichter erschreckten mich; sie erschienen mir monströs. Hans konnte das nicht verstehen. »Wie kannst du so etwas sagen! Das ist ein Picasso!!!« antwortete er mir entrüstet. »Ich werte ihn ja auch nicht ab. Er ist ein großer Künstler, aber ich mag ihn nicht! Kunstgeschmack ist eben subjektiv«, wehrte ich mich. Wenn in der »FAZ« eine schlechte Filmkritik stand, dann war der Film eben schlecht, dann sah man ihn sich auch nicht an: So war Hans.

Aber: Hans hat mir entscheidende Impulse gegeben und in mir die Saat gelegt, die erst viele Jahre später in Mexiko zum Tragen kommen sollte. Und damit meine ich nicht allein unsere Tochter Marlene . . .

Immer wenn ich mich über Hans geärgert hatte, ging ich abends ins »Sassafras«, meine Stammkneipe in der Düsseldorfer Straße in Oberkassel, in der ich auch wohnte. Beim langhaarigen Edi und seiner schönen Christa traf immer ein lustiges Volk zusammen: Journalisten, Ärzte, Schriftsteller, Maler und viele junge Leute, die wie ich noch auf der Suche nach sich selbst waren.

Meine Begegnung mit Manfred Beckert im Sommer 1973 war schicksalhaft, auch wenn er selbst in meinem Leben keine weitere Rolle spielen sollte als die, mich nach Mexiko gebracht zu haben. Er saß am Stammtisch und erzählte von Mexiko, wo er bei einer deutschen Firma arbeitete. Ich lauschte wie hypnotisiert seinen Berichten vom blauen Himmel, von den Pyramiden, dem Meer und den Palmen, von den heiteren Menschen, die einen Fremden schnell in ihre Gemeinschaft aufnahmen.

Meine Gedanken schweiften zu meinem Freund Eckehard aus der Volksschule in Hohentengen, einem kleinen, wunderschönen Dorf am Hochrhein, wo ich glückliche Kindheitsjahre verbracht habe: Sein Vater war Ingenieur in Mexiko gewesen und kam dort ums Leben. Eckehard hatte uns damals viel von diesem Land erzählt, ohne daß wir wußten, wo es überhaupt lag. Aber ich stellte es mir wunderschön vor! Und ich erinnerte mich plötzlich an die Erzählungen meiner Großmutter über ihre große Liebe Robert, als sie siebzehn war und ihre Eltern ihr verboten, ihn zu heiraten. Ebenfalls Ingenieur, war er noch vor dem Ersten Weltkrieg nach Mexiko gegangen, wo er in Minatitlán im Bundesstaat Veracruz beim Aufbau der Erdölindustrie mitarbeitete. Er fiel im Ersten Weltkrieg, doch meine Großmutter hörte nie auf, von ihm zu träumen.

Manfred beobachtete mit Genugtuung mein Interesse. Als er sagte, daß in Mexiko die Jobs für Deutsche fast auf der Straße lagen, war ich elektrisiert! Manfred war eigentlich überhaupt nicht mein Typ. Mit seinen braunen Augen, Vollbart und Halbglatze entsprach er nicht meinem Schönheitsideal. Aber er weckte in mir Träume: Ich sah mich in

Mexiko, unter blauem Himmel, auf Parties mit imaginären Freunden, in einem schönen kleinen Haus, umgeben von einem Garten voller exotischer Blumen und Büsche. Und natürlich hatte ich einen Traumjob in einer deutschen Firma!

Nach jenem Abend kam mir Deutschland öde vor. Hans, der dauernd an mir herummäkelte, mein Chef bei der Zeitung, der meinen Ehrgeiz ständig bremste (es reichte, wenn ein junges Mädchen wie ich als Sekretärin arbeitete und dann irgendwann heiratete . . .), meine zerrissene und zerstrittene Familie.

Ich wollte nach Mexiko! Aber ich konnte mich nicht von Hans trennen. Manfred schrieb mir regelmäßig aus Mexiko, was meine Sehnsucht nach diesem Land und meine Neugier lebendig hielt.

Sein zweiter Besuch in Deutschland im März 1974 fiel in eine Zeit, in der meine Probleme mit Hans eskalierten. Inzwischen hatte ich an Selbstbewußtsein gewonnen und wagte es, Hans in Frage zu stellen. Er hatte die Rechnung ohne den Wirt gemacht. Er konnte es nicht verkraften, daß das junge, unbedarfte Mädchen anfing, seinen Kopf zu gebrauchen und ihm Paroli zu bieten. Er bestrafte mich dafür mit Liebesentzug — und das konnte ich nicht ertragen.

Wie sollte ich da nicht für Manfreds Werben um mich zugänglich sein?

Als er mir einen Heiratsantrag machte, war ich überzeugt, daß in Mexiko ein Paradies auf mich wartete. Kaum war Manfred wieder abgeflogen, begann ich intensiv mit den Vorbereitungen meiner Auswanderung. Was hielt mich noch in Deutschland?

Mein Enthusiasmus erschreckte Manfred jedoch zutiefst. Wochenlang hörte ich nichts von ihm. Schließlich schrieb er mir, daß ich auf eigenes Risiko käme. Er werde mir helfen, aber versprechen könne er mir nichts.

Das war ein Schock! Wie sollte ich jetzt einen Rückzieher

machen? Ich hatte schon damals eine besondere Begabung dafür, Tatsachen, die ich nicht ertragen wollte, einfach nicht zur Kenntnis zu nehmen. Mein Stolz ließ ein Scheitern nicht zu. Ich wollte nach Mexiko, wie auch immer! Wie eine Besessene arbeitete ich auch noch nachts in einer Kneipe in der Altstadt, um mein Ticket nach Mexiko kaufen zu können.

Hans traute mir in keinem Moment zu, daß ich nach Mexiko gehen und ihn verlassen könnte. »Was willst du denn da? Ich bin doch so gut zu dir!« meinte er im Brustton tiefster Überzeugung.

Natürlich fehlten die warnenden Stimmen nicht. Allen voran meine ältere Kollegin bei der Zeitung, die Sekretärin unseres Chefs und »Säule« der Redaktion, sowie mein Chef, der es als unseriös betrachtete, daß eine junge Frau, um nicht zu sagen, ein junges Mädchen, ins Ausland ging. Ich hätte doch als Sekretärin ein ruhiges und gediegenes Dasein, wozu noch mehr Ehrgeiz entwickeln? Von dieser Zeitung ging man doch nicht einfach fort! Schon gar nicht in ein so diffuses Land wie Mexiko, wo nichts als ungewisse Abenteuer auf mich warten konnten!

Und schließlich mein Vize-Mütterchen. Sie war hin- und hergerissen zwischen Bewunderung für meinen Mut und der Sorge darum, daß ich »unter die Räder« kommen könnte.

»Anne, überleg es dir gut! Du hast doch etwas erreicht, hast eine gute Arbeit, eine schöne Wohnung, einen netten Kollegenkreis, bist beliebt. Und du hast einen Freund, der mit dir durch halb Europa reist!« sagte sie fassungslos und mußte dann über sich selbst lachen. »Typisch Anne, hast ja recht, warum solltest du es nicht schaffen? Du hast ja bisher auch alles gepackt.«

Am 29. Juni 1974 war es endlich soweit! Mexiko — das Ziel meiner Träume . . . und ich war ein Häufchen Elend! Hatte ich etwa Angst bekommen vor meiner eigenen Courage?

Ich war traurig und wütend darüber, daß niemand mich aufhielt oder bat zu bleiben. Meine letzte Nacht in Deutschland verbrachte ich bei meinem Vater in Bochum, und er brachte mich dann auch zum Bus nach Luxemburg. Für ihn schien mein Weg in die neue Welt etwas völlig Normales zu sein. Auch daß ich nur fünfzig Dollar Reisegeld hatte, beeindruckte ihn gar nicht. Er gab mir nicht einen Pfennig dazu. Ich fühlte mich so verloren. Aber es gab kein Zurück mehr!

Kapitel II
Spießrutenlauf

Mexiko-Stadt, den 19. Juli 1974

Liebes Vize-Mütterchen,
ich glaube, ich bin ein riesiger Dummkopf gewesen. »In Mexiko regnet es nicht!« — wissen Sie noch: Davon war ich felsenfest überzeugt. Ich hatte alles mögliche im Gepäck, sogar meinen Wecker, der mich hoch über den Wolken unsanft aus den Träumen riß. Im Kopfhörer hatte ich gerade das Lied »It never rains in California« gehört. »Es regnet nie in Kalifornien«, und wenn es dort nicht regnet, warum dann in Mexiko? Aber ein Blick aus dem Fenster belehrte mich eines Besseren.

Ich weiß nicht, ob der Regen ein schlechtes Omen war. Schon als sich die Maschine Mexiko-Stadt näherte und ich nichts als Wolken, Wolken, Wolken sah, hatte ich ein ungutes Gefühl. Es wurde zunehmend dunkler ... Ich konnte es nicht glauben. Das konnte, das durfte doch nicht wahr sein! Was sich schließlich vor meinen Augen ausbreitete, war ein riesiger Moloch, eingekesselt von hohen Bergen. Ich hatte einen wunderschönen See erwartet, aber der bestand nur noch aus dreckigen, großen Wasserlachen. Dazwischen machten sich ärmliche Hütten breit. Ich hatte mir den Texcoco-See ganz anders vorgestellt!

Manfred holte mich ab. Er freute sich riesig, vergessen waren sein Brief und seine Warnungen. Aber schon die Fahrt bei prasselndem Regen zu seinem Haus im Süden der Stadt enttäuschte mich maßlos. Die Straßen sind voll von alten, stinkenden Bussen, Lkws und Autos. Obwohl es Sonntag war, herrschte ein mörderischer Verkehr. Auf der recht weiten Fahrt vom Flughafen zu Manfreds Haus über häßliche Ausfallstraßen sah ich so viele ärmliche Hütten und Frauen und Kinder in bunten Lumpen, die inmitten der schwarzen Abgaswolken Kaugummi oder Papiertaschentücher an die Autofahrer verkauften, daß es mich deprimierte. Der Verkehr war so chaotisch, daß mir angst und bange wurde, denn Manfred fuhr ebenso verrückt, überholte mal links, mal rechts, um im nächsten Moment scharf zu bremsen oder ins allgemeine Hupkonzert einzufallen. Und es hörte nicht auf zu gießen! Ich war maßlos enttäuscht!

Inzwischen hat sich mein Eindruck jedoch etwas gebessert. Es stimmt, was ich in den Prospekten gelesen habe: In Mexiko scheint jeden Tag die Sonne. Jeden Morgen wacht man bei strahlend blauem Himmel auf, selbst in der Regenzeit! Die dunklen Wolken ziehen erst um die Mittagszeit auf. Dann wird es blitzschnell stockduster, und mit einem Knall fällt der Strom aus. Ein sintflutartiger Regen schüttet über die Stadt, und innerhalb von Minuten sind alle Straßen überflutet. Der Verkehr kommt hoffnungslos zum Stocken, und ein ohrenbetäubendes Hupen legt sich wie ein wildes Stakkato über die Metropole.

Manfred hat einen hübschen kleinen Bungalow in San Angel, einem der schönsten Viertel von Mexiko-Stadt. Die kleinen, engen Straßen sind noch mit Kopfsteinen bepflastert. Wunderschöne, romantische Häuser im spanischen Kolonialstil, inmitten phantastischer Gärten mit Bougainvilleen, Magnolien und Jacarandas, prägen die Umgebung und lassen den tosenden Verkehr der Stadt und die Armut vergessen.

Meine erste richtige Bekanntschaft mit Mexiko verdanke

ich übrigens Manfreds Dienstmädchen Angela. Sie hat mir die ersten nützlichen Begriffe und schließlich die ersten Sätze auf spanisch beigebracht. Inzwischen verständigen wir uns mit Hilfe des Wörterbuchs, unterstützt von Händen und Füßen, prächtig.

Ich begleite sie überallhin, meistens zum Einkaufen in den Supermarkt, einige lange Blöcke von unserem Haus entfernt, oder in die öffentlichen Markthallen, wo es bunt und lebendig zugeht . . .

Da mich Manfred oft allein ließ, hatte ich viel Zeit zum Briefeschreiben. Mit jedem Tag, der verging, wuchsen meine Zweifel, ob ich die richtige Entscheidung getroffen hatte. Ich ertappte mich dabei, daß ich mich nach Hans sehnte. Wie hatte ich nur glauben können, daß ich den einen gegen den anderen austauschen konnte? Und hatte mich Manfred nicht gewarnt? Ich wollte es nicht wahrhaben.

Nun saß ich in meinem Traumland, ohne Arbeit und abhängig von einem Mann, der nicht das geringste Interesse an mir hatte. Und ich konnte mit ihm ebensowenig anfangen: Er trank sehr viel. Das hätte meine Entscheidung, schnellstens nach Hause zurückzukehren, eigentlich erleichtern sollen. Aber ich wußte überhaupt nicht, was ich tun sollte.

Sollte ich zurück nach Deutschland, oder sollte ich es hier doch mit einer Arbeit versuchen? Kampflos wollte ich nicht aufgeben, und so fuhr ich schließlich zur Deutsch-Mexikanischen Industrie- und Handelskammer, deren Adresse ich von meiner Zeitung erhalten hatte. Ich wandte mich direkt an den stellvertretenden Geschäftsführer, der auch als freier Korrespondent arbeitete. Die Kammer verfügte über eine Arbeitsbörse, und ich dachte, daß man mir dort weiterhelfen könnte. Aber der einzige Rat, den mir der freundliche Herr gab, war, nach Deutschland zurückzukehren.

Ich erzählte ihm von Manfred, und er brach in schallendes Gelächter aus. »Was, Sie sind auch auf den reingefallen?« — »Wieso reingefallen?« fragte ich ganz verwirrt. — »Wir kennen hier schon wenigstens drei Mädchen, die er hat kommen lassen. Und alle landeten sie früher oder später bei mir!«

Nach dieser Antwort mußte ich erst einmal schlucken. »Und was ist aus diesen Mädchen geworden?« fragte ich. Die Antwort des Kammergeschäftsführers war ein Aha-Erlebnis: »Sie sind alle hiergeblieben. Einige arbeiten, andere haben geheiratet. Aber ich rate Ihnen: Gehen Sie zurück! Das hier ist kein Pflaster für Sie!«

Ich war natürlich weit entfernt davon, mich diesem gutgemeinten Ratschlag so einfach zu fügen. Was andere schafften, schwor ich mir, das schaffe ich auch!

Jedenfalls wollte ich es versuchen, und wenn es denn nicht klappen sollte, so wollte ich wenigstens noch etwas mehr vom Land kennenlernen. Und dazu brauchte ich Manfred! Wofür auch immer ich mich entscheiden würde, Manfred hatte versprochen, mir zu helfen, sei es für den Rückflug nach Deutschland oder den Neuanfang hier in Mexiko.

Ich ging zurück nach Hause und verbrachte mit Manfred einen wunderbaren Tag im malerischen Viertel von San Angel, auf einem großen Kuriositäten- und Kunstbasar, der jeden Samstag bei uns in der Nähe auf einer ehemaligen Hazienda — also einem alten Landgut — stattfand. Abends führte mich Manfred in eine »Peña« — eine rustikale Kneipe, in der Folkloregruppen Musik aus allen lateinamerikanischen Ländern spielten und sangen. Manfred erzählte mir, daß diese »Peñas« groß in Mode und *der* Treffpunkt der Intellektuellen, Studenten und jungen, politisch bewußten Generation Mexikos seien.

Die Stimmung war überwältigend, mitreißend! Ich ahnte etwas von dieser mir so fremden Welt, fühlte, daß ich nicht weit davon entfernt war, daß ich nur zugreifen mußte . . .

Und da sollte ich nach Deutschland zurückkehren? Diese Welt nicht entdecken? Nein, ich konnte noch nicht wieder nach Deutschland . . .

An diesem Abend wurde mir klar, daß ich einen Weg finden mußte. Ich war meinem Traum so nahe – nein, ich konnte nicht zurück, ich durfte nicht zurück!

Wenn Manfred bereit war, mir das Geld für den Rückflug zu geben, verdammt, dann konnte ich es genausogut für den Start in Mexiko verwenden! Immerhin hatte ich noch neunzehn Dollar, die ich nicht verbraucht hatte. Und neunzehn Dollar waren damals in Mexiko viel wert!

Manfred besorgte mir ein Zimmer bei einer Deutsch-Mexikanerin, Señora Salcedo. Sie hatte ein Haus in der »Colonia Chapultepec Morales«, nicht weit vom Chapultepec-Park und von »Los Pinos«, der Residenz des Präsidenten, entfernt.

Ihr Haus war ein typisch mexikanisches aus den vierziger Jahren, massiv gebaut und einstöckig, schlicht, ohne Schnörkel, weiß gestrichen und mit großen unterteilten, in Eisen gefaßten Fenstern. Hinter einer hohen Mauer gelangte man durch ein großes schwarzes Tor in den braun gefliesten Patio und von da aus direkt in die Küche.

Señora Salcedo war eine kleine, magere Frau mit kalten blauen Augen und schmalem Mund. Ihr verhärmtes Gesicht wurde von ihrem schwarzen, kurz geschnittenen Haar noch unterstrichen. Stets trug sie dunkle, gouvernantenhafte Kleider mit weißem Krägelchen. Sie war streng, und ihre Untermieter mußten sich an ihre Anordnungen halten. Das hieß vor allem: Frühstück von sieben bis acht; wer später kam, ging leer aus. Damit hatte man nicht unbedingt etwas verpaßt, denn es bestand aus einem wäßrigen gekochten Ei, dünnem Kaffee, fadem Weißbrot und sehr süßer Marmelade. Das einzige Zugeständnis, das sie an die Tradition des mexikanischen Frühstücks machte, war der frische Orangensaft.

Aber ihre Zimmer waren hübsch. Natürlich war Herrenbesuch verboten, und um 22.00 Uhr hatte man zu Hause zu sein, egal welchen Alters oder Geschlechts man war. Danach waren auch keine gegenseitigen Besuche mehr auf den Zimmern gestattet. Doch bei ihr fand sich ein lustiges Volk ein, das die strengen Regeln immer irgendwie zu umgehen verstand.

Manfred lieferte mich abends bei Señora Salcedo ab. Sie kannte ihn schon. ›Aha‹, dachte ich, ›meine Vorgängerinnen sind also auch bei ihr gelandet!‹ Aber das störte mich nicht weiter. Das Zimmer war für einen Monat bezahlt, und meine neunzehn Dollar hatte ich auch noch. Um mehr machte ich mir keine Gedanken.

Mexiko-Stadt, den 5. September 1974

Lieber Hans,
ich bin froh, daß Du meine Entscheidung verstehst. Mach Dir um mich keine Sorgen! Den ersten Spießrutenlauf in mein neues Leben habe ich bereits unbeschadet überstanden: Als ich neulich auf dem Weg zur Deutsch-Mexikanischen Industrie- und Handelskammer durch die Straßen ging, irritierte mich ein ständiges Gehupe neben mir. Ab und zu hielt ein Auto an und fuhr dann ganz langsam neben mir weiter. Ich war völlig verwirrt. Die Fahrer riefen mir ständig irgend etwas zu, das ich nicht verstand. Stimmte etwas nicht?
Und dann begriff ich: Das war meine erste Bekanntschaft mit den »Machos mexicanos«! Man hat mir erzählt, daß eine blonde Frau für die Mexikaner Freiwild ist, erst recht, wenn sie alleine durch die Straßen geht, auch am hellichten Tag. Als Blonde ist man automatisch eine »Gringa« (Fremde), auch wenn man nicht aus den USA kommt. Und die »Gringas«, so glauben die Mexikaner, sind immer auf der

Suche nach einem »latin lover«. Den Blick stoisch nach vorn gerichtet und die hupenden Mexikaner keines Blickes mehr würdigend, erreichte ich endlich die Kammer. – Keine Sorge, die Mexikaner zerren eine »Gringa« nicht ins Auto. Wenn sie nicht freiwillig mitkommt, ist sie es in ihren Augen nicht wert, daß man weiter um sie wirbt.

Dieses Mal ließ ich mich bei der Kammer nicht mit einem guten Ratschlag abwimmeln. Natürlich wartet man hier auch nicht gerade auf mich, aber man gab mir wenigstens eine Liste mit Firmen in die Hand, die eine deutsche Sekretärin suchen. Und siehe da: Ich habe eine Stelle in einer kleinen Textilmaschinen-Vertretung in San Angel gefundene, obwohl sie mich nicht besonders befriedigt.

Inzwischen habe ich auch ein wunderschönes kleines Haus gefunden, ganz in der Nähe dieser Firma. Es gehört einer wohlhabenden mexikanischen Familie, die eine kleine Strickerei betreibt. Es ist wirklich nur ein kleiner Bungalow, der aus einem großen, rustikal eingerichteten Raum mit Kolonialmöbeln besteht, einer Pantry und einem kleinen Bad. Der Garten drumherum ist ein Traum! Es ist genau das, was ich brauche und wovon ich geträumt habe! Mein Glück könnte perfekt sein, wenn meine Arbeit interessanter wäre . . .

Mexiko-Stadt, den 13. Oktober

Lieber Hans,

ich habe es bei der Firma nicht mehr ausgehalten. Es war einfach furchtbar! Durch die Firma bin ich aber wenigstens zu dem Haus gekommen, und die Industrie- und Handelskammer hat mir, wie schon gehabt, einen Zettel mit Firmen in die Hand gedrückt, die eine deutsche Sekretärin suchen.

Die erste Telefonnummer, die ich gewählt habe, war die

des kaufmännischen Direktors einer deutschen Büromaschinenfabrik. Er war mir auf Anhieb sympathisch und schien ein humorvoller, witziger Mann zu sein. Daß ich noch am selben Tag vom Chauffeur zum Vorstellungsgespräch abgeholt wurde, beeindruckte mich natürlich ungemein! Die Fahrt dauerte ewig und führte durch finstere Gegenden an Slums und einem schreckenerregenden modernen Gefängnis vorbei. Mir schwante nichts Gutes, und ich bekam es richtig mit der Angst zu tun. Zum Schluß geriet ich fast in Panik. Der Chauffeur, der aussah wie Pancho Villa, grinste nur. Die schlimmsten Gedanken jagten durch meinen Kopf, aber da passierten wir auch schon das Tor zur Fabrik. Sie liegt in Los Reyes, außerhalb von Mexiko-Stadt, auf dem Weg nach Puebla. Am A . . . der Welt! Wie sollte ich da bloß jeden Tag hinkommen ohne Auto?

Der positive Eindruck, den mir Herr Ludwig am Telefon vermittelt hatte, bestätigte sich: Er ist tatsächlich ein ausgesprochen humorvoller Mann, um die vierzig, nicht sehr groß, etwas rundlich und untersetzt und dennoch sportlich, mit einem offenen, heiteren Gesicht. Mit seinem spärlichen Haarkranz sieht er aus wie ein pfiffiger Mönch aus einem bayrischen Kloster!

Er lachte mich an: »Na, Angst gehabt auf dem Weg hierher?« — »Ja, schon, und dann so weit draußen, na ja . . .«, stotterte ich, und das erheiterte ihn noch mehr.— »Machen Sie sich keine Sorgen. An den Weg werden Sie sich schon gewöhnen, wenn Sie erst ein Auto haben. Sie haben doch einen Führerschein?« Ich war so entgeistert, daß mir erst einmal die Sprache wegblieb. Wie stellte er sich das vor, daß ich mir ein Auto kaufen sollte? Und in dieser irrsinnigen Stadt, hier sollte ich Auto fahren? Nie und nimmer!

»Sie bekommen von uns ein Auto finanziert, und die ersten Tage können Sie mit mir ins Büro fahren. Die Praxis beim Autofahren kommt schneller, als Sie denken. Am Anfang erschreckt es jeden, aber Sie werden sehen, das Fahren hier sieht schlimmer aus, als es ist. Sie müssen nur die Ruhe bewahren, dann passiert nichts. Die Mexikaner fahren zwar verrückt und kaum einer hält sich an die Regeln, aber sie reagieren schnell. Hier geschehen nicht so viele Unfälle wie in Deutschland, wo sich jeder blindlings darauf verläßt, daß sich alle an die Vorschriften halten. Ehrlich, glauben Sie mir!« versuchte er mich zu überzeugen. — »Aber ich kann doch gar kein Spanisch!« entgegnete ich kläglich. — »Wir schicken Sie zum Spanischunterricht. Sie schaffen das schon!«

Ich konnte noch so viele Gegenargumente anbringen, es nutzte nichts. Er nahm mir derart den Wind aus den Segeln, daß ich schließlich ja sagte. — »Ich bestelle Ihnen gleich Ihr Auto — welche Farbe wollen Sie denn?« — »Rot!«

Mexiko-Stadt, den 7. November

Lieber Hans,
heute habe ich Geburtstag, und ich habe ein prima Geschenk bekommen: Mein Auto steht bereit!
Ein giftgrüner Volkswagen-Käfer, das erste Auto meines Lebens, fabrikneu, und das in einer Stadt, die ich nicht kenne, und in einem Land, dessen Sprache ich nicht beherrsche. Du hast mich leider nie ans Steuer gelassen, aber glaube mir, ich kann trotzdem Auto fahren! Wetten, daß? Du hältst mich sicher für völlig verrückt. Aber was soll schon schiefgehen? Zwei Kolleginnen mit ihren Männern begleiten mich morgen zum Autohändler und eskortieren mich dann nach Hause. Und den Weg ins Büro habe ich mir eingeprägt . . .

Daß ich überhaupt zum ersten Mal alleine ein Auto chauffieren sollte, verheimlichte ich ihm natürlich.
Da ich heil und ohne Beulen am Auto in San Angel an-

kam, fühlte ich mich sicher genug, am nächsten Tag alleine ins Büro zu fahren. Das Aus kam exakt bei Kilometerstand einhundert. Ich hatte mich nicht verfahren. Alles lief perfekt. Ich ließ mich vom tosenden Verkehr nicht aus der Ruhe bringen, und auch das Gehupe störte mich nicht. Alles lief wunderbar — bis ich aus der Stadt herauskam, der Verkehr sich auflöste und ich mich auf der Auffahrt zur Autobahn nach Puebla befand.

Ich hatte die Ausfahrt nach Los Reyes verpaßt. Es fehlten nur noch zwei Kilometer — ich konnte die Fabrik von weitem schon sehen! Bis zur nächsten Rückfahrmöglichkeit mußte ich aber fünfzehn Kilometer fahren. Als ich zum dritten Mal an der an der Autobahn liegenden staatlichen Irrenanstalt vorbei kam, war ich verzweifelt. Beim vierten Mal war mir das Herz bereits in die Hose gerutscht: Ich hätte längst bei der Arbeit sein müssen! Als ich zum fünften Mal die Ausfahrt verpaßte (zu meiner Entschuldigung muß ich sagen, daß die Straße sich in sehr verwirrender Weise in drei Ausfahrten gabelte), hielt ich auf der rechten Standspur an. Ich vergewisserte mich, daß niemand kam — und fuhr rückwärts . . . direkt in die linke Leitplanke! Rückwärtsfahren hatte ich in der Fahrstunde nicht geübt.

Mir war nichts passiert, aber mein schönes grünes Auto war kaputt. Im Nu war ich von fünf, sechs jungen Männern umringt, die wie aus dem Nichts aufgetaucht waren. Sie waren sehr hilfsbereit, und irgendwie konnte ich ihnen radebrechend klarmachen, daß sie meinem Chef aus der Fabrik holen sollten. Mir war ganz elend vor Angst, daß ich meine Stelle verlieren könnte. Da stand ich nun mit einem nagelneuen, aber kaputten Auto, für das ich noch nicht einmal die erste Rate bezahlt hatte!

Es waren keine fünfzehn Minuten vergangen, da erschien der Sicherheitspolizist meiner Firma mit einem Abschleppwagen. Ich sah mich schon im Gefängnis, während der Polizist auf mich einredete, doch ich verstand kein Wort. Ich beruhigte mich erst ein bißchen, als ich merkte, daß wir nicht direkt zur Polizeidelegation fuhren. Beim Passieren des Fabriktores war mir dennoch übel vor Angst, und der Gang ins Chefbüro schien mir ein endloses Martyrium.

Mein Chef war nicht allein in seinem Zimmer. Aus seinem Gesicht konnte ich nichts ablesen. »Setzen Sie sich! Habe ich Sie nicht gewarnt? Habe ich Ihnen nicht gesagt, daß Sie lieber noch ein paar Tage warten sollen? Aber nein, Sie müssen mit dem Kopf durch die Wand.« Er machte eine Pause und sah mich ernst an: »Wie haben Sie das denn angestellt?«

Ich erzählte ihm, wie und warum ich an der Leitplanke gelandet war. Zuerst grinste er, dann lachte er schallend. »Sie haben wirklich mehr Glück als Verstand! Wenn die Autobahnpolizei gekommen wäre, wären Sie festgenommen worden — wegen Beschädigung von Staatseigentum! Eine Leitplanke ist nämlich verdammt teuer. So, nun beruhigen Sie sich, und hören Sie gut zu: Der Herr neben Ihnen ist Señor Torres, unser Fachmann für Versicherungen. Er wird jetzt den Versicherungsagenten anrufen, und dem dürfen Sie nicht erzählen, was wirklich passiert ist. Erfinden Sie eine glaubhafte Story, soviel Phantasie werden Sie noch haben.« Ich fiel vor Überraschung fast vom Stuhl. »Aber, das ist doch . . .«, versuchte ich zu entgegnen, doch die Worte blieben mir im Hals stecken. »Jetzt seien Sie nicht naiv! Natürlich ist das nicht korrekt — verstehen Sie das jetzt bloß nicht so, daß ein Versicherungsbetrug hier normal wäre —, aber seien Sie doch froh, wenn die Konstellation nun mal so günstig liegt«, sagte er mit einem Pokerface, das eines Helden aus einem Edelwestern würdig gewesen wäre. »Beim nächsten Mal kommen Sie vielleicht nicht so gut weg.« Als ich meinen Schock überwunden hatte, erdachten wir eine glaubhafte Unfallversion, und zwei Wochen später hatte ich mein Auto in tadellosem Zustand wieder. Danach ist mir nie wieder etwas passiert. Die Lektion hatte gesessen! Lieber zu spät als gar nicht ankommen – an diese Devise habe ich mich seither immer gehalten.

Meinen Unfall hielt ich natürlich vor Hans und meinem Vize-Mütterchen geheim. Meine Kolleginnen bemühten sich sehr, mir den Arbeitsablauf zu erklären. Aber ich war ein hoffnungsloser Fall und brachte jeden Tag die Ablage heillos durcheinander. Ich weiß nicht, warum mich mein Chef immer wieder verteidigte und aus jedem Schlamassel, den ich anrichtete, herausboxte. Er hatte eine unendliche Geduld mit mir, lud mich zu seiner Familie nach Hause ein und lehrte mich die ersten selbständigen Schritte in Mexiko und was man im Umgang mit den Mexikanern beachten mußte.

»Die Mexikaner«, erklärte er mir mit der ihm eigenen weise-ironischen Miene, »sind nicht nur sehr höflich, sondern auch überaus gastfreundlich. Wenn man Ihnen sagt: ›Hier ist Ihr Zuhause!‹, dann ist das nicht nur eine leere Floskel. Dennoch wird ihre Verbindlichkeit von uns Europäern leicht falsch verstanden.« Ich begriff nicht: »Wie meinen Sie das?« – »Das kann ich Ihnen nur mit einer Anekdote erklären. Meine Frau und ich waren noch nicht lange in Mexiko, und wir lernten ein sehr nettes Ehepaar kennen. Wir verbrachten einen sehr amüsanten Abend miteinander, und die Dame sagte zu meiner Frau: ›Laßt uns doch nächsten Samstag wieder treffen. Wie wäre es mit einem Abendessen bei euch zu Hause?‹ Meine Frau war über die spontane Freundschaftsbekundung zunächst etwas verwirrt, freute sich aber auf den kommenden Samstag und stürzte sich in Arbeit. Sie kaufte im deutschen Delikatessengeschäft ein und bereitete ein typisch deutsches Essen vor. Zur verabredeten Uhrzeit war alles fertig. Es wurde acht, es wurde neun. Noch wurden wir nicht unruhig. Wahrscheinlich waren sie im Stau steckengeblieben. Eine Stunde Verspätung ist in Mexiko nicht ungewöhnlich. Um zehn Uhr klingelte das Telefon: ›Hallo, hier spricht Teresa. Wo bleibt ihr denn?

Habt ihr unsere Einladung vergessen? Wir warten seit acht Uhr auf euch!‹ Meine Frau fiel aus allen Wolken und wußte nicht, ob sie lachen oder weinen sollte. – Also, liebes Fräulein Anne, merken Sie sich: Wenn Mexikaner zu Ihnen sagen: ›Wir sehen uns bei Ihnen zu Hause!‹, dann meinen sie bei sich zu Hause ...«

Die Sprachenschule, zu der ich jeden Abend ging, machte mir viel Freude. Ich verlebte eine wunderbare, unbeschwerte Zeit und schloß Freundschaft mit Mitschülern, die wie ich das Land entdecken wollten. In Gruppen fuhren wir zum Picknick zu den Pyramiden von Teotihuacán und ins Kloster von Acolmán, zu den Giganten nach Tula, ins zauberhafte San Miguel de Allende und in die von Tunneln durchzogene romantische Minenstadt Guanajuato, nach Cuernavaca, der Stadt des ewigen Frühlings mit dem Cortéz-Palast, und in die Silberstadt Taxco in den Bergen von Morelos, zu den Pyramiden von Xochicalco und den Grotten von Cacahuamilpa. Ich sah zum ersten Mal in meinem Leben die Kakteen, die auf dem Weg nach Acapulco wie verformte Kerzen oder verkrümmte Finger von den kargen Hängen ragen, Kokospalmen und die üppige, fast überbordende Vegetation tropischer Dörfer, die plötzlich hinter einer Bergkuppe auftauchen und in der von der Sonne ausgetrockneten Landschaft eine Oase bilden.

Ich liebte die Fahrten über das Land in der Abenddämmerung. Der tiefblaue Himmel ließ alle Farben der Natur und die Konturen der Landschaft gestochen scharf erscheinen. Das dunkle Blau ging in gelb und orange über, färbte sich schließlich purpurrot. Kaum war die Sonne untergegangen, legte sich ein dunkler, violetter Schleier über das Land. Dann warfen die Berge für einen kurzen Moment blaue Schatten.

Mexiko-Stadt, den 1. Dezember 1974

Liebe Mutti,

ich glaube, ich habe Heimweh. Die Christsterne verwandeln den »Paseo de la Reforma« und die Grünanlagen in ein rotes Blumenmeer, über dem Girlanden und unzählige Lampen schweben und den Sternen Konkurrenz zu machen scheinen. In allen Schaufenstern stehen bunte Weihnachtsbäume, und auf die Scheiben gemalte Weihnachtsmänner wünschen ein frohes Fest und ein glückliches neues Jahr. Ob in Restaurants oder in den Supermärkten, überall ertönt weihnachtliche Musik: »Stille Nacht, heilige Nacht«, »O Tannenbaum« . . .

Ich möchte Heiligabend und Sylvester nicht alleine feiern müssen. Der Gedanke ist mir unerträglich . . .

Und so flog ich nach Deutschland! Ich freute mich auf Weihnachten mit meiner Mutter bei meinem Bruder in Berlin. Aber es war kein schönes Fest! Ich kämpfte mit einer mörderischen Erkältung. Mühsam versuchten wir, Heiterkeit aufkommen zu lassen. Doch es gelang nicht. Bei meiner Abreise aus Berlin weinte meine Mutter. Mir wurde zum ersten Mal bewußt, daß sie weinte, weil ich fortging.

Hans wartete auf mich in Düsseldorf. Ich freute mich zwar auf unser Wiedersehen, war aber gleichzeitig skeptisch. Würde die Trennung eine Wandlung bei ihm bewirkt haben? Die ersten Tage waren herrlich. Aber kaum war eine Woche vorbei, begann der alte Streit. Egal was ich tat oder sagte, nichts war ihm recht zu machen. Meine Nähe ging ihm auf die Nerven, und wenn ich abends mit Freunden ausging, war er eifersüchtig.

So war ich froh, wieder nach Mexiko zurückzureisen. Ein traumhafter Flug über Grönland und das ewige Eis im Norden Kanadas heiterten mich wieder auf. Was das Reisen anbelangte, ja, da hatte Hans recht: Der Apfel fällt nicht weit vom Stamm! Aus elftausend Metern Höhe sah ich New York, die »Statue of Liberty«, die winzigen Schiffe auf dem Hudson und die Wolkenkratzer von Manhattan. Das Fernweh und die Abenteuerlust packten mich wieder.

Kapitel III
Die große Chance

Eines Tages bekam ich Post von meiner alten Zeitung in Deutschland. Aber nicht von meiner lieben, mütterlichen Kollegin, der »Säule« der Redaktion, sondern von einem ganz anderen Ressort. Man fragte mich, ob ich nicht jemanden kannte, der einen Artikel über die Arbeitsbedingungen in Mexiko schreiben konnte. Mir fiel sofort mein Chef ein. — »Ach was, machen Sie das! Ich kann keinen Artikel schreiben. Sie haben doch jetzt genug Interviewpartner, und Sie wollten doch immer schon schreiben! Keine Diskussion bitte — und jetzt raus!!!« Das ließ ich mir nicht zweimal sagen. Das war *die* Chance für mich! Und wer sollte mir ein besserer Interviewpartner sein als Ludwig, dieser alte »Mexiko-Fuchs«?

Aber dann kündigte mein Chef überraschend. Ich fiel aus allen Wolken, als er mir erzählte, daß er als Edelsteinsucher in den Urwald gehen wollte. Er hatte sich fürs Aussteigen entschlossen. Ich bewunderte ihn für diese Entscheidung, aber ich war auch sehr traurig darüber. Nach seinem Fortgang wollte ich nicht mehr bei der Firma bleiben. Als mir die Handelskammer eine Stelle als Sekretärin bei einer deutsch-mexikanischen Wirtschaftsberatungsgesellschaft vermittelte, kündigte ich. Mein Auto durfte ich behalten.

Liebes Vize-Mütterchen,

ich habe den idealen Job gefunden: Bei einem deutsch-mexikanischen Wirtschaftsverband — einer binationalen Vereinigung, die sich um die Analyse der Möglichkeiten der industriellen, kommerziellen und allgemein wirtschaftlichen Zusammenarbeit der beiden Länder kümmert! Die Vereinigung gibt u.a. einen Wirtschaftsinformationsdienst auf deutsch und spanisch heraus, worauf ich natürlich mein Hauptaugenmerk richte, wie Sie sich vorstellen können! Ich habe einen sehr netten Chef, so um die dreißig, der mit einer Mexikanerin verheiratet ist — einer echten Berliner Kodderschnauze. Sie als Berlinerin hätten Ihre helle Freude! Er ist auch für den Informationsdienst zuständig!!! Bin ich nicht ein Glückspilz?

Wir sind ein junges Team. Da ist zum Beispiel die schöne Imke, die mit einem mexikanischen Kunstmaler verheiratet ist. Ich bewundere sie sehr, ihr elegantes Auftreten, ihren Stil, ihre freundschaftliche Art, mit den Kollegen umzugehen. Sie kann sehr gut zuhören und steht jedem mit Rat und Tat zur Seite. Oder Janira, eine Mexikanerin libanesischer Abstammung, die als Empfangssekretärin arbeitet. Sie kommt aus einem sehr reichen Elternhaus und braucht eigentlich nicht zu arbeiten. Aber so kommt sie unter Menschen und kann sich in einer ungefährlichen Atmosphäre einen Mann suchen. Sie bemüht sich sehr um meine Freundschaft, das schmeichelt mir natürlich! Sie hat mich in ihre Familie eingeführt, und seitdem nimmt sie mich überallhin mit. Manchmal, glaube ich, bin ich ihr Alibi . . . Wenn wir ausgehen, dann immer in Begleitung ihres immens großen Clans. Zeitweise ist das nervig, aber es lenkt mich von meinen Gedanken an Hans ab. Und ich habe einen mexikanischen Verehrer! Jorge heißt er, ein sehr charmanter, liebevoller junger Mann, der bei uns als Office-Boy und »Mädchen für alles«

arbeitet. Eigentlich ist er dafür viel zu schade, denn er hat Theologie studiert und war sogar auf einem Priesterseminar. Aber das war wohl nicht das richtige für ihn. Er ist der Beichtvater der Kollegen, weiß immer Rat und kann alles: Führerscheine besorgen, Umzüge aus dem Zoll holen, schwierige Behördenprobleme lösen, Autos reparieren und — aus dem Kaffeesatz lesen! Manchmal lädt uns Imke zu sich nach Hause ein, und dann kommt Jorge und hält esoterische Lesungen mit uns ab. Ich bin wirklich erstaunt, was er voraussehen kann!

Die Arbeit macht mir großen Spaß! Wir sind hier nicht nur ein gutes Team, sondern auch eine richtig nette Clique, die sich privat trifft. Spielte ich einst mit Jan und unseren Freunden Poker, so habe ich nun meinen Spaß beim Doppelkopf! Und dafür bin ich nach Mexiko gegangen! Ich finde das lustig.

Der tägliche Weg zum und vom Büro ist nicht weiter als nach Los Reyes, aber ich brauche doppelt so lange. Jeden Tag muß ich den Weg über die Stadtautobahn nehmen, und die ist zur Rush-hour ein einziger kilometerlanger Parkplatz. Ich muß mein kleines Zauberhäuschen aufgeben . . .

Mexiko-Stadt, den 18. April 1975

Lieber Hans,

ältere, liebenswürdige Damen scheinen eine Sogwirkung auf mich auszuüben. Ich wohne jetzt bei einer alten Dame in der » Calle Temistocles« in der Nähe der Handelskammer in Polanco. Auch der Wirtschaftsverband ist nicht weit: Ich kann sogar zu Fuß gehen. Frau de Lemos ist Jüdin und stammt aus Berlin. Sie ist schon lange verwitwet und vermietet ein Zimmer, um nicht einsam zu sein. Sie hat ihre ganze Familie im Holocaust verloren und als einzige aus ihrer Familie überlebt, weil sie einen Costaricaner geheiratet hatte, der sie noch rechtzeitig aus Deutschland herausbekam. Ich bin erstaunt, daß sie keinerlei Ressentiments gegen Deutsche hegt. Sie leidet unter Heimweh nach Berlin und zeigt mir oft Fotos von ihrem Haus in Berlin-Westend in der Kastanienallee, das im Krieg nicht zerstört wurde. Lili de Lemos ist klein von Statur und sehr zart und zerbrechlich. Sie hat keine Kinder, und ihre ganze Liebe und Fürsorge gilt ihrem Hund. Ich verbringe viel Zeit mit ihr, und dafür verwöhnt sie mich.

Mexiko-Stadt, den 5. Mai 1975

Lieber Hans,

ich freue mich riesig darüber, daß Du kommen willst! Ich habe Dir soviel zu zeigen. Mexiko ist ein wunderbares Land. Es wird Dir bestimmt gefallen!

Hast Du Deine Frage mit dem Heiraten ernst gemeint? Du fragst, was ich Dir dafür gäbe, wenn Du mich heiratest, und fast im selben Atemzug verwirfst Du die Frage wieder. Du möchtest, daß ich zu Dir nach Düsseldorf zurückkehre. Aber weißt Du, so einfach kann ich mich jetzt nicht entscheiden. Erst möchte ich mit Dir durch Mexiko reisen, und wenn wir uns dann einig sind, gut, dann kann ich es mir ja noch einmal überlegen. Einverstanden? Es wäre natürlich toll, wenn ich zu Hause ein Volontariat bekäme. Aber meine Kollegen von der Zeitung haben mir keine großen Hoffnungen gemacht. Die Konkurrenz sei hart, heißt es, und es gebe schon jetzt eine größere Nachfrage nach Ausbildungsplätzen, als angeboten werden. So leicht werde ich mich aber nicht geschlagen geben ...

Liebes Vize-Mütterchen,

nun ist Hans wieder weg, und er wird Ihnen sicherlich von unserer Reise berichtet haben, aber er wird bestimmt auch einiges ausgelassen haben. Das schließe ich aus Ihren Vorwürfen. Ich hatte mich so auf ihn gefreut, und ich hatte so sehr gehofft, daß wir noch eine Chance hätten und daß er sich darüber klarwird, daß ich ihm nichts wegnehme. Welche Freiheit meint er denn?

Und habe ich etwa nichts zu geben? Ich war so stolz auf das, was ich in diesem einen Jahr hier erreicht habe, und ich war so glücklich, daß ich es war, die ihm etwas Neues zeigen, ihn mit meinem Auto durch die Gegend kutschieren konnte! Ich hatte Schmetterlinge im Bauch, als ich ihn sah. Wir strahlten beide um die Wette und waren überschwenglich in unserer Wiedersehensfreude. Und er war zunächst auch beeindruckt!

Aber er wäre nicht Hans gewesen, wenn er nach ein paar Tagen nicht alles besser gewußt hätte! Ich fuhr immer falsch und hatte im Grunde genommen von nichts eine Ahnung! Und meine neuen Freunde weigerte er sich kennenzulernen. Wenn er sich dazu hinreißen ließ, mich zum Beispiel nach San Angel zu der netten mexikanischen Familie zu begleiten, bei der ich so schöne Monate verbracht habe, benahm er sich so unfreundlich und arrogant, daß ich mich schämte. Schön waren nur unsere Reisen, aber da hatte er mich ja auch für sich allein. Der Gedanke, daß ich bei ihm in Düsseldorf in seiner kleinen Wohnung leben soll, schreckt mich ab.

Er versteht nicht, wie ich so »undankbar« sein kann: »Aber ich habe für dich schon einen Schrank gekauft! Du weißt doch, daß du bei mir alles hast!« waren seine Argumente.

Ich weiß nicht, was er sich vorstellt. Wie soll das funktionieren in seiner kleinen Wohnung? Was hätte ich zu erwar-

ten? Sie wissen doch, wie er ist: Wenn ich es nur wage, die Wohnung etwas heimeliger zu machen, schimpft er mit mir, als ob das ein Eingriff in sein Allerheiligstes wäre. Wenn ich etwas koche, geht er auf die Palme, und wehe, wenn ich ihn beim Zeitungslesen oder bei seiner Siesta störe. Wenn ich abends mit Freunden ausgehe, wird er genauso böse, bleibe ich aber, gehe ich ihm auf die Nerven! Erinnern Sie sich an unser erstes Ostern? Da durfte ich ihm noch nicht einmal ein Buch schenken, ohne daß er mir deshalb Vorwürfe machte.

Später tut ihm dann alles leid. »Ach Schätzeken, ich weiß, du hast ja recht. Aber du weißt doch, daß ich es nicht so meine.« Und dann geht das Spiel von vorne los.

Nein, Vize-Mütterchen, Hans hat immer noch nicht begriffen, worum es geht, und deshalb bleibe ich hier.

Vielleicht ist in einem Jahr alles anders. Dann habe ich vielleicht auch bessere berufliche Chancen. Aber stellen Sie sich vor, ich mache mich von Hans abhängig! Das ginge nicht gut. Als er fort war, ergriff mich eine wahnsinnige Wut auf ihn. Traut er mir denn gar nichts zu? Ich frage mich, was ich ihm eigentlich noch beweisen soll . . .

Mein Entschluß, in Mexiko zu bleiben, stand zunächst fest! Und je unsicherer mir die Beziehung mit Hans erschien, desto energischer stürzte ich mich in die Arbeit. Im deutsch-mexikanischen Wirtschaftsverband verkehrten auch viele Journalisten, die hier Informationen für ihre Artikel suchten. Von der »Quick«, vom »Stern« — ich beneidete sie glühend um ihre Freiheit, reisen zu dürfen, wohin sie wollten, um darüber zu schreiben. Eines Tages erschien ein freier Journalist, der uns eröffnete, daß er in Mexiko eine deutsche Zeitung herausbringen wollte und daß er dafür Leute suchte. Ich konnte meine Neugier natürlich nicht zähmen . . .

Karl Weber war ein Abenteurer, ein Reporter durch und durch, der keine Risiken scheute, seine Träume in die Wirklichkeit umzusetzen. Fast ein Meter neunzig groß, das wirre Haar ständig in der Stirn, um die vierzig, und mit seinen vorstehenden Zähnen sah er aus wie Meister Hase: Wir mochten uns gleich.

»Viel zahlen kann ich Ihnen aber nicht, und mehr arbeiten müssen Sie bei mir auch.«

»Macht nichts, Hauptsache, ich komme zur Zeitung!«

Sollte das Zufall sein? Ich fing bei ihm als Redaktionsassistentin an, für viel weniger Geld, als ich beim Verband verdient hatte.

Weber wohnte mit seiner jungen Frau in einer eleganten Penthouse-Wohnung in der schönen »Avenida México« am gleichnamigen Park. Sein Büro war klein und überfüllt mit Zeitungen, die mehr Platz einnahmen als alle Möbel und Regale zusammen. Unser Team war sehr klein: die Fotografin Doris Heckel, eine ältere, aber sehr agile Dame; Dieter Bollmann, ein junger, gutaussehender Lehrer vom Goethe-Institut, der für den Sport zuständig war; der kleine Volker Stiller, ein freier Rundfunkjournalist, der sich um das Bunte kümmerte; sowie Hasso Oppermann, ein Deutsch-Mexikaner, der in der Zeitung »El Sol de México« die Gesellschaftsseite machte und bei uns für das Layout und den Druck zuständig war, der in seiner Zeitung gemacht wurde. Karl war Chefredakteur der »Deutschen Mexiko-Zeitung«, die wöchentlich in einer Auflage von zehntausend Exemplaren erschien und an die Deutschen nicht nur in Mexiko, sondern ganz Mittelamerika vertrieben wurde. Seine Ressorts waren Politik und Wirtschaft.

Karl steckte uns mit seinem Pioniergeist an. Es gab kein Thema, auf das er sein Reporterteam nicht losließ. Seine politische Einstellung war linksliberal, und die Themen seiner Kommentare begrenzte er nicht nur auf die deutsche Politik. Er legte sich auch mit den Deutschen in Mexiko an, wenn er meinte, daß ihre Aktivitäten kritikwürdig waren. Und die waren ein nie endendes Thema! Ob es Firmen waren, die ihre Arbeiter ausbeuteten, oder besonders deutsch-tümelnde Landsleute, die alles in Mexiko schlechtmachten nach dem Motto: »Alle Mexikaner sind faul, dumm, häßlich, schmutzig und stehlen wie die Raben.«

Unser Projekt lief gut an. Wir bekamen, sozusagen als Vorschußlorbeeren, auch genügend Anzeigen. Ich hatte alle Hände voll zu tun, von Sekretariatsarbeiten über Recherchen bis zum Versand der Zeitung. Ich ging auch regelmäßig mit zum Umbruch in die Druckerei. Ich liebte den Geruch nach Druckerschwärze, nach Papier, nach dem heißen Wachs, mit dem die von den Fahnen geschnittenen Berichte und Fotos auf den Fotokarton geklebt wurden, sowie die Hektik vor und nach dem ersten Andruck, wenn wir im Wettkampf mit der Zeit noch einmal korrekturlesen mußten.

An meiner ersten Reportage saß ich eine ganze Nacht lang. Es ging um einen jungen deutschen Arzt, der sich im mexikanischen Kardiologie-Zentrum weiterbildete. »Und wenn du die ganze Nacht dran sitzt: Morgen lieferst du mir die Reportage ab!« hatte Karl gesagt.

Als ich sie irgendwann am frühen Morgen endlich fertig hatte, fühlte ich mich erleichtert und ungemein glücklich!

Karl war zwar ein Chaot und die Arbeit mit ihm nicht leicht, aber er war ein hervorragender Journalist, der von den deutschen Medien immer wieder angefordert wurde.

Die »Deutsche Mexiko-Zeitung« war bei den Lesern ein voller Erfolg. Aber die Anzeigen blieben nach und nach aus. Karl war am Rotieren. Er brach fast zusammen zwischen den Terminen und dem verzweifelten Kampf um die Anzeigen. Eine gute Zeitung machen hieß noch lange nicht, Geld damit zu verdienen! Er war kein guter Geschäftsmann. Und mit jeder Ausgabe, die Karl nicht mehr finanzieren konnte, sank die Stimmung und wuchs die Verzweiflung. Das Ende war abzusehen . . .

Das Ende der »Deutschen Mexiko-Zeitung« bedeutete

zwar auch das Ende meiner Mexiko-Zeit, es markierte aber auch meinen Neuanfang in Deutschland und die Verwirklichung eines großen Traumes: Meine Ausbildung zur Journalistin. Im Mai 1976 war es soweit: Mit einem lachenden und einem weinenden Auge kehrte ich nach Deutschland zurück.

Oberkassel, den 18. August 1976

Liebe Imke,
    wie geht es Dir, wie geht es Jorge, und wie sieht es im Wirtschaftsverband aus?
    Ich hatte ganz vergessen, wie schön Deutschland im Sommer ist! Auch hier sind die Farben intensiv, und das saftige Grün der Wiesen und Bäume ist wunderbar! Dennoch sehe ich mein Land mit anderen Augen. Nicht mehr nur von der Warte meines persönlichen Kummers aus oder durch die rosarote Brille des Heimwehs! Ich genieße die blühenden Kastanien, den duftenden Flieder und die ganze Pracht in den Gärten und Parks sehr. Aber ich sehne mich nach der Sonne und dem wunderbaren Himmel Mexikos, der Heiterkeit, der unendlichen Weite und Erhabenheit der Berge, der majestätischen Stille der Pyramiden in der Abenddämmerung und nach dem Rauschen des Meeres . . . Ich freue mich immer, wenn ich von Euch Post bekomme. Es schürt meine Sehnsucht jedes Mal von neuem!
    Mit Hans bin ich wieder zusammen, auch wenn unser Verhältnis nicht mehr ganz so eng ist wie früher. Vielleicht liegt es auch daran, daß ich selbstbewußter geworden bin und mich von ihm nicht mehr kleinkriegen lasse.
    Stell Dir vor, ich habe mein altes Zimmer in Oberkassel wiederbekommen! Nun wohne ich wie früher ganz in der Nähe meiner Freunde, dem »Muggel« und dem »Sassafras«.

*Es hat schon Vorteile, daß man hier als Frau alleine ausge-
hen kann! Das hilft über manches Tief hinweg.*

*Meine Ausbildung macht mir, wie Du Dir denken
kannst, große Freude. Du wirst am Anfang gleich ins kalte
Wasser geworfen: Entweder du schwimmst, oder du gehst
unter! Das ist natürlich eine Herausforderung! Du kennst
mich ja . . .*

Oberkassel, den 5. März 1977

Liebe Imke,
    *ich glaube, ich bin für Deutschland einfach nicht mehr ge-
schaffen. Jetzt weiß ich, was Ihr damit gemeint habt, daß wer
einmal in Mexiko gewesen ist, immer wieder zurückkehrt.
»Das ist das Salz, das man dir in die Suppe gestreut hat«,
hast Du mir mal gesagt. Wohl wahr! Ich bin süchtig geworden! Ich kann das naßkalte Wetter einfach nicht mehr ertragen, die Dunkelheit und die Tristesse, die Oberflächlichkeit
der Leute. Man glaubt, Freunde zu haben, weil man sich mit
ihnen in der Kneipe trifft. Ich schließe mich da ja nicht aus,
aber ich merke doch, daß man sich was vormacht. Im Sommer komme ich für sieben Wochen nach Mexiko. Ich möchte
durchs Land reisen und all die Dinge sehen und kennenlernen, von denen ich immer geträumt habe und wozu ich nie
Zeit und Geld gehabt habe.*
    *Ich habe kürzlich gelesen, daß der Wirtschaftsverband ei-
nen neuen Repräsentanten hat! Wie ist er denn? Der scheint
ja mit dem alten Muff Schluß machen zu wollen! Was hat er
mit dem Informationsdienst vor? Vielleicht kann er mich ja
gebrauchen . . .*

Die Reisen durch Mexiko, die mich im Sommer 1977 das
erste Mal quer durch das Land zu den Indianern in der Sier-

ra Tarahumara im Norden führten und die ganze Westkü-
ste entlang in den Süden, schließlich durch die Berge Oa-
xacas und Morelias zurück nach Mexiko, waren die letzten
Körner Salz in der Suppe, die mir gefehlt hatten, um von
Mexiko nie wieder loslassen zu können.

Noch während meines Urlaubs stellte ich mich beim neu-
en Repräsentanten des deutsch-mexikanischen Wirtschafts-
verbandes vor. Groß, grauhaarig, mit eiskalten, blauen Augen, aber mit betont jovialem Auftreten, war er mir nicht
besonders sympathisch. Bei ihm war keine Abenteuerlust
und nicht das »Wir-Gefühl« zu spüren, das das alte Team zu-
sammengehalten hatte. Der Ton im Verband war merklich
geschäftsmäßiger und kühler geworden. Strietzel war ehrgeizig und hatte sich vorgenommen, aus dem Verband ein flo-
rierendes Dienstleistungsunternehmen zu machen. Das erste,
was er tat, war, aus dem alten, ehrfürchtigen Gemäuer an der
»Avenida Homero« in ein modernes Büro in einem Wolkenkratzer an der Stadtautobahn in Lomas umzuziehen. Wie ich
vermutet hatte, hatte er sich vorgenommen, aus dem Informationsdienst ein bilaterales Wirtschaftsmagazin zu machen,
zweisprachig, mit Reportagen, Meldungen, Porträts, Interviews und Kommentaren sowie einem völlig neuen Layout.
Ein ehrgeiziges Projekt, mit dem er in offene Konkurrenz zur
Industrie- und Handelskammer ging. Strietzel erkannte meinen Ehrgeiz, und so kehrte ich mit der Zusage, jene Zeitschrift machen zu dürfen, zur Beendigung meiner Ausbildung nach Deutschland zurück.

Im Januar 1978 war ich fertig. Mit der Sicherheit eines
Vertrages im Rücken und voller Vertrauen in die Zukunft
brach ich alle Brücken hinter mir ab. Dieses Mal fiel mein
Abschied von Deutschland anders aus: Nicht nur meine
Freunde und sogar Hans standen am Flughafen, auch
mein Vater war mit seiner zweiten Frau angereist, um mir
den »großen Bahnhof« zu bereiten, den ich mir immer gewünscht hatte.

Ich schenke dir die Kirche du weißt schon welche
jene verborgen im Herzen der Stadt
mit ihrem Winkel der geheimen Wünsche
im Schein der flackernden Kerzen
ich schenke dir einen Gott an
den ich glaube.
Ich schenke dir die Kathedrale ehrfürchtig geneigt
zum Hohen Tempel der uns fremden Götter
den Engel der Unabhängigkeit
das Schloß auf dem Hügel des Chapulin
die unschuldige Diana zu unseren Füßen.
Ich schenke dir eine Stadt die nicht meine ist –
oder war sie es doch?
Ich schenke dir den Zauber eines Straußes bunter Rosen
aus den Katakomben von Chapultepec
den Traum eines Tanzes im Garten der Glückseligkeit von Tlalpan
das Geheimnis gemeinsamer Entdeckungen
auf getrennten Wegen
alles was ich nicht teilen konnte
mit dir zur rechten Zeit.

Mexiko-Stadt, den 5. Mai 1978

Lieber Hans!

Ich danke Dir für die letzten Tage in Deutschland, die ich bei Dir verbringen durfte — obwohl sie so ja gar nicht geplant waren. Eigentlich wollte ich nach dem Seminar in München nur noch einmal mein Vize-Mütterchen und meine alten Freunde in Oberkassel besuchen, bevor ich wieder nach Mexiko flog. Ich habe in diesen Tagen festgestellt — oder einge-

sehen, wie Du willst —, daß wir die Zeit nicht zurückdrehen können. Du hast Dich nicht verändert, aber ich. Meine Welt ist nicht mehr in Deutschland. Hier im Verband weht mir zwar ein rauherer Wind um die Nase als früher, aber ist das ein Wunder? Schließlich habe ich heute eine verantwortungsvolle Aufgabe, und mit Neidern muß man umzugehen lernen! Das alles ändert nichts an meiner Liebe zu diesem Land, hinter dessen Kulissen ich langsam zu sehen beginne. Und es ändert auch nichts an meiner Einstellung zu Deutschland, das ich einfach nicht mehr mag.

Nimm es mir also nicht übel, wenn ich schon etwas früher als vorgesehen abgereist und nicht noch ein Wochenende bei Dir geblieben bin. Unsere letzte Nacht war schön! Ich behaupte sogar, es war die schönste, die wir je zusammen verbracht haben. Sie gehört zu den wenigen Sternstunden, die wir hatten.

Aber gerade diese Nacht hat mir auch bewiesen, daß unser Weg kein gemeinsamer sein kann. Du willst mich nicht verstehen — oder warum hast Du unsere Liebe am nächsten Morgen wieder lächerlich gemacht? Ist es Dir denn so peinlich, Deine Gefühle zu zeigen? Glaubst Du wirklich, daß Dich das schwach macht? Und wo soll ich mit meiner Liebe hin, wenn Du sie nicht willst?

Es ist besser, wenn ich mich von dieser Liebe verabschiede . . .

Mit meinem Abschied von Hans glaubte ich nun den vollkommenen Bruch mit Deutschland vollzogen zu haben. Nichts hielt mich dort zurück: meine Familie nicht, mein Vize-Mütterchen nicht. Ich fühlte mich unendlich befreit. Wartete nicht eine herrliche Zukunft auf mich, ein Beruf, der mich ausfüllte und glücklich machte?

Ich, die ich immer davon geträumt hatte, eines Tages eine eigene Familie zu haben, mit Kindern und einem Mann, der mir bedingungslos vertraute und zur Seite stand, entschied mich nun, dieses Ziel erst einmal aus meinem Lebensprogramm zu streichen. Ich war davon überzeugt, daß mein

Schicksal das für mich gegenwärtig nicht vorgesehen hatte, weil ich es noch nicht verdiente.

›Dieses Ziel‹, dachte ich, ›muß ich mir erst erarbeiten. Ich muß erst den Beweis erbringen, daß ich es auch wert bin!‹ Daß ich mich dabei in ein Netz aus Selbstlügen und Selbstbetrug verstrickte, konnte ich das damals ahnen? Auch Hans hatte den Wink des Schicksals nicht begriffen, der uns in jener letzten Nacht geschenkt worden war. Ich wurde schwanger.

Meine Verzweiflung war groß. Was sollte ich tun? Wohin sollte ich gehen? Wer konnte mir helfen? Ich konnte doch jetzt, wo ich gerade beruflich Fuß gefaßt hatte, kein Kind bekommen! Und dann noch unverheiratet! Was sollte mein Chef von mir denken? Natürlich galt der gesetzliche Mutterschutz auch für mich. Meine Stelle hätte ich nicht verlieren können.

Ich versuchte mit allen Mitteln, den Keim in meinem Leib zu ersticken. Ich schluckte Hormontabletten und nahm blutungsfördernde Tees. Aber nichts geschah. Dieser Winzling in meinem Körper wollte leben. »Nimm das Schicksal an! Freu dich über diese Chance, die dir gegeben wird«, tröstete mich Jorge, der gute Geist im Büro. Er nahm meine Hand und zeichnete die Linien nach: »Sieh mal, es soll so sein! Du wirst sehen, du wirst ein schönes Kind haben. Dieses Kind ist dein Karma. Du bist es dem Leben schuldig.«

Ich faßte mir ein Herz und schrieb Hans. Auch wenn er immer gesagt hatte, daß er keine Kinder haben wollte — ich wollte ihm wenigstens die Gelegenheit geben, sich vielleicht doch dafür zu entscheiden:

Mexiko-Stadt, den 30. Juni 1978

Lieber Hans,
dieser Brief fällt mir sehr schwer. Seit Stunden sitze ich vor dem leeren Blatt und weiß nicht, wie ich beginnen soll, weil

ich Angst vor Deiner Reaktion habe. Aber so sehr ich mir auch den Kopf darüber zerbreche, es nützt nichts, Du mußt es wissen: Ich bekomme ein Kind von Dir.

Glaube mir, ich habe es nicht darauf angelegt. Ich will auch nichts erzwingen. Ich habe alles versucht, um die Schwangerschaft mit natürlichen Mitteln abzubrechen. Aber es ist mir nicht gelungen. Und verzeih mir, aber ich kann nicht abtreiben. Ich bin einmal als junges Mädchen diesen Weg gegangen und habe furchtbar darunter gelitten. Verlang das nicht von mir, und mach mir diesbezüglich keine Vorwürfe.

Geld will ich von dir keins. Ich bin stark genug, es alleine durchzustehen. Ich habe eine gute Stelle, die ich nicht verlieren kann, eine kleine Wohnung in der Nähe meiner Arbeit und eine gute Krankenversicherung. Es gibt also keinen Grund zur Panik. Wenn ich Dir dennoch mitteile, daß unsere letzte Nacht Folgen hatte, dann deshalb, weil ich meine, daß Du ein Recht darauf hast, es zu erfahren. Ich will Dir nicht die Chance nehmen, am Leben Deines Kindes teilzunehmen und es überhaupt zu wollen. Natürlich freue ich mich, wenn Du Deine Ferien wie geplant hier verbringst. Aber bitte, bitte komme nicht zu mir, wenn Deine Antwort auf unser Kind nein ist . . .

Mexiko-Stadt, den 2. August 1978

Liebes Vize-Mütterchen,
ja, Hans war hier — allerdings kam er nicht allein. Wohl als moralische Stütze brachte er seinen Freund mit. Und das gab mir schon zu denken. Ich hatte große Angst vor unserem Wiedersehen, vor seiner Kälte. Um so überraschter war ich, als er mich sehr liebevoll begrüßte. Alles schien in bester Ordnung. Aber Thomas wich ihm nicht eine Minute von der

Seite. Ich hatte keine Chance, mit Hans alleine zu sprechen. Nur einmal nahm er mich in den Arm und sagte: »Meinst du, du schaffst es?« — »Ja, ich weiß, daß ich es schaffe. Warum sollte ich nicht? Ich stehe doch nicht auf der Straße!« »Und wenn du nach Deutschland kommst?« — »In Deutschland habe ich keine Arbeit. Vielleicht danach, wenn mein Mutterschutz zu Ende ist, wäre es zu überlegen.«

Ich schöpfte Hoffnung. Vielleicht würde ja doch noch alles gut. Ich sah Hans immer nur abends nach der Arbeit, und je öfter wir uns sahen — und je sichtbarer meine Schwangerschaft wurde —, desto aggressiver wurde er. Es nervte ihn, wenn mir übel war oder ich müde wurde. Eines Abends saßen wir in einem Restaurant an der »Avenida Juárez«. Mir war übel wie selten zuvor, und es kostete mich meine ganze Kraft, nicht zur Toilette zu rennen. Hans' böse Blicke ließen mein Blut in den Adern gerinnen. Ich spürte, wie ein eisiger Strom durch meinen Körper lief. Sein ganzer Zorn entlud sich mit einem Mal. Wie ein Vulkan spie er mir seine Wut entgegen: »Was soll bloß der ganze Unsinn mit deiner Schwangerschaft! Du bist ja wahnsinnig. Du redest echt nur dummes Zeug: Von wegen, daß hier Abtreibungen nicht erlaubt sind! Ich schleife dich an den Haaren in die nächste Klinik!«

Ich brauchte eine ganze Weile, bis ich antworten konnte: »Es ist verboten, und auch wenn es nicht verboten wäre: Ich treibe nicht ab.« Einen weiteren Wutausbruch wartete ich nicht mehr ab: Ich stand auf, nahm meine Sachen und ging. Erst im Taxi löste sich meine Spannung, und ich brach in Tränen aus. Ich fühlte mich entsetzlich alleingelassen und wollte am liebsten sterben.

»Weinen Sie nicht mehr, Señorita, der liebe Gott sieht alles. Sie werden sehen, er läßt Sie nicht allein!« Mit diesen liebevollen Worten hielt mich mein Taxifahrer davon ab, mein Leben fortzuwerfen. Ich glaube, aus diesem einfachen mexikanischen Mann sprach der liebe Gott zu mir, und ich *schämte mich für meine düsteren Gedanken. Denn wirklich sterben — nein, das wollte ich nicht. Ich wollte leben für mein Kind, und keine Macht der Welt konnte mich davon abhalten!*

Hans rief am nächsten Abend noch einmal an: »Das war dumm von dir, einfach wegzulaufen. Aber wie auch immer: Ich wollte mich von dir verabschieden. Wir fliegen morgen ab.« Ich wünschte ihm einen guten Flug und legte auf. Was sollte ich noch lange mit ihm reden? Der Bruch ist vollzogen und meine Entscheidung gefällt . . .

Natürlich litt ich unter dem Alleinsein, aber ich ließ mich nicht unterkriegen. Mein Stolz war wie ein dicker Panzer. Ich wollte kein Mitleid und lehnte auch jeden juristischen Beistand ab, den mir ein Kollege anbot. »Auch wenn du in Mexiko bist, kannst du die Interessen deines Kindes vor einem deutschen Jugendamt jederzeit durchsetzen«, versuchte er mich zu überzeugen.

Strietzel rief mich eines Morgens in sein Büro. »Bei allem Verständnis, das ich für Sie habe, aber so geht das nicht! Die deutsche Gesellschaft verlangt von Ihnen, daß Sie einen Vater präsentieren und heiraten. So können Sie sich in der Botschaft und bei der deutschen Gesellschaft nicht mehr blicken lassen. Sie sind untragbar geworden. Das soll ich Ihnen vom Botschafter mitteilen. Überlegen Sie sich also, was Sie tun!«

Wieder zog ein eiskalter Strom durch meinen Körper, der mich lähmte. Eine Ewigkeit schien zu vergehen, bis ich meine Fassung wiedergewonnen hatte und antworten konnte: »Ich bin sechsundzwanzig Jahre alt und demzufolge selbst in der Lage zu entscheiden, ob ich ein Kind haben darf oder nicht. Und ob ich heirate, das entscheidet nicht die deutsche Gesellschaft, sondern ich!« Stolz erhobenen Hauptes verließ ich sein Büro und fuhr in meiner Arbeit fort, als sei nichts geschehen.

Ich war empört, aber mehr noch war ich verzweifelt.

Warum bestrafte man mich dafür, daß ich mich für das Leben entschieden hatte? Was war das für eine Doppelmoral, die einerseits Abtreibungen verteufelte und andererseits die Frauen, die sich für ihr Kind entschieden, aus der Gesellschaft ausstieß, nur weil sie nicht verheiratet waren?

Ich zweifelte nicht einen Moment daran, daß die Botschaft und die ganze deutsche Gesellschaft für mich zur Tabuzone geworden waren. Auf die Idee, in der Botschaft anzurufen und zu fragen, ob es stimmte, daß ich mich dort nicht mehr blicken lassen durfte, kam ich gar nicht. Ich war zu naiv und stand zu sehr unter Schock, um mich daran zu erinnern, daß die Botschaft für alle Deutschen da war und mir der Zutritt gar nicht verboten werden konnte.

Ich kapselte mich immer mehr ab. Mußte ich zu Beginn meiner Schwangerschaft ständig gegen eine drohende Fehlgeburt kämpfen, drohte mir später die Gefahr einer Frühgeburt. Trotzdem hielt ich bis zum Beginn meines Mutterschutzes sechs Wochen vor der Geburt durch. Daß ich diese schwere Zeit überstand, habe ich einer Mexikanerin und ihrer Familie zu verdanken, die ich über das Goethe-Institut kennengelernt hatte. Dana hatte einen kleinen Sohn von einem Deutschen, der sie sitzengelassen hatte und den sie bis nach Deutschland mit ihren Haßtiraden verfolgte. Für eine Mexikanerin war sie ziemlich verrückt und liberal. Sie machte, zum Leidwesen ihrer Familie, was sie wollte. Unser gemeinsames Schicksal ließ uns Freundinnen werden. Mit aller Macht versuchte sie, mich mit ihrem Bruder Alberto zu verkuppeln. Im Gegensatz zu ihr war er sehr introvertiert und ruhig, fast phlegmatisch. Als Seuchenarzt reiste er für das Gesundheitsministerium viele Wochen durch die Provinz und war selten in Mexiko-Stadt. Er war nicht verheiratet, lebte aber mit einer Frau zusammen, mit der er einen kleinen Sohn hatte. Seine Familie mochte diese Frau nicht, weil sie wesentlich älter war als Alberto. Dana meinte, daß ich die richtige Frau für ihn sei. Natürlich ging ihre Rechnung nicht auf — erst recht nicht in meiner Situation. Aber Alberto erwies sich als guter und verständnisvoller Freund.

»Wenn deine deutsche Gesellschaft unbedingt einen Vater braucht — bitte, dann soll sie ihn haben. Niemand braucht die Wahrheit zu wissen. Wenn es dir hilft — spielen wir doch das Spielchen mit. Was kostet es uns? Nichts! Daß ich so gut wie nie in der Stadt bin — dafür gibt es ja einen triftigen Grund«, sagte er mit einer Gelassenheit, die mich angesichts der Tragweite seines Angebots zutiefst berührte, zumal dieses Spiel auch seinen Eltern und Geschwistern gegenüber gespielt werden sollte.

Seine Familie kannte den Hintergrund nicht und war glücklich, daß Alberto eine neue Frau gefunden hatte, die ein Baby von ihm bekam. Sein Bruder Rigo und dessen Frau Rebecca kümmerten sich um mich und boten mir ihre Freundschaft und Hilfe an, wenn Alberto nicht da war. Ich spielte meine Rolle perfekt, selbst vor meiner Mutter und meinen Freunden in Deutschland. Nur mein Vize-Mütterchen ahnte, daß das Ganze eine große Lüge war.

Ich begab mich auf die Suche nach einer größeren Wohnung. Und wieder war es eine alte, liebenswürdige Dame, die mich aufnahm. Sie besaß ein großes Haus in Polanco, eine von jenen alten Villen mit so dicken Mauern, daß sie wie Festungen erscheinen. Ein hoher, mit Efeu bewachsener Zaun umgab einen großen verwilderten Garten, der mich an mein früheres Zuhause erinnerte. Hier, in der »Calle Hegel« fand ich ein neues. Die drei Zimmer waren mit alten Möbeln ausgestattet, die mich in die Zeit meiner Kindheit zurückversetzten. Ich fühlte mich hier von Anfang an geborgen. Der efeuumrankte Erker meines Schlafzimmers wartete nur auf mein Kind! Über mir wohnten zwei sehr lustige Amerikanerinnen, mit denen ich Freundschaft schloß. So war ich endlich nicht mehr allein und mußte auch keine Rolle spielen. Ich konnte wieder ich sein.

Die Klinik, in der ich entbinden wollte, lag in San Angel.

Es war eine ganz neue Geburtshilfeklinik des »Seguro Social«, der staatlichen Sozialversicherung. Ich freute mich darüber, daß mein Kind in San Angel, meinem Lieblingsviertel, geboren werden sollte. Drei Wochen vor dem errechneten Termin brachte mich Rebecca zur Routineuntersuchung in die Klinik. Die Entbindung an sich hatte ich bis dahin völlig aus meinen Gedanken verdrängt. Aber je näher wir der Klinik kamen, desto größer wurde meine Angst. Auf die Geburt war ich eigentlich gar nicht vorbereitet. Ich hatte zwar von Schwangerschaftsgymnastik gehört, aber wann hätte ich die machen sollen? Außerdem hatte ich mir fest vorgenommen, mich nicht anzustellen. Schließlich war ich doch kein Jammerlappen! Schreien und weinen — das taten andere, ich nicht.

Kaum hatten wir das Eingangsportal hinter uns gelassen und mich an der Anmeldung registriert, war es mit meinem Mut vorbei. Ich hatte das Gefühl, von einem Ungeheuer verschlungen zu werden, aus dem es kein Entrinnen mehr gab. So sehr ich mir wünschte, daß mein Kind endlich zur Welt kam — in diesem Moment wünschte ich mir nichts sehnlicher, als wegzulaufen. Aber man ließ mich nicht einmal mehr zu Rebecca zurück. Ich mußte dableiben.

In der stationären Aufnahme saß eine Hochschwangere neben der anderen. Ich kam mir vor wie auf einem Schlachthof. Die Massenabfertigung war entsetzlich und entwürdigend. Schwestern mit ausdruckslosen Gesichtern unterzogen uns fast einem Appell. Eine nach der anderen kam an die Reihe: ausziehen, Kleider abgeben, Kittel anziehen und ab ins Bad, wo eine Hilfsschwester mit Seife und Rasierer auf ihr nächstes Opfer wartete. Die Organisation war perfekt. Alles lief wie am Fließband. Ich hörte auf, ich zu sein. Ich war nur noch eine Nummer, eine Maschine, abgerichtet zum Gebären. Nie hatte ich mich so hilflos, so ausgeliefert gefühlt.

Endlich kam ich auf ein Zimmer — und das entschädigte

mich für die zuvor erlittene Pein. Auf einmal war man wieder ein Mensch. In dem großen, hellen und freundlichen Raum standen nur drei Betten. Jedes konnte durch einen Vorhang vollständig von den anderen getrennt werden. Alles war peinlich sauber, und die Schwestern waren rührend besorgt um jede einzelne Patientin, als wollten sie sich für die grausame Aufnahmeprozedur entschuldigen. Sie scherzten mit mir und munterten mich auf. Es gelang ihnen sogar, mir meine Angst zu nehmen. Schließlich war es bei mir ja noch nicht soweit, frühestens in zwei Wochen. Ich mußte nur dableiben, um keine Frühgeburt zu erleiden. Ich war beruhigt.

Aber mein Baby machte mir einen Strich durch die Rechnung. Ich war keine vierundzwanzig Stunden in der Klinik, da kündigte es sich mit plötzlichen, heftigen Wehen an. Mir war der Gedanke peinlich, daß mir das Fruchtwasser in einem unpassenden Moment abgehen könnte, auf einem Spaziergang im Flur oder während einer Untersuchung. Aber nein, als ob mein Baby das gewußt hätte, schickte es seine Mutter rechtzeitig aufs Klo. Außer, daß der Strahl nicht zu versiegen schien und eigenartig milchig aussah, fiel mir nichts auf. Mir ging's gut, und ich legte mich wieder ins Bett. Fünf Minuten später überfielen mich so schreckliche Krämpfe, daß mir die Luft wegblieb. Die Wehen wiederholten sich alle drei Minuten, wurden immer heftiger und kamen in immer kürzeren Abständen. Ich war nur noch ein mal schreiendes, mal wimmerndes Bündel.

Im Eiltempo wurde ich in den Kreißsaal gebracht. Ich hielt die Schmerzen nicht aus und flehte um Hilfe. »Hören Sie auf zu schreien, stellen Sie sich nicht so an! Wer glauben Sie denn, wer Sie sind? Halten Sie den Mund!« herrschte mich ein dicker, häßlicher Arzt an, dessen dunkle Brille ihn wie einen Mafia-Killer aussehen ließ. Wie sollte ich denn meinen Mund halten? Ich war so überwältigt von dem Schmerz! Meinem eigenen Körper so ausgeliefert zu sein, ohne jegliche Kontrolle, und dann von diesem schrecklichen Menschen abhängig — das war unerträglich!

Irgendwann bekam ich dann eine Rückenmarksnarkose — mein Gejammer war dem Arzt wohl so auf die Nerven gegangen, daß er eine Narkoseärztin und eine Frauenärztin zu Hilfe zog. Ich erinnere mich nicht an ihren Namen, aber ich bin der Frauenärztin heute noch dankbar, daß sie diesen fürchterlichen Arzt woanders hinschickte. Sie beruhigte mich, und mit der Narkose ließen endlich die Schmerzen nach. Nur pressen konnte ich nicht mehr. Ich gab mir alle Mühe, aber ich hatte nicht die geringste Kontrolle über meinen Körper und keine Kraft. »Pressen Sie, pressen Sie! Ich kann das Köpfchen schon sehen!« forderte mich die Frauenärztin auf, während die Narkoseärztin meine Hand hielt und mich streichelte. Um mich herum standen viele Leute, Schwestern, Studenten, ich weiß es nicht mehr. Es war mir alles entsetzlich peinlich. »Wir werden Ihnen jetzt eine kurze Vollnarkose geben, damit wir Ihr Baby holen können. Keine Angst, es geht ganz schnell. Sie wachen gleich wieder auf«, sagte die Narkoseärztin, und schon war ich ganz weit weg.

»Hey, wachen Sie auf! Na los schon, machen Sie die Augen auf!« Ich kam langsam zu mir. Ich war noch im Kreißsaal — war es etwa immer noch nicht vorbei? »Sie haben ein wunderschönes kleines Mädchen. Herzlichen Glückwunsch! Sie können es jetzt nicht sehen, weil es im Brutkasten liegt. Nur zur Vorsicht, Sie brauchen sich keine Sorgen zu machen: Es ist gesund und munter, aber etwas klein.«

Es war der 24. Januar 1979, morgens um 9.50 Uhr: Ich weinte, weinte vor Glück! Ein kleines Mädchen! Das hatte ich mir so sehr gewünscht! Als ich meine kleine Marlene dann endlich zu sehen bekam, war ich überwältigt. Es war ein Gefühl von nie gekannter Intensität. Sie war so klein und zart, goldener Flaum umrahmte ihr zierliches Köpfchen. Sie war perfekt. Die Zangengeburt hatte sie nicht im

mindesten verformt. Sie sah so filigran aus in ihrem Bettchen aus Glas, eingewickelt in dicke Tücher! Nur ihr Näschen ragte neugierig hervor. Ich sah Hans in ihr, mit ihrem
feingezeichneten Mund und den kleinen, ganz enganliegenden Ohren!

Wie gerne hätte ich in diesem Moment Hans neben mir
gehabt! Wenn er doch nur begriffen hätte! Ich war so
glücklich über mein kleines Mädchen und so traurig, daß
niemand da war, der dieses Glück mit mir teilte! Ich konnte niemanden benachrichtigen, sondern war, wie alle mexikanischen Frauen, auf Gedeih und Verderb von der Sozialarbeiterin abhängig. Nur sie war befugt, die Familie
oder denjenigen zu benachrichtigen, der einen ins Krankenhaus gebracht hatte und damit die Verantwortung
übernahm.

Zwei Tage später sollte mich Alberto von der Klinik abholen. Ganz früh am Morgen schon wurde ich aus dem
Bett geholt und mit anderen Müttern in das Erdgeschoß in
einen Warteraum gebracht. Unsere Kleidung sollte uns
erst ausgehändigt werden, wenn der »verantwortliche Abholer« da war. Aber es war der 26. Januar — kein Tag wie
jeder andere. Stunden vergingen. Wir saßen in Kitteln auf
harten Stühlen und verstanden die Welt nicht mehr. Ohne
Essen, ohne Trinken, unsere Kinder in einem anderen
Raum, nur durch eine Trennscheibe zu sehen. Was war
los? Niemand durfte telefonieren oder sich aus der Klinik
entfernen. Wir waren wieder zu Nummern, zu Maschinen
geworden, die von anderen gesteuert wurden.

Neben mir saß eine sehr junge Mutter. Ganz zusammengesunken auf ihrem Stuhl brütete sie vor sich hin. Ich
fragte sie, warum sie so traurig sei. Sie zeigte mir ihren
kleinen Sohn: Er hatte eine Hasenscharte. Die arme Frau,
das arme Kind! Es beschämte mich, daß alle nur auf mein
Baby zeigten, weil es so blond und so zierlich war, und ich
war unendlich dankbar, daß mein kleines Mädchen gesund

war. Ich sehnte mich danach, meine kleine Marlene im Arm zu halten. Bisher hatte ich sie immer nur hinter Glas gesehen!

Nach sieben Stunden erst wurden wir erlöst. Von weitem sah ich Alberto und war froh, daß er endlich da war, daß ich mich anziehen und mein Baby in den Arm nehmen durfte! Es interessierte mich überhaupt nicht, daß der Papst zum ersten Mal zu Besuch in Mexiko-Stadt und die ganze Hauptstadt aus dem Häuschen war. Ich wollte nur noch mit meinem Baby nach Hause.

Es war ein wundervolles Gefühl, mein Kind zu berühren, zu streicheln, zu riechen, Marlenes Bewegungen zu spüren, nicht innen in meinem Bauch, sondern außen auf meinen Armen: Sie war da, meine Marlene. Sie war nicht mehr nur ein Teil meines Körpers und meiner Wünsche! Sie war ein kleiner Mensch, der mich herausforderte, meine und Hans' Tochter! Es war die schönste, ergreifendste Zeit meines Lebens, ein Gefühl von ungeahnter Intensität und Größe.

Mit Marlene hatte ich etwas von meinen Wurzeln in Deutschland in mein neues Leben mitgenommen. Sie gehörte mir, war ein Teil meiner selbst. Sie war mein Leben schlechthin. Ich wußte endlich, wofür ich da war.

Mexiko-Stadt, den 18. Februar 1979

Liebe Mutti,
nun ist Nico leider wieder fort. Es war schön, meinen gro-
ßen Bruder in diesen schweren Tagen bei mir zu haben! Ich
danke Dir auch für die vielen schönen Sachen, die Du ihm
für uns mitgegeben hast! Ich freue mich, etwas von zu Hause
hier bei mir zu haben.
Die erste Woche nach Marlenes Geburt fühlte ich mich
sehr elend und traurig, obwohl ich keine Veranlassung dazu

hatte. Dana und Rebecca kümmerten sich um uns, denn Alberto mußte gleich wieder auf Reisen gehen. Mir ging es gar nicht gut, weil sich durch das lange Warten auf Alberto am Tag meiner Entlassung der Dammschnitt so furchtbar entzündet hatte, daß ich weder sitzen noch laufen konnte. Allein der Gang aufs Klo war eine Tortur! Aber wem sage ich das, Du hast ja selbst fünf Kinder zur Welt gebracht! Auch Imke und Jorge haben nach mir gesehen.

Wie gefällt Dir die Geburtsanzeige? Es war eine Riesenschweinerei, den Abdruck von Marlenes Füßen zu machen — ich habe die Farbe kaum wieder abwaschen können, aber ist die Karte nicht süß? Mach Dir keine Sorgen um meinen »Stand in der Gesellschaft«. Wußtest Du, daß die Mehrheit der mexikanischen Mütter nicht verheiratet ist? Hier kommt es darauf an, daß der Vater sein Kind anerkennt. Dann spielt es keine Rolle, ob er mit der Mutter verheiratet ist oder nicht. Er hat in jedem Fall dieselben Rechte und Pflichten, als wenn er verheiratet wäre. Da ist man hier fortschrittlicher als bei uns in Deutschland! Und meine deutschen Landsleute hier sind oft päpstlicher als der Papst . . .

Mexiko-Stadt, den 6. April 1979

Liebes Vize-Mütterchen,

ich habe mich riesig über das Liederbuch von Tomi Ungerer gefreut! Und Hans hat sogar eine Widmung hineingeschrieben! Es ist doch wirklich erstaunlich: Jetzt, wo er nicht mehr als Vater in Frage kommt, fällt es ihm leicht, wieder gut Freund mit mir zu sein! Er rief mich neulich an, nachdem er die Geburtsanzeige erhalten hatte. »Irren ist menschlich! Mach dir nichts daraus! Ich nehme es dir nicht übel«, sagte er. Ach, wenn er wüßte . . .

Ich lasse ihn in dem Glauben, daß ich mich geirrt habe.

*Aber glücklich bin ich nicht darüber. Vielleicht glaubt er,
daß ich ihm nur eins auswischen will. Aber vielleicht habe
ich ja auch gehofft, eine andere Reaktion von ihm zu erfahren. Eine Chance dazu habe ich ihm allerdings nicht gegeben.*

*Mein Mutterschutz ist inzwischen zu Ende — Sie glauben
gar nicht, wie schwer es war, ein Dienstmädchen zu finden,
das mit einem Baby umgehen kann und gleichzeitig meinen
kleinen Haushalt übernimmt! Mehrere waren bei mir ein-
und ausgegangen, und meine Verzweiflung wuchs mit jedem
Mädchen, das wieder ging oder nichts taugte. Aber nun habe
ich endlich die Richtige gefunden: Magda ist sehr liebevoll,
kann hervorragend kochen und kümmert sich um alles. Soviel ist ja in meinem Haushalt auch nicht zu tun. Wenn ich
mittags nach Hause zum Essen komme, ist alles schon fertig.
Marlene liegt in ihrem Wagen im Garten und gluckst in ihrer
Babysprache vor sich hin.*

*Ich höre sie immer schon von weitem! Sie ist so heiter! Au-
ßerdem ist sie bildhübsch: Jeder, der sie sieht, ist hingerissen.
Marlene ist wirklich mein größtes Glück. Ich bin so erfüllt
von Liebe und Freude, wenn ich sie höre und sehe. Magda
singt ihr immer Lieder von »Cri-Cri« vor, einem bekannten
mexikanischer Kinderliederautor und -sänger.*

Alberto und ich spielten unsere Rolle so perfekt, daß er sogar mit mir aufs Standesamt ging, um Marlenes Geburt an-
zumelden. Es war deprimierend, so zwischen Tür und Angel während meiner Mittagspause. Ich überließ ihm alle
Formalitäten. Nach dem Standesamt habe ich ihn nur noch
zweimal in meinem Leben gesehen: Zur Erlangung und
später für die Verlängerung des Reisepasses von Marlene.
Wir hielten uns an unser »Gentleman Agreement«.

Kapitel V
Auf revolutionären Pfaden

Wenn Leo Trotzki wüßte, was er so alles angerichtet hat, er würde sich im Grabe umdrehen! Von dem russischen Revolutionär wußte ich nur soviel, daß er in Mexiko von einem kubanischen Killer im Auftrag von Stalin umgebracht worden ist. Ich hatte früher einmal die Biographie Trotzkis von Isaac Deutscher gelesen, die mich menschlich sehr beeindruckt hat. Von Trotzkis Ideologie oder seinen revolutionären Ideen hingegen war bei mir nichts hängengeblieben, außer der Tatsache, daß er den Umsturz in Rußland ohne großes Blutvergießen erreicht hat. Auch mit der Geschichte Mexikos hatte ich mich noch nicht eingehend beschäftigt, wenn man von den prähispanischen Epochen absieht und der Entdeckung durch Hernán Cortéz.

Das änderte sich, als mir Annemarie aus Dresden ins Haus schneite, gerade rechtzeitig, bevor mir die Decke auf den Kopf fiel. Das ständige Alleinsein machte mir schwer zu schaffen, und schließlich konnte ich nicht jeden Abend in den Korrespondentenklub gehen! Annemarie war nur ein paar Jahre älter als ich und eine Kunstmalerin, die es durch die Heirat mit einem Guatemalteken geschafft hatte, aus der DDR auszureisen. Ich fand es spannend, was sie von dem Leben in der DDR erzählte. Ich hatte vorher nie jemanden aus dem »anderen Deutschland« gekannt. Zwar lebten in Polanco die Leute von der DDR-Botschaft, die man abends oft in einem bestimmten Taco-Restaurant sah und hörte, aber es war unmöglich, mit ihnen ins Gespräch zu kommen. Ich hatte das immer pervers gefunden.

Ich mochte Annemarie sehr gern. Sie war sehr groß und schlank, hatte ein schmales, feingezeichnetes Gesicht mit kesser Stupsnase und energischem Mund. Mit ihrem Pagenkopf ähnelte sie dem Prinz Eisenherz aus den Comic-Büchern meines Bruders Martin. Mit ihren afghanischen Gewändern, ausgefransten Jeans und bestickten Guatemala-Blusen verkörperte sie in meinen Augen eine typische Künstlerin. Ihre Kodderschnauze machte vor nichts halt, und gleich zu Anfang stellte sie die Bedingungen für ihr Wohnen bei mir klar: »Also mit Kinderhüten und so ist bei mir nichts drin. Viel zahlen kann ich nicht, aber ich muß mich zurückziehen, und dein Wohnzimmer ist genau das richtige für mich!«

Froh um ihre Gesellschaft, räumte ich bereitwillig mein schönes Wohnzimmer und machte mir eine kleine Ecke im Eingangsbereich meiner Wohnung zurecht.

Ich hatte damals wenig Ahnung von den politischen Gegebenheiten in Mexiko, geschweige denn von der Opposition. Meine Arbeit im Verband hatte hauptsächlich mit der Wirtschaftspolitik zu tun. Was die Linksintellektuellen sagten oder taten, spielte da keine Rolle. Jedenfalls kümmerte ich mich nicht darum, sondern lebte in meinem »Mikrokosmos Verband« vor mich hin. Dementsprechend war ich natürlich auch von den Deutschen und ihren konservativen Ansichten beeinflußt. Annemarie war entsetzt über meine Unkenntnis. Manchmal begleitete sie mich in den Korrespondentenklub, wo sie mit ihren Kenntnissen über die Geschichte Mexikos Aufsehen erregte. Ich mußte also etwas unternehmen, um meine Bildungslücke zu schließen.

Mexikos Buchhandlungen sind beeindruckend. Hier trifft sich von morgens bis abends ein bildungshungriges Volk. Vielen ist ein Café angegliedert. Warum ich ausgerechnet in der Buchhandlung der trotzkistischen Partei landete — ich weiß es nicht. Vielleicht weil sie so klein und einladend aussah. Es sollte wohl sein.

Schon beim Blick durch das Schaufenster war mir der wild gestikulierende Mann aufgefallen, dessen Zapata-Bart und schwarze Brille fast bedrohlich wirkten. Er sah unmöglich aus! Kaum hatte ich den Laden betreten, nahm das Schicksal seinen Lauf: Der Mann faszinierte mich. Sein wüstes Aussehen kontrastierten mit seiner sanften, tiefen Stimme, und sobald er sprach, strahlte er einen unwiderstehlichen Charme aus. Mehrere junge Frauen umringten ihn und redeten ebenso wild auf ihn ein, wie er gestikulierte. Für einen Mexikaner war er recht groß und schlank, mit kräftigen, muskulösen Schultern. Sein dünnes, leicht gewelltes Haar fiel ihm fast auf die Schultern. Im Licht der Lampen schimmerte es kastanienbraun. Seine dunklen Augen blitzten, als er mich betrachtete und anlächelte.

Offenbar gehörte er zu der Buchhandlung, aber ich traute mich nicht, ihn anzusprechen. Er gefiel mir, obwohl er sonst überhaupt nicht meinen Vorstellungen von einem schönen Mann entsprach. Ich stand unentschlossen vor den Regalen mit den Büchern und war drauf und dran, wieder zu gehen. Es war Sonnabend mittag. Magda wollte zu ihrer Familie nach Puebla, und vielleicht war dies ja doch nicht die richtige Buchhandlung, redete ich mir ein.

Als ich abends nach Hause kam, hatte ich einen großen Stapel Bücher über die mexikanische Revolution, über Trotzki und die Reportagen von John Reed über die Porfirio-Díaz-Epoche in der Tasche. In meinem mit unzähligen Kaffees gefüllten Magen spürte ich ein unerträgliches Kitzeln, und im Kopf regierte das Chaos. Raúl hatte mich nicht aus seinen Fängen gelassen. Energisch nahm er mich am Arm und führte mich die lange »Avenida Baja California« zum »Café des las Américas« an der »Insurgentes Sur«, wo er stundenlang über sein Land und seine Leute schwadronierte, über die Opposition, die verlogenen Regierungspoli-

67

tiker, seine Arbeit als Universitätsdozent und Gewerkschafter, seinen politischen Kampf im Untergrund, über das Massaker von Tlatelolco 1968, über den mexikanischen Machismo und die Unterdrückung der Frauen. Er war entschieden dagegen. »Aber weißt du, es ist schwer, sich davon freizumachen. Ich habe selber Probleme damit und leide darunter«, sagte er mit ernster Miene. Ich war mir nicht sicher, ob ich ihm das glauben sollte, und nahm mir vor, mich nicht so leicht von ihm vereinnahmen zu lassen. Ich gab ihm nicht meine Adresse, wohl aber die Telefonnummer vom Verband.

Wochen vergingen, und nur die Bücher erinnerten mich an jene Begegnung. Bis mich eines Abends fast der Schlag traf, als ich die Tür zu meiner Wohnung öffnete: Raúl und Annemarie lagen einträchtig auf ihrer großen Matratze in meinem alten Wohnzimmer und palaverten über Gott und die Welt. Wie hatte er meine Adresse herausgefunden?

Gar nicht, stellte sich heraus. Er war ein enger Freund eines gemeinsamen Bekannten, der zum Vorstand von seiner Partei gehörte und über den Raúl Annemarie kennengelernt hatte, die ihn wiederum nach Hause zum Kaffee eingeladen hatte, wo er doch den deutschen Frauen so zugetan war . . .

Annemarie und Raúl lachten sich halbtot, und ich brachte vor Verlegenheit kein vernünftiges Wort heraus.

Aber wie schon in der Buchhandlung nahm mich Raúl mit seinem einnehmenden Wesen vollkommen in Beschlag und verwickelte mich in ein Gespräch, dem ich mich nicht mehr entziehen konnte. Er zeigte großes Interesse für meine Arbeit und hörte genauestens zu. Ich geriet immer mehr in Fahrt und merkte nicht, wie es später wurde.

Plötzlich hörte ich Marlene im Nebenzimmer weinen. O Gott, ich hatte sie völlig vergessen! »Was? Gibt es hier ein Baby?« fragte Raúl erstaunt. »Ja, ich habe eine kleine Tochter. Sie ist drei Monate alt, und ich bin alleine mit ihr.«

›So‹, dachte ich, ›nun wird sein Interesse für mich versiegen! Mich kriegst du nicht in deine Fänge‹, frohlockte ich insgeheim.

Daß Raúl nicht mit normalen Maßstäben zu messen war, machte er mir jedoch schnell klar: »Darf ich sie mal sehen? Ich mag Kinder nämlich furchtbar gern. Meine Brüder haben auch mehrere Kinder, aber ich bin immer noch solo! Nun gut, vielleicht laufen ja irgendwo Kinder von mir herum, und ich weiß nichts davon?« lachte er verschmitzt. »Wir sind drei Brüder: Ramón ist der älteste und das schwarze Schaf in der Familie, der Böse. Dann kommt Gerardo, mein jüngerer Bruder. Er ist Verleger und gilt als der Gute. Und schließlich meine Wenigkeit. Ich bin der Häßliche, wie bei den Marx Brothers«, grinste er, stand auf und ging mit mir in mein Schlafzimmer.

Ganz behutsam näherte sich Raúl auf Zehenspitzen Marlenes Messingbett, beugte sich über sie, und meine kleine Tochter schenkte ihm das strahlendste Lächeln, zu dem sie fähig war. Es war hinreißend! Ich hatte befürchtet, daß sie angesichts Raúls finsteren Aussehens einen Schreck bekommen und mörderisch zu schreien anfangen könnte. Aber nein! Statt dessen flirtete das zauberhafte Wesen ganz ungeniert mit diesem dunklen Fremden, strahlte ihn mit ihren großen blauen Augen an und klimperte mit ihren langen Wimpern! Es war nicht zu fassen!

Raúl war hingerissen. »Warum hast du mir nichts von deiner Tochter erzählt? So ein bildhübsches Kind einfach geheimzuhalten, das brauchst du doch nicht! Ich wäre stolz auf so eine Tochter!« Wieder brachte er mich so in Verlegenheit, daß ich kein Wort mehr herausbrachte. Ich war doch stolz auf mein kleines Mädchen, und wo ich auch mit ihr hinging, die Mexikaner waren immer von ihr fasziniert! Jeder wollte sie anfassen. »Ich mache dein Kind krank. Der böse Blick kann sogar töten!« drohten sie mir oft, wenn ich nicht wollte, daß sie sie auf den Arm nahmen. Ich hatte davon gehört, daß viele mexikanische Frauen schwarze Magie praktizierten, und es machte mir Angst. So ließ ich oft nur mit Widerwillen zu, daß sie mein Kind berührten.

Aber zwischen Marlene und Raúl war es Liebe auf den ersten Blick! Sie ließ sich von ihm auf den Arm nehmen und turtelte mit ihm so heftig, daß ich sogar eifersüchtig wurde.

Von nun an war Raúl mein eifrigster Verehrer. Noch nie hatte mich ein Mann so beharrlich umworben, auch wenn er zu jeder Verabredung zu spät kam. Um Ausreden war er nie verlegen: Entweder hatte sich eine Besprechung hingezogen, oder seine Maschine hatte eine Panne und landete mit Verspätung, oder er blieb im Verkehr stecken. Aufgehalten wurde er immer. Wenn er eine bestimmte Uhrzeit meinte, konnte ich getrost zwei Stunden dranhängen, wenn er überhaupt kam.

Er erzählte mir, daß er eine deutsche Freundin gehabt hatte, die ihn jedoch verlassen hatte, um ihre politische Arbeit in Deutschland fortzusetzen. Er war schon mehrere Male in Deutschland und Frankreich gewesen und bewunderte unsere liberale Gesellschaft. Vor allem, daß die Frauen wesentlich emanzipierter waren als in Mexiko.

»Glaub mir, der Machismo macht mir wirklich zu schaffen! Er ist uns anerzogen, aber ich versuche, mich davon zu befreien. Wenn es mir nicht immer gelingt, mich entsprechend zu verhalten, dann fühle ich mich wirklich ganz miserabel«, beteuerte er immer wieder, um mir dann — in der Praxis — die Vorteile des Machismo vorzuführen, wenn er mich als perfekter Kavalier am Arm über die Straße führte und allein durch das Festhalten meines Armes jedem demonstrierte, wer der Herr und Beschützer dieser Dame war!

Natürlich beeindruckte er mich damit sehr, bewies es doch, daß er sich ernsthaft für mich interessierte. Nicht nur, daß es ihn nicht störte, daß ich ein Kind hatte — er war auch darum bemüht, mich als Frau ernst zu nehmen und zu fördern. »Ich finde deine Arbeit toll. Du bist selbständig, sorgst für dein Kind und verwirklichst dich selbst. Du solltest dich politisch weiterbilden und dich mit anderen Frauen zusammentun«, forderte er mich auf.

Ich sah Raúl nicht häufig. Er war ständig auf Reisen, um mit seinen Kollegen die verschiedenen regionalen Universitätsgewerkschaften an einen Tisch zu bringen und eine große nationale Universitäten-Dachgewerkschaft zu gründen. Wenn er in Mexiko-Stadt war, rief er mich im Büro an und verabredete sich mit mir. Am Anfang unseres Verhältnisses war ich stets pünktlich zur Stelle und stand mir regelmäßig die Beine in den Bauch. Wenn er dann Stunden später endlich kam, entwaffnete er meine Wut mit dem charmantesten Lächeln und Schulterzucken, nahm mich am Arm und entführte mich in das nächste Restaurant. Aber ich war immer noch weit davon entfernt, mich von ihm verführen zu lassen! Mein Schlafzimmer gehörte mir und meiner Tochter! Und er wohnte in einer Wohngemeinschaft mit Parteigenossen irgendwo im Uni-Viertel im Süden der Stadt. Da war an romantische Zweisamkeit nicht zu denken. In ein Hotel zu gehen, wie es viele unverheiratete mexikanische Paare tun, kam uns gar nicht in den Sinn. Jedenfalls machte Raúl nie einen solchen Vorschlag. Und ich war mir über meine Gefühle keineswegs sicher. Ich war nie prüde, geschweige denn spröde gewesen. Aber bei Raúl gab ich mir die größte Mühe, mich von der kühlsten, sprödesten norddeutschen Seite zu zeigen. Er lud mich zum Tanzen ein, und ich, die ich leidenschaftlich gern tanze, bewegte mich wie ein Stock, wenn ich denn überhaupt zu bewegen war. Raúl schien das überhaupt nichts auszumachen. Er setzte sich lachend darüber hinweg. Er nahm mich am Arm und führte mich energisch und siegessicher über die Straße, übers Tanzparkett, ins Café, Restaurant oder ins Kino — seine große Leidenschaft!

Ich war zufrieden mit meinem Leben. Von mir aus hätte es so weitergehen können. Mit einem eifrigen Verehrer im Hintergrund, der mich gelegentlich ausführte, machten mir die Schikanen im Büro nicht mehr so viel aus. Dank Annemarie war ich auch nicht mehr allein, und wenn Raúl nicht da war, gingen wir beiden Frauen oft in den Korrespondentenklub. Der enge Kontakt zu den Journalisten bedeutete für mich eine Brücke nach draußen und die Hoffnung auf eine berufliche Veränderung, und mochte sie noch so klein sein.

Eines Tages rief mich meine Vermieterin zu sich. Ich befürchtete das Schlimmste und ging mit klopfendem Herzen zu der alten Dame, die immer so nett zu mir gewesen war. »Señora, es tut mir sehr leid, aber ich muß Ihnen die Wohnung kündigen«, teilte sie mir mit ernstem Gesicht mit. »Mein Sohn braucht mit seiner Frau eine kleinere Wohnung, aber er bietet Ihnen dafür seine große Wohnung zum Tausch an. Sie ist zwar etwas teurer, aber da Sie ja nicht alleine sind, können Sie das sicher finanziell verkraften.«

Was mir da zum Tausch angeboten wurde, war ein Traum. Direkt gegenüber vom »Hotel Presidente« am Polanco-Park lag sie im ersten Stock eines jener typischen alten, gediegenen Miethäuser mit großen Fenstern, Parkettfußboden und geräumigen, hellen Zimmern. Das Wohn- und Eßzimmer war riesig. Es wurde durch einen Kamin und eine integrierte Pflanzengalerie unterteilt und ging in ein Studio über. Vom Flur aus gingen drei weitere Zimmer ab und zwei Bäder sowie eine geräumige Küche, hinter der sich der Zugang zu einer kleinen Dienstmädchenwohnung befand. Ich konnte es nicht glauben! Die Miete war fast doppelt so hoch wie meine vorherige. »Aber sicher können Sie mit dem Vermieter noch über den Preis verhandeln«, beruhigte mich der etwa fünfundfünfzig Jahre alte, vom Alkohol gezeichnete Sohn meiner alten Vermieterin. Er war trotz seiner Redseligkeit sehr sympathisch. Ich wußte nicht, wie ich diese riesige Wohnung mit Möbeln füllen sollte. Ich hatte noch nicht einmal ein eigenes Bett! »Ach, wir überlassen Ihnen das Eßzimmer, das Bett und ein paar Sessel, und den Schreibtisch können Sie auch behalten. Ich will nicht viel dafür, und wenn Sie das jetzt nicht bezahlen können, dann lassen Sie sich ruhig Zeit!« überredete mich schließlich seine blondgefärbte Frau, die sich an Marlene nicht satt sehen konnte und sie immer wieder liebevoll, aber unendlich traurig ansah. Wir wurden später gute Freunde, und sie erzählte mir, daß sie ihre kleine Tochter im Alter von Marlene verloren hatte und daß sie ebenso blond und blauäugig gewesen war wie sie.

So zogen Annemarie und ich in die große Wohnung und fragten uns, woher wir noch Mitbewohner nehmen sollten. Wir hatten noch ein wunderschönes Studiozimmer mit eigenem Bad frei ... »Ich könnte doch Raúl fragen, ob er bei uns einzieht! Er hat mir neulich gerade gesagt, daß er aus seiner Wohngemeinschaft ausziehen will, um wieder ein ›parteiunabhängiges‹ Privatleben zu führen, wie er sagte«, meinte ich zu Annemarie, die mich nur erstaunt ansah. »Du bist dir doch im klaren darüber, was das bedeutet? Du weißt doch, was Raúl von dir will! Du glaubst doch wohl nicht, daß er einfach nur so hier einzieht?!«

Mit Herzklopfen erwartete ich Raúls Rückkehr in die Stadt. Annemarie und ich wohnten schon etwa zwei Wochen in der neuen Wohnung, als er sich endlich bei mir meldete. Wir verabredeten uns für den Abend. Annemarie, die gerade einen Fotografen kennengelernt hatte, war nicht zu Hause. Ich war das erste Mal allein mit Raúl, der wohl ahnte, was auf ihn zukam, als ich ihm die Wohnung zeigte. Nachdenklich begleitete er mich von einem Zimmer ins andere und setzte sich dann ernst im Wohnzimmer in einen Sessel und sagte erst einmal gar nichts. Nach endlosen Minuten grinste er mich plötzlich an, stand auf, nahm mich an die Hand und sagte: »Ich brauche das Studio nicht. Dein

Schlafzimmer ist groß genug für uns beide!« Er ließ mir keine Zeit zum Reagieren, sondern hob mich auf, trug mich ins Schlafzimmer und verführte mich nach allen Regeln der Kunst — und das mit einer Zärtlichkeit, die ich nie zuvor erlebt hatte.

Ein paar Tage später zog Raúl bei mir ein — mit über zweitausend Büchern, einem überdimensionalen Schreibtisch aus massivem Holz und einem scheußlich aussehenden, aber unglaublich kuscheligen Sofa aus schwarzem Plüsch. Das Leben mit ihm war aufregend. Er nahm mich oft in die Parteibuchhandlung mit. Wenn er zu tun hatte, stöberte ich in den Büchern oder unterhielt mich mit den Frauen, die dort arbeiteten, und mit Raúls Freunden: Da war Luz-Luz, eine bildhübsche Fotografin, ihr Lebensgefährte Martin Egerton (ein Mexikaner englischer Abstammung), die Argentinierin Angélica und ihr Mann sowie Esthér und Enrique, die einen kleinen Sohn hatten.

Ich begleitete Raúl auch oft zu seinen politischen Versammlungen. Ich konnte zwar mit den Vorträgen nicht viel anfangen, aber mir gefiel das freundliche und kameradschaftliche Ambiente, das unter seinen Freunden herrschte, die mich offen in ihre Mitte aufnahmen. Aber ich war weit davon entfernt, mich von Raúl für seine Partei einspannen zu lassen! Er hätte es gerne gesehen, wenn ich mich den Feministinnen angeschlossen hätte oder bei der Gestaltung der Parteizeitung mitgewirkt hätte.

Unsere Gespräche handelten viel von Politik, die er mir zu erklären versuchte. Daß er Trotzkist war, hatte nichts Erschreckendes für mich. In erster Linie war er Dozent an der Universität von Toluca und freigestellt, um bei der Gründung einer Dachgewerkschaft für die gesamten mexikanischen Universitäten mitzuwirken. Vom Trotzkismus hatte ich viel zuwenig Ahnung, und mit der Idee des Kommunismus konnte ich auch nichts anfangen. Kommunismus hieß für mich: die innerdeutsche Grenze, Stacheldraht und

Mauer, Unfreiheit, Angst und Armut. Ich erzählte Raúl von den Reisen mit meinem Vater durch die DDR von Berlin nach Hamburg, von den entwürdigenden Kontrollen an der Grenze.

»Die Trotzkisten haben mit den Kommunisten ja auch nichts am Hut«, erklärte mir Raúl. »Abgesehen davon kann man den Sowjetkommunismus nicht mit der kommunistischen Bewegung in Lateinamerika vergleichen. Wir liegen hier hundert Jahre im Rückstand. Da, wo ihr in Europa seid, müssen wir erst noch hinkommen. Nur ein Volk, das durch Bildung auch Bewußtsein bilden kann, ist in der Lage, eine Demokratie aufzubauen!« Soviel hatte ich inzwischen von der Politik begriffen: Der politische Kampf in der mexikanischen Opposition, egal von welcher politischen Couleur sie war, hatte nichts mit dem europäischen Linkssozialismus oder dem sowjetischen Kommunismus zu tun. Hier ging es darum, zunächst einmal die Regierung dazu zu bringen, Oppositionsparteien überhaupt zuzulassen.

So sehr mich seine Berichte auch interessierten, sie machten mir auch angst. Noch war Raúls »Revolutionäre Arbeiterpartei« nicht legal, und seine Andeutungen über politische Verhaftungen und ein berüchtigtes Militärgefängnis im Nordosten der Hauptstadt, das »Campo Militar No. 1«, waren alles andere als beruhigend. Dennoch griff die mexikanische Polizei nie ein, wenn die Oppositionsparteien Demonstrationszüge durch die Innenstadt organisierten.

Das Leben mit Raúl war nicht leicht. Ich hatte ihm verschwiegen, daß Hans der Vater von Marlene war. Ich hatte ihm auch nicht die ganze Wahrheit über Alberto erzählt, der eines Tages plötzlich auftauchte. Hans hatte ich völlig verdrängt. Ich wollte der Wahrheit einfach nicht ins Auge sehen. Doch Raúl, durch seine jahrelange politische Schulung psychologisch versiert, brachte nach und nach mein Lügenkonstrukt zum Einsturz. Er glaubte mir nicht, daß ich ihn belogen hatte, weil ich selbst mit der Wahrheit nicht zurechtkam, und daß ich Angst vor seiner Reaktion hatte. Er machte mir schwere Vorwürfe und bezichtigte mich der Lüge und Manipulation. Wie sollte ich ihm das Gegenteil beweisen?

Trotzdem behauptete er, noch keine Frau so geliebt zu haben wie mich. Ich sei die erste und einzige, die er auch heiraten und mit der er eine Familie gründen wolle.

Aber Raúl machte es mir nicht leicht, denn er war extrem eifersüchtig und mißtrauisch. Es war schrecklich, mit ihm zu streiten. — Nein, es war unmöglich, mit ihm zu streiten! In jeder Diskussion war ich ihm unterlegen, und wenn er böse war, dann drehte er sich im Bett um und würdigte mich keines Blickes und keines Wortes mehr. Ich konnte diese Abweisung kaum ertragen und hatte das Gefühl, als müßte ich daran zerbrechen. Ich konnte es nicht wagen, mit Frauen aus seiner Partei über meine Probleme zu reden. Manche suchten den Kontakt mit mir, aber was ich ihnen auch erzählte, Raúl erfuhr davon und wurde wütend. Er wertete es als Verrat und begriff nicht, daß ich einfach eine Freundin brauchte, mit der ich über alles reden konnte. Ich fühlte mich isoliert und allein gelassen, denn zu den Veranstaltungen des Verbandes oder der Botschaft ging ich schon lange nicht mehr. Ich beschränkte die Kontakte zu meinen Landsleuten auf meine Arbeit im Verband.

Nur einmal noch, als Raúl wieder in der Provinz unterwegs war, bin ich mit Marlene und Annemarie zum Oktoberfest in den deutschen Klub gegangen. Ich kam mir etwas verloren vor inmitten der bierseligen Deutschen und Mexikaner, die zu bayrischer Blasmusik schunkelten oder Polka und Walzer tanzten.

Plötzlich sprach mich eine ältere große, blonde Dame an. Ich erkannte in ihr eine Angestellte der Presseabteilung der Botschaft. Sie war am Telefon immer sehr energisch und schien immer in hektischer Eile. »Frau Christen, was machen Sie denn hier? Wo steckten Sie denn solange? Wie geht es Ihnen? Ist das Ihr Töchterchen? Ach, die ist aber süß!« Ich war so überrascht, daß ich ihren Gruß zunächst nicht erwiderte. Sie nahm meinen Arm und führte mich zu ihrem Mann, den sie als Arzt und Psychiater vorstellte. Er war sehr sympathisch und musterte mich interessiert, ohne jedoch ein Gespräch mit mir zu beginnen. Frau Weber plauderte munter weiter und forderte mich auf, mich doch mal wieder sehen zu lassen. Höflich verabschiedete ich mich, ohne mir etwas von meiner Verwunderung über die freundliche Begrüßung und das offensichtliche Interesse an mir anmerken zu lassen. Ich wußte nicht, wie ich das interpretieren sollte. Wieso fragte ausgerechnet jemand von der Botschaft, wie es mir ging? Hatte mich der Botschafter nicht ausdrücklich von der Gesellschaft ausgeschlossen? Ich konnte mir das nicht erklären und fühlte mich unsicher. Ihrer Einladung folgte ich nicht. Mein Mißtrauen war zu groß.

Ich war mir damals nicht sicher, ob ich Raúl wirklich liebte. So wunderbar zärtlich und heiter er sein konnte, so unerbittlich und hart reagierte er, wenn er mit mir nicht zufrieden war.

Dennoch wollte ihn nicht verlieren. Für Marlene hätte ich mir keinen liebevolleren Vater wünschen können. Er war heiter, hatte immer einen Spaß auf Lager, konnte herrliche witzige Lieder singen und unbändig fröhlich sein. Wir waren beide sehr gesellig und tanzten gerne. Ich liebte die Feste, die von den Gewerkschaften und den Parteien gefeiert wurden. Unzählige Paare wiegten sich dann fröhlich, temperamentvoll und gleichzeitig sinnlich zu den Rhythmen von Salsa und Cumbia oder Cha-Cha-Cha. Ich konnte immer ganz gut tanzen, zumindest ich hatte das geglaubt. Aber mit Raúl hatte ich da Schwierigkeiten. Ich bewunderte die Fähigkeit der Mexikaner, Schultern und Hüften, Hände und Füße gleichzeitig zu bewegen, ohne je den Rhythmus zu verlieren. Ihre fast schamlos lasziven Bewegungen waren Erotik pur. Selbst die intellektuellsten und emanzipiertesten Frauen verwandelten sich bei der Musik in verlockende

Weibchen oder Femmes fatales. Herausgeputzt und mit einer umwerfenden Sinnlichkeit kokettierten sie mit ihren jeweiligen Tanzpartnern und deuteten dennoch nur an, was sie zu geben imstande waren. Sie versprachen, ohne etwas zu versprechen. Das faszinierte mich immer wieder. Ich selbst aber hatte eine unglaubliche Scheu davor, mich ebenso zu bewegen.

Ich fühlte mich Raúl gegenüber unterlegen und litt darunter, daß ich mich nicht behaupten konnte, daß ich nicht so war wie seine Parteifreundinnen oder wie seine ehemalige deutsche Lebensgefährtin Brigitte. Daß ich dennoch bei ihm blieb, lag sicher auch an seiner netten Familie. Sie nahm mich mit Marlene ganz selbstverständlich auf, als ob es das Normalste der Welt wäre, daß Raúl ein fremdes Kind als seines akzeptierte. Vielleicht aber lag es auch einfach nur an Marlenes Liebreiz. Seine Eltern und seine Brüder lebten mit ihren Familien in Sonora im Norden Mexikos und kamen nur gelegentlich nach Mexiko-Stadt. Ich freute mich über jeden Besuch und jede Reise nach Sonora, weil sie immer eine lustige Abwechslung bedeuteten. In der Familie herrschte ein lockerer Ton, der von ausgeprägtem Humor bestimmt wurde. Sie machten sich einen Spaß daraus, mich mit doppelzüngigen Worten auf die Schippe zu nehmen. Ich brauchte lange, um ihre Scherze zu verstehen.

Ganz besonders waren mir seine Mutter, Doña Guadalupe, und sein Vater, Don Ramón, ans Herz gewachsen. Doña Lupe war eine temperamentvolle Frau, der Raúl sehr ähnlich sah, mit einem sehr eigenwilligen Charakter, den sie durch die Art, wie sie sich kleidete und frisierte, noch unterstrich. Sie trug stets von Hand genähte Blusen und Hosen, und um ihr langes Haar hatte sie immer ein Kopftuch gebunden, aus dem ihr in einen Lockenwickler gerollter Pony hervorlugte. Sie schaute gerne mal tiefer ins Glas und flüchtete regelmäßig vor der mörderischen Sommerhitze in Sonora nach Mexiko-Stadt, in eine Stadtwohnung in der Nähe des Flughafens.

Raúls Vater arbeitete bei seinem jüngsten Sohn Gerardo mit, der sehr erfolgreich war. Mit seinem weißen Haar, den buschigen Augenbrauen und seiner etwas gebeugten großen Gestalt erinnerte er mich an Stewart Granger. Don Ramón verkörperte für mich den typischen Großvater: weise, humorvoll und zärtlich. Beide waren noch vom alten Schlage und siezten ihre Schwiegertöchter. Weder Gerardos Frau Mara noch Ramóns Frau Mireya oder mir wäre es jemals eingefallen — selbst im angeheiterten Zustand nicht —, Doña Guadalupe und Don Ramón, von den Söhnen respektvoll »Jefe« oder »Jefa« (Chef/Chefin; Oberhaupt) genannt, zu duzen.

Guadalupe und Ramón liebten Marlene sehr. Sie war oft bei ihnen in Sonora, wo sie mit ihren »Cousins« und »Cousinen«, den Kindern von Gerardo und Ramón jun., spielte.

Bei Doña Guadalupe hat Marlene laufen gelernt. Sie kümmerte sich rührend um mein kleines Mädchen, das ihre »abuelita« (Großmutter) innigst liebte. Mir ersetzte Guadalupe in jenen Jahren meine Mutter. Sie waren sich, beide Wassermann und vom selben Jahrgang, vom Temperament her sehr ähnlich. Wie meine Mutter konnte sie urplötzlich und ohne Vorwarnung explodieren. Und wehe, es stand ihr dann jemand im Weg! Sie hatte den Spitznamen »Doña Karate«, denn selbst in ihrem fortgeschrittenen Alter scheute sie sich nicht davor, Leute, die sie beleidigten, fast krankenhausreif zu prügeln. Wer sie kannte, tat gut daran, sie nicht zu belästigen. Aber gleichzeitig hatte sie ein großes Herz und konnte unglaublich sentimental werden. So wie sie hassen und wütend werden konnte, konnte sie auch lieb und außergewöhnlich nobel sein.

Ich vertraute Guadalupe. Sie erzählte mir viel von sich: von ihrer zehn Jahre langen Trennung von ihrem Mann und wie sie ihn schließlich zurückerobert hatte, nachdem sie ihn durch ihr Temperament in die Flucht geschlagen hatte, von ihrer harten Arbeit als Näherin, um ihre drei Jungs zu ernähren. »Ich habe schon Verehrer gehabt, aber ich bin all die Jahre alleine geblieben und habe mich mit keinem Mann eingelassen. Ich wollte meinen Mann zurück — sonst nichts«, sagte sie mir einmal, als ich ihr mein Leid über Raúl klagte. »Einen Mann muß man mit den Waffen der Frau schlagen und gewinnen. Aber dabei müssen Sie ihm immer den Eindruck vermitteln, daß er der Chef ist. Auch wenn Raúl so feministisch redet, er bleibt ein Mann, und eifersüchtig ist er auch, selbst wenn er das niemals zugeben würde.«

Was meinte sie mit »den Waffen der Frau«? Daß ich mich zum Heimchen am Herd zurückentwickeln sollte, wo er sich doch eine selbstbewußte Frau an seiner Seite wünschte? Ich wußte nicht, wie ich das Kunststück fertigbringen sollte! Raúls Eifersucht und sein Mißtrauen empfand ich als ungerecht. Sein Verhalten machte mich unglücklich und gleichzeitig wütend, denn er widersprach seinen eigenen Ideen von der Gleichberechtigung der Frauen. Ich durfte nicht eifersüchtig sein, wenn er von Brigitte sprach oder wenn er sich mit anderen Frauen traf. Bei ihm aber war es etwas anderes . . . Wie sollte ich ihm beweisen, daß ich sein Mißtrauen nicht verdiente?

›Vielleicht sollte ich ihn doch heiraten‹, dachte ich mir. Ich wollte nicht vor Problemen davonlaufen, sondern die Herausforderung annehmen, mich weiterbilden und zu der Frau werden, die Raúl sich wünschte. Dabei kam es mir überhaupt nicht mehr auf eine Heirat an, um von der deutschen Gesellschaft anerkannt zu werden. Auf eine deutsche Gesellschaft, die mich dafür bestrafte, daß ich ja zum Leben sagte, konnte ich inzwischen verzichten. Und in der mexikanischen Gesellschaft spielte das Verheiratetsein offenbar eine untergeordnete Rolle. Viele junge Paare, besonders in der intellektuellen Schicht, lebten in »unión libre«, in »frei-

80

er Verbindung«. Unehelich ein Kind zu haben war in Mexiko keine Schande. Worauf es ankam, war die Anerkennung der Kinder, die daraus hervorgingen. Als ledige Mutter hatte eine Frau dann nicht weniger Rechte, als wenn sie verheiratet wäre. Zwar war in Mexiko bis Anfang der achtziger Jahre die Bigamie strafbar, aber dafür konnte jeder verheiratete Mann seine »concubina« und die aus einer solchen Verbindung hervorgegangenen Kinder bei der staatlichen Sozialversicherung offiziell mitversichern.

Als Raúl als Kandidat für den Vorsitz der neuen Gewerkschaftsbewegung scheiterte, schickte ihn seine Partei im Winter 1979 zum Kongreß der IV. Internationalen nach Italien und bot ihm an, für die Partei hauptberuflich zu arbeiten. Dafür sollte er sich noch einmal zwei Jahre von seiner Universität in Toluca freistellen lassen.

Er wollte es sich überlegen. Wir beschlossen, daß ich meine Stellung beim Verband kündigen und im Dezember mit Marlene nach Deutschland fliegen sollte. In Stuttgart wollten wir uns bei meiner Schwester Birthe treffen. Ich war sicher, daß ihm ihre burschikose Art gefallen würde. Sie war mit einem Chilenen verheiratet gewesen und konnte immer noch ganz gut Spanisch. Bei ihr war Raúl bestimmt gut aufgehoben! Heiraten wollten wir am Bodensee. Ich freute mich riesig! Voller Zuversicht und Stolz schrieb ich meiner Mutter — und bekam eine vernichtende Antwort per Einschreiben. Was ich mir denn dabei gedacht hätte, einen Trotzkisten zu heiraten, einen Salonrevolutionär, und sie sollte uns die Hochzeit richten — nein!

Ich verstand die Welt nicht mehr. Ich hatte keinerlei Forderungen gestellt: Weder wollte ich ein großes Fest, noch daß man mir irgend etwas vorbereitete. Das einzige, wofür ich um Hilfe gebeten hatte, war, für Marlene Winterkleidung und ein Reisebettchen zu besorgen. »Die Geschäfte in Stuttgart stehen Dir zu Verfügung!« lautete die böse Antwort an die »verrückt gewordene Egoistin in Mexiko«.

Ich war sehr traurig und fühlte mich verraten. Was hatte der Trotzkismus mit unserer Beziehung zu tun? Raúl nahm niemandem etwas weg, und was unseren bürgerlichen Lebensstil betraf, meinte er: »Es geht doch nicht darum, daß wir alle in Hütten leben und unsere Ideologie in schlampiger Kleidung zur Schau tragen! Es geht darum, für alle Menschen einen würdigen Lebensstil zu schaffen. Und guter Geschmack hat nichts mit Sozialismus zu tun. Ich kann gut leben und mich gut kleiden und trotzdem ein guter Sozialist sein. Außerdem — die Bourgeoisie hat auch ihre guten Seiten, hat sie uns doch Kultur und Bildung gebracht.«

Ich schrieb Raúl nach Stuttgart, daß ich nicht kommen würde. Sehnsüchtig wartete ich auf seine Rückkehr. Für jenen Tag hatten seine Kameraden ein großes Fest vorbereitet. Luz-Luz und ich fuhren zum Flughafen, um ihn abzuholen. Ich hatte mich besonders hübsch gemacht für ihn und war sicher, daß er sich ebenso wie ich auf das Wiedersehen freute.

Aber Raúl begrüßte mich kühl und zurückhaltend. Wir fuhren zu dem Fest, und ich schob seine mürrische Laune darauf, daß er vielleicht von dem langen Flug müde war. Erst spät nachts, als wir zu Hause waren, rückte er mit der Sprache heraus: »Wenn deine Familie so böse auf dich reagiert, muß ja wohl irgend etwas nicht in Ordnung sein. Wenn dir deine Familie nicht vertraut, wie soll ich dir dann vertrauen?« fragte er mich in einem eiskalten Ton und gleichzeitig mit einem tief beleidigten Blick.

»Wie meinst du das? Was hat man dir von mir erzählt?« konterte ich, ohne wirklich begriffen zu haben, was da vor sich ging.

»Das kannst du dir selber denken . . . Du wirst schon wissen, was du auf dem Kerbholz hast!« war seine Antwort. Ich war sprachlos. Ich würgte an meinem Kloß im Hals und mußte schließlich weinen.

»Deine Tränen sind doch nur Manipulation! Versuche

dich gar nicht erst zu rechtfertigen!« — Ich versuchte es nicht, ich wußte ja nicht einmal, wofür! Was war nur geschehen? Daß ich im Verband gekündigt hatte, machte Raúl noch zorniger, denn er hatte sich inzwischen entschieden, sich doch noch zwei Jahre von der Universität freistellen zu lassen. Und das bedeutete: kaum Geld. An Heiraten war nicht mehr zu denken. Erst sollte ich ihm »beweisen, daß ich es auch wert war«.

Kapitel VI

»Excélsior«
oder: Bereite den Weg, indem du ihn gehst

Ich setzte alles daran, Raúl zu beweisen, daß ich seine Liebe wert war, und tat alles, was er wollte.

Er war nicht mehr so hart zu mir, auch wenn sein Mißtrauen und seine Eifersucht weiterschwelten und ab und zu ausbrachen. Ungeachtet dessen ging ich regelmäßig zu den Versammlungen im Korrespondentenklub, auch wenn ihn das ärgerte. Hier traf ich nicht nur meine Landsleute, die für »dpa«, »Quick« oder für die Rundfunkanstalten arbeiteten, sondern auch viele interessante Kollegen aus aller Welt. Sämtliche Nationen und Kulturen trafen im Klub im »Hotel Continental« am »Paseo de la Reforma« zusammen. Unter meinen Freunden befand sich auch Gato, ein Bolivianer, der für eine große internationale Agentur arbeitete. Er war als Exilant nach Mexiko gekommen und hatte vorher für die Zeitung »Excélsior« gearbeitet.

»Du, die suchen jemanden für Übersetzungen aus dem ›Spiegel‹. Das wäre doch was für dich! Dein Spanisch ist doch perfekt! Außerdem könntest du damit zwei Fliegen mit einer Klappe schlagen: Du würdest nicht nur Geld verdienen, sondern wärst auch wieder bei einer Tageszeitung. Das hast du dir doch immer gewünscht«, eröffnete er mir eines Abends bei einem Cocktail.

»Ja, das wäre phantastisch! Aber den ›Spiegel‹ übersetzen? Nein, das kann ich unmöglich, das schaffe ich nicht. Dafür reicht mein Spanisch nicht.« Ich war hin- und hergerissen zwischen der Freude, daß Gato mir das zutraute, und meinen Zweifeln, ob ich dazu in der Lage war. Aber er ließ nicht locker: »Doch, du schaffst das! Probier es doch mal.«

Und so ging ich mit Gatos Empfehlung in die Redaktion des »Excélsior« am »Paseo de la Reforma« — der größten Tageszeitung Mexikos, die einen schon fast legendären Ruf hat. Wie oft war ich an jenem altehrwürdigen Gebäude im klassizistischen Stil vorbeigegangen oder -gefahren, das eingeklemmt stand zwischen einem modernen Glasbau und einem noch älteren, schiefen Hochhaus, in dessen Keller sich die nicht weniger legendäre Bar und das Restaurant des »Ambassador« befanden. Schon immer beim Vorbeifahren hatte mich das Aufgebot an Sicherheitsbeamten beeindruckt, die vor dem Portal der Zeitung Wache standen und niemandem erlaubten, davor zu parken, und sei es auch nur, um etwas abzugeben.

Beim Empfang wurde ich registriert, bekam einen Aufkleber an die Bluse geklebt und durfte dann, verfolgt von den Blicken des Empfangspersonals, in den uralten Lift steigen. Um in das Auslandsressort zu gelangen, mußte ich im dritten Stock erst durch die Ressorts »Inland« und »Politik«, dann an den Redaktionen für Gesellschaft und Sport vorbei durch einen Großraum, in dem an alten Schreibtischen mit noch älteren Schreibmaschinen die Redakteure saßen, deren neugierige Blicke mich verlegen machten.

Wie liebte ich diesen Geruch nach Druckerschwärze und Papier, das Klapp-Klapp-Klapp der Schreibmaschinen und das Rattern der Ticker! Das war Leben! Ich gab mir Mühe, meine Verlegenheit zu verbergen und sicher aufzutreten.

Der Chef der Auslandsredaktion war ein kleiner, zierlicher Mann unbestimmten Alters (aber durchaus attraktiv), der hektisch telefonierte, mit den langen Telexfahnen hantierte und mehr brüllte als sprach. ›Was habe ich von ihm wohl zu erwarten?‹ schoß es mir ängstlich durch den Kopf. Aber Augusto Robalo sah zu intellektuell aus mit seinem

Schnauzbart und einer Brille mit großen Gläsern, als daß er ein Unhold sein konnte. Auch als ich mich vorstellte und ihm mein Anliegen vortrug, schien es, als nähme er mich gar nicht recht zur Kenntnis, als interessiere es ihn überhaupt nicht, woher ich kam und was ich bisher gemacht hatte. Ihm genügte, daß ich bereit war, den »Spiegel« zu übersetzen, und ohne sich weiter mit mir abzugeben, verwies er mich an seinen Stellvertreter, Víctor de la Loza. Das war schon ein anderes Kaliber, zumindest äußerlich!

Um die fünfzig, war er schon vom Erscheinungsbild her ganz das Gegenteil von Augusto Robalo: groß, kräftig, mit krausem, kurzem Haar, rundem, glattem Gesicht und einer großen, aber flachen Nase. Auf der saß eine schwarze Brille, hinter der mich kleine Augen verschmitzt anlachten. So, als wollte er mir sagen: »Na du, was willst du denn hier? Also wenn du dich schon in dieses Abenteuer stürzt, dann los!«

Die erste Arbeit, die er mir zu übersetzen gab, war ein Bericht über Scotland Yard. Der Text war leicht zu übersetzen. Raúl korrigierte ihn. Víctor war begeistert. So wurde ich engagiert — wenn auch zunächst nur als freie Mitarbeiterin. Welche Bedeutung diese Zeitung einmal für mich haben und auf welchem Weg sie mich noch lenken sollte — wie konnte ich das damals wissen!

Zunächst stellte mich das Engagement ohne festen Vertrag vor neue und unerwartete Probleme, denn durch meine Kündigung beim Wirtschaftsverband hatte ich meine Arbeitserlaubnis verloren. Ich mußte also erst einmal ausreisen, um dann als Touristin wiederzukommen. So führte mich meine erste USA-Reise nach Laredo/Texas, wo ich drei Tage in einem Hotel ausharren mußte, bevor ich erneut nach Mexiko einreisen konnte.

Ich wurde sehr nett in das Team vom »Excélsior« aufgenommen. Jeder duzte jeden — aber das ist in Mexiko unter Kollegen so üblich und bedeutet nicht, daß deshalb der Respekt verlorengeht, wie es ja häufig bei uns in Deutschland geschieht. Natürlich weckte ich die Neugier der Kollegen — eine Deutsche beim »Excélsior«, das war fast eine Sensation. So wurde ich eifrigst umworben, besonders von Víctor. Jeden Morgen nahm er mich zum Frühstück mit ins Café »La Calesa«, das nur ein paar Schritte von der Zeitung am »Paseo de la Reforma« entfernt liegt, oder gegenüber in das Café der »Librería Reforma«, ein Kultur-Café, wo sich Reporter, Redakteure und viele Intellektuelle trafen. Víctor präsentierte mich stolz als seinen »Schützling«.

Wie gut, daß ich ihn als »Vater« hatte! Denn leicht machten es mir die Lektoren nicht, und den »Spiegel« zu übersetzen war noch weit schwerer, als ich gedacht hatte. Um einen Text übersetzen zu können, muß man ihn erst einmal verstehen, und die Sprache des »Spiegels« und seine zum Teil eigenwilligen Wortschöpfungen mußte ich erst einmal interpretieren lernen! Es war in doppelter Hinsicht eine harte Schule, die ich beim »Excélsior« durchmachen mußte. Besonders schwer machte es mir Don Guillermo, ein alter, verbitterter Kollege aus Guatemala, der meine Übersetzungen oft zu korrigieren hatte und dabei völlig neue Texte daraus machte. Wir fochten erbitterte Kämpfe aus über die Interpretation der »Spiegel«-Geschichten, und meist war ich die Unterlegene. Es war zwecklos, mit ihm zu diskutieren. Wenn er Dienst hatte, geriet ich schon bei seinem Anblick in Panik. Aber dennoch habe ich ihm viel zu verdanken, ebenso wie dem liebenswürdigen Intellektuellen María José oder dem immer heiteren und höflichen Paco, die mir mit unendlicher Geduld und Freundlichkeit die Tücken und Fallen der spanischen Grammatik verständlich zu machen versuchten. Es war eine harte Mühle, und manches Mal war ich am Rande der Verzweiflung. Was habe ich den »Spiegel« verflucht! An Wilhelm Bittorfs »Der Untergang der Titanic« habe ich mir fast die Zähne ausgebissen. Und all die Titelreportagen über die deutsche Wirtschaft von Renate Merklein, über Japan oder China, die Reportagen über eine Doktorarbeit zweier Bremer Historiker über die Hexenverbrennungen während der Inquisition ... Die endlosen Diskussionen mit meinen Lektoren und die Auseinandersetzung mit den Themen an sich entwickelten sich für mich zu einer Art Studium. Manchmal war ich so vermessen zu behaupten, daß diese Lehrzeit durchaus ein Universitätsstudium ersetzte!

Raúl hatte mich immer davor gewarnt, mit den Kollegen Freundschaft zu schließen. »Du wirst sehen: Wenn du dich zu weit nach vorne wagst, werden sie mehr von dir wollen. Paß auf, laß dich auf keine Intrigen ein, wenn man versucht, dich auf irgendeine Seite zu ziehen!« bremste er meinen Enthusiasmus, wenn ich ihm begeistert von meinem Redaktionsalltag erzählte. Ich hatte den Eindruck, daß er eifersüchtig war. – »Aber ich gehe mit ihnen doch nur Kaffee trinken!« beruhigte ich ihn.

Nach einem Monat bekam ich vom »Excélsior« den Antrag auf Arbeitsgenehmigung, verbunden mit einem Einwanderer-Visum, dem auch stattgegeben wurde. Ich war überglücklich, auch wenn es furchtbar viel Geld kostete, das ich mir erst zusammenleihen mußte, denn das zahlte mir die Zeitung nicht, und Raúl hatte auch kein Geld übrig. Bei der Zeitung sagte man mir, daß es schon viel wert war, daß ich den berühmten »Brief für die Regierung« bekam.

Viel verdiente ich nicht bei der Zeitung. Ich wurde pro Seite bezahlt und mußte im Akkord arbeiten, um einigermaßen über die Runden zu kommen. Ich entwickelte ein unglaubliches Tempo auf der alten Remington-Schreibmaschine, und in manchen Schichten – jeweils viereinhalb Stunden – schaffte ich zehn bis zwölf Seiten.

Nach und nach verlor ich den Kontakt mit meinen deutschen Landsleuten. Imke sah ich nur noch selten, weil Raúl ihr gegenüber mißtrauisch war. So beschränkten sich unsere Beziehungen auf die Deutschen, denen wir ein Zimmer vermieteten. Wenn wir nicht so auf das Geld angewiesen gewesen wären, Raúl hätte auch diese aus unserem Leben verbannt. Er ertrug es nicht, wenn ich mit ihnen abends im Wohnzimmer saß und ein Glas Wein trank.– »Wenn eine Frau sich zu einem Mann setzt und mit ihm Wein trinkt, dann ist das eine Einladung ins Bett! Erzähl mir doch nicht, daß das harmlos ist, was sich hier abspielt!« schimpfte er mit mir, wenn er nach Hause kam und zufällig in unsere fröhliche Runde platzte.

»Aber das ist doch lächerlich! Du kennst doch Deutschland. Du weißt doch ganz genau, daß das bei uns überhaupt nichts zu sagen hat, daß das bei uns üblich ist, abends zusammenzusitzen bei Bier oder Wein!«

Aber er ließ kein Argument gelten und unterbrach einfach die Diskussion, zog sich zurück und erwartete, daß ich ihm folgte. Ich gehorchte ihm, und doch wies er mich mit einer Eiseskälte ab, die mir ungeheuer weh tat. Ich fühlte mich in solchen Momenten völlig hilflos und tat nichts, um mich zu wehren. Manches Mal dachte ich, es nicht mehr ertragen zu können, aber ich hatte gleichzeitig eine panische Angst davor, daß er mich verlassen könnte. Ich träumte wie er von einer kleinen Familie. Er konnte wunderbar mit Kindern umgehen, und Marlene hätte wirklich keinen liebevolleren Vater haben können. Es ärgerte ihn maßlos, daß Marlene bereits standesamtlich registriert war.

Ich wurde aus ihm nicht schlau. Die Wechselbäder der Gefühle, denen er mich durch seine Launen und unerwarteten Reaktionen aussetzte, verunsicherten mich. Einen Tag war er unausstehlich, am anderen die Liebenswürdigkeit und Zärtlichkeit in Person.

Eines Abends kam er an und war besonders liebevoll und fröhlich: »Komm, mein Blondchen, laß uns ein Kind haben! Wir fliegen nach Acapulco — das ist doch genau der richtige Ort, um es zu machen!«

So entstand unsere Tochter Laura.

Kapitel VII
Ein konterrevolutionäres Kind

Worauf hatte ich mich eingelassen! Aber ich war glücklich, meinem Traum von einer kleinen Familie nähergekommen zu sein. So sehr ich auch bedauerte, nicht mehr so arbeiten zu können wie vor meiner Schwangerschaft: Ich nahm es in Kauf. Doch wie weit ich von der Verwirklichung meines Traums entfernt war, das wußte ich nicht. Und selbst wenn ich es geahnt hätte, hätte ich mich davon abbringen lassen, mein Kind zur Welt zu bringen? Ich glaube nicht.

War meine erste Schwangerschaft schon schwer, die zweite übertraf meine schlimmsten Befürchtungen. Während der ersten Monate litt ich unter einer schweren chronischen Bronchitis, die ich einfach nicht los wurde. Der Smog in der Stadt, der schließlich auch Marlene krank machte, haute mich um. Durch die ständigen Hustenanfälle lief ich Gefahr, mein Kind zu verlieren, und mußte öfter ins Krankenhaus. Zu den gesundheitlichen Problemen kamen die finanziellen. Raúl hatte politisch Schwierigkeiten und war dementsprechend ungenießbar. Wir hatten häufig Streit und redeten aneinander vorbei. Ich fühlte mich von ihm unverstanden, und er warf mir mangelnde Solidarität mit seinen politischen Problemen vor. Wenn seine Familie nicht gewesen wäre, hätten wir die Schwangerschaft unterbrechen lassen. Für mich war das ein schwerer Konflikt. Wenn ich im Kinderkriegen noch unerfahren gewesen wäre, wäre mir eine solche Entscheidung sicher leichter gefallen. Aber so? Ich konnte nicht willentlich ein Leben auslöschen. Und den

Gedanken, wieder alleine zu sein und meinen Traum von einer kleinen Familie platzen zu sehen, konnte ich ebensowenig ertragen. So blieben Raúl und ich zusammen.

Um aus dem Smog herauszukommen, entschlossen wir uns schweren Herzens, unsere schöne Wohnung am »Campos Eliseos« aufzugeben und uns außerhalb der Stadt etwas zu suchen. Wir fanden eine »Finca«, ein mexikanisches Landhaus, auf dem Weg nach Chalco, zwischen Iztapalapa und Milpa Alta im äußersten Südosten der Stadt in San Lorenzo Tezonco.

Es war von drei großen Gärten umgeben, abgeschirmt von hohen Tannen. Nach vorne, zur stark befahrenen Ausfallstraße hinaus, war der Garten europäisch gestaltet, in dem sogar Veilchen wuchsen. Hier sah ich zum ersten Mal in Mexiko Veilchen blühen! Ich konnte es nicht fassen und wurde ganz rührselig. Nach hinten heraus lag ein herrlicher, typisch mexikanischer Garten mit Bougainvilleen, »Huele de Noche«, Jasmin und Jacaranda-Bäumen. In einer Ecke des Gartens befand sich eine Laube mit einem Grillplatz und riesigen Vogelkäfigen, in denen das Hausmeisterehepaar exotische Vögel hielt. Doña Libertad und ihr Mann hatten, abgetrennt durch hohe Bäume und Büsche, ein eigenes Häuschen in einem dritten Garten. Es war ein herrliches Anwesen, eine wahre Oase.

Das Haus war sehr groß. Das kombinierte Wohn- und Eßzimmer nahm mit der Eingangshalle fast das gesamte Erdgeschoß ein. Ein Studio mit einem eigenen Badezimmer schloß sich an. Das Haus war sonnendurchflutet dank hoher Fenster. Die Bäder und die Küche, von der aus man in den hinteren Garten kam, waren mit Puebla-Kacheln ausgelegt. Das Wohnzimmer wurde durch einen rustikalen Kamin geprägt. Ein halbrunder vollverglaster Erker legte den Blick frei auf den exotischen Garten, in dessen Mitte ein römischer Brunnen plätscherte und der mich gleich an unser Haus in Frankreich erinnerte, als ich noch ein kleines Mädchen war.

Im ersten Stock des riesigen, im Kolonialstil eingerichteten Hauses lag eine herrliche Sonnenterrasse, ein kleines, offenes Studio, ein Kinderzimmer und noch ein riesiges Wohn- oder Schlafzimmer mit Blick auf die Tannen und den vorderen Garten.

Das Hausmeisterehepaar war unglaublich liebenswürdig. Dona Libertad schloß ich gleich ins Herz. Sie war eine stattliche Frau, resolut, selbstbewußt und ihrer Verantwortung bewußt, heiter und niemals um Worte verlegen. Sie war mir in jenen schweren Monaten die größte Stütze und fast wie eine Mutter.

Aber die Umgebung war schrecklich: Schräg gegenüber lag der Friedhof San Lorenzo Tezonco, der von einem riesigen, trockenen Areal umgeben war, auf dem sonnabends ein großer Markt abgehalten wurde. Die Avenida war schreckenerregend. Die Kollektivtaxis rasten vorbei, stinkende, alte Lkws und Busse passierten die Straße. Fast täglich wurden hier Menschen überfahren und getötet. Aber dafür hatten wir keinen Blick, als wir das Haus sahen.

Raúl ließ mich sehr viel allein. Unsere finanziellen Probleme belasteten uns sehr, aber er tat nichts, um unsere Lage zu verbessern. Ich konnte nicht mehr täglich zur Zeitung fahren. Er hatte fast immer das Auto, so daß ich auf die Kollektivtaxis angewiesen war. Häufig mußte ich sehr lange warten, bis eines anhielt, denn meistens waren sie schon bis auf den letzten Platz besetzt. Und wenn ich dann abends nach Hause zurück wollte, standen bereits endlose Menschenschlangen an der Metro-Endstation Taxqueña. Ich litt unter der ständigen Einsamkeit. Der Verkehr auf der Avenida, die ständigen Unfälle machten mich ganz krank. Ich fühlte mich verloren in dem riesigen Haus und zog von einem Zimmer ins andere um. Unser Schlafzimmer richtete ich schließlich im kleinsten Raum ein — im Kinderzimmer, das — wenn es hoch kam — vielleicht zwölf Quadratmeter maß. Und da quetschte ich auch noch meine zwei großen

Sessel und meinen kleinen Couchtisch hinein. Es war das einzige Zimmer, in dem ich mich einigermaßen heimelig fühlte. Aber nachts versetzte mich der Lärm der vorbeirasenden Autos und knatternden Busse in Panik. Jedes Knakken im Garten erschreckte mich zutiefst.

Marlene allerdings war offensichtlich glücklich dort. Sie genoß den großen Garten mit den Tieren von Libertad, spielte mit dem Hund, jagte die Hühner oder beobachtete die Vögel im Käfig. Auch Raúl fühlte sich wohl.

Unser Verhältnis war sehr gespannt. Je weiter die Schwangerschaft fortschritt, desto weniger kam er mit der Verantwortung dafür zurecht. »Es ist konterrevolutionär, Kinder in die Welt zu setzen. Wenn man politisch eine Aufgabe hat, darf man eigentlich keine Familie gründen. Das ist unverantwortlich«, sagte Raúl einmal, als uns eines Sonntagnachmittags Freunde besuchten.

Wir saßen im Garten, und ich war froh darüber, Besuch zu haben. Aber als Raúl so sprach, war ich entsetzt, sprachlos. Ich strich über meinen runden Bauch und dachte an mein Kind, das wir uns doch gewünscht hatten. Ich wollte es beschützen, und zugleich machte ich es verantwortlich für mein Unglück. Ich war hin- und hergerissen zwischen Liebe, Zärtlichkeit, Angst, Wut und Schuldgefühlen. Und ich fühlte mich so ausgeliefert und wehrlos. Es war auch niemand da, mit dem ich darüber hätte reden können. Selbst wenn ich jemanden gehabt hätte, ich hätte gar nicht den Mut gehabt, auch nur ein Wort über mein Unglück zu sagen.

Aufgrund meiner schwierigen Schwangerschaft wurde ich im Perinatologischen Institut behandelt, einem ganz modernen Klinikkomplex in Las Lomas, in dem die Schwangeren »ganzheitlich« betreut wurden, das heißt der Vater wurde von Anfang an mit einbezogen, und die Frau und ihr Baby wurden nicht nur körperlich, sondern auch psychisch betreut. Eine Sozialarbeiterin kümmerte sich darum, daß die finanzielle Seite der Geburt abgesichert war, und eine Psychologin bemühte sich darum, Konflikte zu erkennen und dabei zu helfen, sie zu bewältigen.

Aber ich spielte die Rolle der glücklichen Mutter so perfekt, daß niemand darauf kam, daß ich vielleicht unglücklich war. Ich nahm, soweit es körperlich ging, an der Schwangerschaftsgymnastik teil, lernte meinen Körper kennen und entsprechend zu atmen. Raúl kam nur ganz selten mit in die Klinik. Als Intellektueller hatte er die Psychologin und die Sozialarbeiterin so eingewickelt, daß sie ihm alle Argumente abnahmen, die ihn angeblich davon abhielten, an den Kursen teilzunehmen.

Genau wie bei Marlene — ich war im achten Monat — behielt man mich nach einer Routineuntersuchung im Krankenhaus. Der Muttermund war schon so weit geöffnet, daß die Geburt unmittelbar bevorstand. Aber es tat sich nichts. Ich ging treppauf, treppab. Nichts bewegte sich. Schließlich gab man mir Tage später Wehenmittel und brachte mich in den Kreißsaal. Zwar hatte ich Wehen, aber sie taten überhaupt nicht weh, obwohl der Wehenschreiber heftig ausschlug. Der Muttermund öffnete sich nicht weiter. Mein Baby machte nicht die geringsten Anstalten, auf die Welt zu kommen. Es weigerte sich nachhaltig. Am Ende entschied man sich, nachdem ich schon wieder stundenlang am Wehentropf hing, zum Kaiserschnitt.

»Sie werden ein Mädchen haben, das versichere ich Ihnen«, sagte eine Schwester zu mir. ›Hoffentlich irrt sie sich‹, dachte ich im stillen. Raúl wünschte sich doch so sehr einen Sohn! Ich hoffte, daß dadurch unsere Beziehung in Ordnung käme. »Wieso wissen Sie das? Im Ultraschall hat man doch gar nichts gesehen. Nein, ich bin ganz sicher, es wird ein Junge. Ich fühle das«, antwortete ich der Schwester. Die aber ließ sich nicht beirren: »Ich höre es am Herzschlag. Und bis jetzt habe ich immer recht behalten!«

Raúl war inzwischen gekommen und wollte bei der Geburt dabeisein. Wie er es schaffte, daß man ihn zum Kaiserschnitt zuließ, weiß ich nicht. Ich hatte keine Angst vor dem Eingriff. Die normale Geburt bei Marlene hatte ich in schrecklicher Erinnerung, und daß mir diese Schmerzen durch Narkose genommen würden, machte mich richtig froh.

Die Ärzte und vor allem die Anästhesistin waren sehr lieb. Sie beruhigten mich, sobald ich nur den leisesten Anflug von Angst bekam. Die Spritzen in die Wirbelsäule waren unangenehm. Ich fühlte, wie mein Körper in zwei Hälften geteilt wurde. Oben lebte ich, unten war ich tot. Zwar tat mir der Schnitt selbst nicht weh, der immerhin vom Nabel abwärts ging, aber ich spürte ganz genau, wie man in meinem Bauch herumwühlte. Es war ein ausgesprochen unangenehmes Gefühl. Sehen konnte ich nichts, weil ein Sichtschutz vor meinem Gesicht aufgebaut worden war. Ich wünschte nur, daß es endlich vorbei war! Raúl stand hinter den Ärzten, ich konnte ihn kaum sehen. Er beobachtete interessiert, was mit mir geschah, und dabei wünschte ich ihn sehnlichst neben mir, um mir ein bißchen Vertrauen, Kraft und Liebe zu geben.

Endlich hörte ich mein kleines Mädchen schreien! Als die Ärzte dieses kleine Bündel nackt neben mich legten, noch von der Käseschmiere umgeben, überwältigten mich der Kummer und der Schmerz, die zerplatzte Hoffnung, und ich begann hemmungslos zu weinen. Alle dachten, ich weinte vor Freude. Aber ich war todunglücklich.

Mein Baby sah aus wie Doña Guadalupe und hatte nichts gemein mit jenem hübschen kleinen Wesen, das Marlene als Säugling gewesen war. Die Kleine machte ein mürrisches Gesicht, so, als ob sie sich sagte: ›Verdammt, konntet ihr mich denn nicht lassen, wo ich war?‹ Es war der 6. März 1981, 20.40 Uhr.

Später, im OP-Nachsorgeraum, kam Raúl zu mir. Mir war entsetzlich kalt. Ich zitterte am ganzen Leib. Die Narkose ließ nach, und ich empfand höllische Schmerzen. Mir wurde noch elender, als Raúl mir einen wissenschaftlichen Bericht über die Geburt ablieferte: Wie man mich aufgemacht hatte und wie dick die Fettschicht war, die das Skalpell durchschneiden mußte, und welche Gedärme beiseite geschoben worden waren. Er fand das alles hochinteressant. Wie ich mich dabei fühlte, das schien ihn nicht zu interessieren.

Zu meiner kleinen Tochter fand ich keinen Zugang. Sie lag neben mir im Körbchen und sah süß aus, wie sie an ihrem Daumen nuckelte oder wenn sie schlief, ihre kleinen Hände unter ihrem Köpfchen. Sie war überhaupt nicht häßlich und hatte eine goldige kleine Stupsnase, so klein, daß mir der Kinderarzt sagte, ich hätte ja wohl an alles gedacht, nur nicht an ihre Nase! Und ihre tiefen Grübchen in den Wangen gaben ihr einen ganz besonderen Reiz.

Die Mütter sollten sich selbst um ihre Babys kümmern, aber ich wußte nicht, wie ich aufstehen sollte. Es war furchtbar mit dieser langen Narbe, und jedes Mal, wenn die Milch einschoß, hatte ich schreckliche Schmerzen.

Zwei Tage später bekam ich hohes Fieber. Zunächst dachten die Ärzte, daß es vielleicht an den Unmengen Milch lag, die ich produzierte. Ich hatte so viel Milch, daß man mich sogar als Spenderin hinzuzog. Ich wurde mit -zig Eisbeuteln umwickelt, aber das Fieber ging nicht weg. Dazu bekam ich Husten und Schnupfen. Jeder Hustenanfall war so furchtbar, daß ich Angst hatte, die Wunde platzt auf.

Aber selbst meine Erkältung rechtfertigte das hohe Fieber nicht. Trotzdem gingen meine behandelnden Ärzte von einer Erkältung aus und schickten mich zum Inhalieren. Am Tag darauf stieg das Fieber auf zweiundvierzig Grad. Es war zum Verzweifeln, und Raúl kam nicht! Schließlich legte man mich an einen Tropf, vom dem alle vier Stunden Penizillin durch meine Venen gejagt wurde. Ich wußte nicht, was schlimmer war: die Wundschmerzen, die Schmerzen in der schwellenden Brust, im Unterleib, der Husten oder das Höllenfeuer in meinen Venen.

Sechsundsiebzig Stunden sollte die Tortur dauern. Ich hatte zum Schluß keine heile Vene mehr. Selbst kleinste Nadeln brachten sie sofort zum Platzen. Es war eine unaufhörliche Pein. Ich bettelte beim Arzt, daß es mir lieber wäre, alle vier Stunden Spritzen in den Po zu kriegen als diese Tortur weiter zu ertragen. Meine Hände und Finger sahen aus wie Würste, so dick waren sie angeschwollen. Daß Raúl an den drei Tagen nicht zu mir kam und daß er auch nicht zu erreichen war, verschlimmerte meinen Zustand noch. Ich war deprimiert, konnte mich nicht um mein Baby kümmern und fühlte mich wie ein Häufchen Elend.

Nach zehn Tagen war mein Fieber endlich weg, und ich durfte nach Hause. »Bebita« − wie wir sie nannten − mußte noch bleiben, weil sie eine Gelbsucht bekommen hatte und deshalb noch einmal in den Brutkasten mußte. Da lag sie mit bandagierten Augen, nackt, und hatte Durchfall, weil sie meine Milch nicht vertrug. Sie sah so zerbrechlich und verletzlich aus! Meine Schuldgefühle wurden immer schlimmer. Weder Raúl noch ich hatten in Betracht gezogen, daß unser Kind vielleicht ein Mädchen würde, und so wußten wir keinen Namen für sie. Vorläufig hieß sie einfach »Bebita«.

Doña Libertad holte mich vom Krankenhaus ab. Raúl war irgendwo in der Provinz unterwegs und hatte Libertad Geld dagelassen, damit sie mich mit dem Taxi abholen konnte. Ich fühlte mich von ihm im Stich gelassen. Wie haßte ich seine Partei, die immer vorging und die selbst jetzt wichtiger war als alles andere!

Marlene war in jener Zeit bei ihren Großeltern in Sonora, von wo ich sie dann holen sollte. Von meinen Ersparnissen war noch etwas übrig, und so kaufte ich für mich ein Flugticket nach Sonora, für Marlene eine Puppentragetasche und alles, was ein Puppenbaby braucht. Aber das erste, was ich tat, nachdem ich mich wieder einigermaßen bewegen konnte: Ich ging zum Friseur und ließ mir eine wilde Lockenpracht zaubern, kaufte mir eine neue Brille und einen schicken Hosenanzug. Danach fühlte ich mich wohler. Ich war stolz, daß ich wieder rank und schlank war, und sicher, daß sich Raúl über mein neues Aussehen freuen würde.

Aber er reagierte böse. Er schimpfte mit mir, weil ich das Geld ausgegeben hatte. Verstand er mich denn überhaupt nicht mehr? Ich nahm all meinen Mut zusammen und versuchte das erste Mal, mich gegen seine Vorwürfe zu wehren: »Warum hätte ich das nicht tun sollen? Es waren meine Ersparnisse, und schließlich habe ich ja das Krankenhaus und alles bezahlt! Als ich das letzte Mal im Krankenhaus war, habe ich dir von meinen Ersparnissen Geld gegeben, um das Krankenhaus davon zu bezahlen. Statt dessen bist du hingegangen und hast dir ein Dutzend Hemden gekauft! Also warum schimpfst du mit mir? Ist es denn so schwer zu verstehen, daß ich endlich einmal etwas für mich tun wollte?«

»Du bist egoistisch. Du weißt ganz genau, daß wir kein Geld haben. Aber bitte, tu, was du nicht lassen kannst«, sagte er schließlich beleidigt, drehte sich um und verschwand. Ich war wütend und traurig zugleich. Womit hatte ich das nur verdient? Was hatte ich schon Schlimmes getan? Ich versuchte, gelassen und souverän zu bleiben. Aber es gelang mir nicht. Als ihn Brigitte aus Deutschland anrief, war ich eifersüchtig, woraufhin er mich ein keifendes Eheweib schimpfte. Was ich auch sagte und tat, es war falsch. Es gab nur wenige Tage, an denen wir harmonisch zusammen waren. Ich nutzte jede Gelegenheit aus, um mit ihm in die Stadt zu fahren oder ihn zu einer Vortragsreise zu begleiten. Ich war hungrig geworden nach Menschen, nach Leben, nach Heiterkeit und wollte die Zeit, die Bebita noch im Krankenhaus war, nutzen.

Drei Wochen nach der Geburt hatte sich die Spannung unter uns fast ins Unerträgliche gesteigert. — »Wann fängst du wieder an zu arbeiten? Du kannst doch gut zu Hause arbeiten und brauchst nicht in die Stadt zu fahren. Denk daran, wir brauchen wieder Geld.« Ich war fassungslos.

»Willst du mir etwa noch nicht einmal die sechs Wochen Pause gönnen, die mir selbst nach dem Gesetz zustehen? Mir geht es auch noch nicht so gut — wie stellst du dir das vor?« fragte ich ihn entsetzt. — »Wieso, du hast es doch nicht anders gewollt. Du wolltest doch noch ein Kind, dann sieh zu, wie du damit fertig wirst.« Er nahm nicht die geringste Rücksicht auf mich. Hatte er denn alles vergessen?

Wir hatten zwei Zimmer untervermietet an deutsche Mediziner, die ihren Facharzt in Mexiko machten. Abends saßen sie lange mit uns zusammen, und ich mußte immer dolmetschen. Wenn ich Raúl sagte, daß ich müde war und einfach nicht mehr konnte, meinte er nur: »Bleibe sitzen, ich bin gleich fertig. Die paar Minuten wirst du ja wohl noch aushalten.« So ging es immer, egal, wer bei uns zu Gast war. Einer Amerikanerin hielt er lange Vorträge über den amerikanischen Imperialismus, die ich übersetzen mußte, einem Exil-Iraner erklärte er seine politische Einstellung. Er machte sich nicht klar, was er mir an Kräften abverlangte.

Nach einem Monat konnte ich Bebita aus dem Krankenhaus holen und zu Marlene nach Sonora fahren. Ich war davon ausgegangen, daß Raúl uns, seine kleine Familie, begleitete. Aber er erteilte mir eine Absage: »Fahr du alleine mit Bebita. Ich brauche ein paar Tage Ruhe und fahre nach Oaxaca zu meinem Freund. Ich will auch ein bißchen schreiben.«

Immer wenn Raúl Probleme mit sich selbst hatte, fuhr er zu seinem väterlichen Freund Gabriel nach Oaxaca, der dort eine kleine Farm betrieb. Mit ihm ging er auf die Jagd oder unternahm abenteuerliche Exkursionen in schwer zugängliche Regionen. Es verband sie eine tiefe Männerfreundschaft, die noch dadurch gewachsen war, daß ihm Gabriel während seiner Zeit im Untergrund geholfen hatte. Oft waren Marlene und ich mitgefahren. Es waren immer fröhliche Tage auf dem Lande gewesen, ohne die politischen Belastungen von Raúl und ohne lange intellektuelle Diskussionen.

Natürlich war Raúl stolz auf seine kleine Tochter, die ihm und seiner Mutter so ähnlich sah. Es machte ihm überhaupt nichts mehr aus, daß er keinen Sohn bekommen hatte. Jedem erzählte er, daß er bei der Geburt seines Kindes dabeigewesen war und wie sehr ihn dieses Menschwerden fasziniert hatte. Nur in seinem Verhalten mir gegenüber drückte sich diese Bewunderung nicht aus. Er war hart und hatte nicht das geringste Mitgefühl für mich übrig, wenn ich abends müde und für Zärtlichkeiten nicht zugänglich war. Außerdem ging es mir immer noch sehr schlecht.

Ich wußte, daß ihm die Tage guttun würden, und so ließ ich ihn fahren. Protest hätte auch gar nichts genützt. Und daß er den Trubel um das neugeborene Baby nicht mitmachen wollte, das konnte ich verstehen. So flog ich mit Bebita alleine nach Sonora, wo wir natürlich das große Ereignis waren. Die ganze Familie und deren Freunde nahmen daran teil. Marlene war überhaupt nicht eifersüchtig. Wenn ich Laura badete, badete sie ihr Puppenbaby, und manchmal durfte sie mir auch helfen, wenn ich Laura einpuderte und wickelte. Sie war sehr lieb und zärtlich zu ihrer kleinen Schwester, für die sie sich von Anfang an verantwortlich fühlte. An ihre »hermanita«, ihr Schwesterchen, ließ sie niemanden heran. Sobald sich jemand ihr näherte, spitzte sie ihren Mund, legte ihren Finger an die Lippen und sagte: »Pst!«

Die Reise nach Sonora hatte mir gutgetan. Mit den Kindern und Doña Guadalupe fuhr ich im Zug zurück. Zugfahren in Mexiko, zumal auf den langen Strecken, hat mir immer Spaß gemacht. Die »Pullman«-Züge sind urgemütlich, haben breite, bequeme Betten, und die Wagen sind so weich gefedert und fahren mit fünfzig Stundenkilometern so langsam, daß man wirklich in den Schlaf gewiegt wird. Vor dem Schlafengehen ißt man an den säuberlich mit weißem Tuch gedeckten, freistehenden Tischen des Zugrestaurants. Und nach dem Essen begibt man sich in den »Saloon«, einen Bar-Wagen mit kleinen Tischen und Sesseln, Plüschvorhängen an den Fenstern und schummriger Beleuchtung. Die Männer spielen Domino oder Karten, die Frauen unterhalten sich leise. Dieser Zug erinnerte mich stets an die alten Western-Filme mit John Wayne, und ich fand ihn deshalb ungemein romantisch.

Mit Doña Lupe sprach ich während der Reise über meine Probleme mit Raúl. Ich wußte nicht mehr, wie es weitergehen sollte, und klagte ihr mein Leid. Sie war doch auch Frau und Mutter und hatte viel Leid durchmachen müssen! Ich war sicher, daß sie mich verstehen würde.

»Denkt doch an die Kinder! Es gibt immer mal Krisen. Ihr dürft da nicht so egoistisch sein. Redet doch miteinander, dann wird sich vieles klären«, sagte sie mit einem kummervollen, aber auch Verständnis signalisierenden Blick, um dann in einen vorwurfsvollen Ton zu fallen: »Anne, Sie sind vielleicht zu anspruchsvoll! Das Haus ist viel zu teuer für eure Verhältnisse! Ihr könnt genausogut in unserer Stadtwohnung leben.« Natürlich hatte sie recht, und das gab ich auch zu: »Ich möchte da doch gar nicht wohnen bleiben, ich würde gerne wieder in die Stadt ziehen. Aber Raúl will unbedingt das Haus halten.«

Daß ich nicht in ihrer Stadtwohnung leben wollte, sagte ich ihr natürlich nicht. Ich verabscheute diese Wohnung an der Flughafenstraße, über deren acht Spuren Tag und Nacht der Verkehr brauste und über die alle paar Minuten die Flugzeuge hinweg donnerten. Die Wohnung sah aus wie eine Rumpelkammer und war eng und ungepflegt.

Der Gedanke, dort vielleicht einmal zu wohnen, war mir unerträglich. Ich konnte es mir nicht vorstellen.

Das Gespräch mit Lupe brachte mich nicht weiter. Für sie war ich offenbar die Schuldige an der Krise. Ich mit meiner europäischen Bürgerlichkeit stellte ihrer Meinung nach zu hohe Ansprüche! Und ich sollte Geduld mit ihm haben! Woher sollte ich diese haben oder hernehmen?

Raúl holte uns vom Bahnhof ab. Trotz unserer Probleme freute ich mich auf ihn und das Wochenende, das wir gemeinsam verbringen würden. Ich war voller Hoffnung, daß doch alles wieder gut würde. Aber ich wurde bitter enttäuscht: »Ich setze meine Mutter in Balbuena ab, und dann bringe ich euch nach Hause. Ich bin gestern aus Oaxaca zurückgekommen und habe noch nicht eingekauft. Unterwegs hole ich euch eine Dose Suppe und ein gebratenes Huhn. Dann muß ich gleich wieder weg.«

»Wieso, wo mußt du denn hin?« antwortete ich entgeistert. »Ich dachte, wir würden jetzt gemeinsam essen!« — »Nein, ich habe Besuch von zwei Kameradinnen der IV. Internationalen aus Frankreich, die auch bei uns wohnen. Du hast sicher nichts dagegen! Ich habe ihnen versprochen, zu den Pyramiden nach Teotihuacán zu fahren, sie warten in der Stadt zum Essen auf mich!«

Ich begriff nicht, was er da sagte. Als ich meine Fassung wiederhatte, fragte ich ihn: »Warum können wir nicht mitkommen? Ich würde so gerne mal wieder 'rausfahren aufs Land! Den Kindern schadet das auch nicht. Wir müssen ja nicht mit auf die Pyramiden steigen!« Verzweifelt versuchte ich ihn von meinem Wunsch zu überzeugen, aber wie immer unterlag ich ihm.

»Das kommt überhaupt nicht in Frage! Du kannst nicht mitkommen. Wie stellst du dir das vor, mit zwei kleinen Kindern?«

Mit Mühe behielt ich die Nerven.

Erst zu Hause, nachdem er mich in dem riesigen Haus

mit meinen beiden kleinen Kindern abgesetzt hatte, brachen mein ganzes Elend, meine Trauer, Verzweiflung und Wut aus mir heraus. Ich heulte und knallte die Suppendosen auf den Küchenboden. Es war mir alles egal. Ich haßte Raúl. Ich haßte mich selbst. Ich haßte mein Baby, und dafür haßte ich mich um so mehr.

Im Schlafzimmer traf mich der zweite Schlag: Das Bett war mit einer anderen Bettwäsche bezogen als der, die ich aufgezogen hatte, bevor ich nach Sonora gefahren war. Wieso hatte Raúl neue Bettwäsche gebraucht, wenn er nicht dagewesen war und erst einen Tag vor mir von seiner Reise zurückgekommen war? Wir waren doch am selben Tag abgereist? Und seit wann kümmerte er sich um die Betten? Das hatte er noch nie getan! Mir war klar: Mit einer der Französinnen hatte er geschlafen. Und das in meinem Bett, in meinem Haus! Wie konnte er mir das antun? Ich versuchte, mir Mut zu machen, mir zu sagen, daß das vielleicht gar nichts zu sagen hatte, daß sicher alles nur ein Mißverständnis war.

Ich bemühte mich, ruhig zu bleiben, und wartete ab, bis er abends mit dem Besuch nach Hause kam. Als ich den Schlüssel in der Haustür hörte, schlug mein Herz bis zum Hals. Aber so sehr ich mir auch Mühe gab, freundlich zu sein, ich begrüßte die beiden jungen Frauen sehr kühl. Es war mir unmöglich, keine Reaktion zu zeigen, obwohl ich wußte, daß Raúl böse reagieren würde.

»Warum bist du so unfreundlich zu ihnen? Schließlich sind das unsere Gäste!« warf er mir prompt vor, als wir in der Küche alleine waren. — »Ich will die beiden hier nicht haben. Warum, das sollte dir wohl klar sein! Ich laß mich von dir nicht für dumm verkaufen«, brachte ich in einem verzweifelten Anflug von Mut vor. Raúl tat so, als wüßte er nicht, worum es ging. »Worauf willst du hinaus?« fragte er mich scheinheilig.

»Tu nicht so, oder seit wann wechselst du Bettwäsche, wenn sie noch frisch ist?«

Das hätte ich nicht sagen dürfen. Sein ganzer Zorn entlud sich auf mir: »Daß ich Doña Libertad darum gebeten habe, auf die Idee kommst du wohl nicht, was? Ich wollte dir damit eine Freude machen, daß du nach Hause kommst und alles ist sauber, und jetzt unterstellst du mir, ich hätte mit einer der Frauen was angefangen! Du benimmst dich wie ein blödes Eheweib — das hat mir gerade noch gefehlt!«

Aber ich konnte ihm nicht glauben, im Gegenteil, seine Reaktion bestärkte noch mein Mißtrauen. Ich fragte mich, wenn er mir eine Freude machen wollte, warum er dann nicht einkaufen gegangen war und warum er dann nicht mit uns das Wochenende verbringen wollte.

Obwohl ich mich von der Geburt immer noch nicht erholt hatte, fuhr ich wieder zur Zeitung. Arbeit war immer noch die beste Medizin und ein Vorwand, nicht zu Hause zu bleiben. Ich wollte wieder normale Menschen um mich herum haben, meine Kollegen, die immer so nett und aufmerksam zu mir waren. In der Finanzredaktion, in die ich inzwischen versetzt worden war, wurde ich ausgesprochen liebevoll aufgenommen. Da war Guillermo, »Memo«, der mir gegenübersaß und stets zu einem Scherz aufgelegt war, der so frech und gleichzeitig liebevoll mit mir flirtete, daß mein Herz zu pochen anfing, wenn ich ihn nur sah. Er war ein faszinierender Mann, in meinem Alter, von deutscher, japanischer und mexikanischer Abstammung. Hellhäutig, mit braunen, schmalen Augen, einem offenen, gutgeschnittenen Gesicht, klassischer Nase und einem frechen Schnauzbart. Er war frisch verheiratet. Wie beneidete ich seine Frau um dieses Glück! Unser Flirt war harmlos, und jedes liebevolle und freundschaftliche Wort, das er für mich übrig hatte, war Balsam für meine Seele. Das tat mir so gut: Ich lebte richtig wieder auf und nahm mir vor, mich von Raúl nicht kleinkriegen zu lassen. Wir saßen zusammen in einem Raum mit der Kulturredaktion im fünften Stock, ein munteres, lustiges Völkchen. Ohne diese Kollegen hätte ich jene schweren Wochen nach Lauras Geburt wohl kaum überstanden.

Ich bekam fast jede Nacht, von einer Minute zur anderen, hohes Fieber. Schübe von Schüttelfrost überfielen mich urplötzlich, so daß ich völlig die Kontrolle über meinen Körper verlor. Wir hatten abgemacht, daß wir nachts abwechselnd das Baby versorgen wollten. Wenn ich mich wegen der Fieberanfälle nicht um Bebita kümmern konnte, übernahm Raúl meine »Schicht«. Aber dafür war er dann gnadenlos, wenn ich mal kein so hohes Fieber hatte: Dann mußte ich die Nächte, in denen er für mich den »Dienst« übernommen hatte, nachholen und alle drei Stunden zur Stelle sein, wenn sie schrie.

Ich begann, Raúl zu hassen. Zwischendurch hatte er wieder Phasen, in denen er sehr besorgt und liebevoll zu mir war. Diese ständigen Wechselbäder brachten mich schier an den Rand des Wahnsinns.

Wochenlang hielten die starken Unterleibsschmerzen und die furchtbaren nächtlichen Fieberanfälle an, die mich viel Kraft kosteten. Doch jedes Mal, wenn ich deshalb in die Klinik ging, sagten die Ärzte nur: »Sie haben aber gar kein Fieber! Vielleicht sollten Sie einfach noch nicht arbeiten.« Ich konnte es nicht glauben, daß selbst die Ärzte mich nicht ernst nahmen und mich offenbar für eine Simulantin hielten.

So schickten sie mich immer wieder nach Hause. Kein Wunder, daß Raúl annahm, ich spielte nur Theater. Daß ich nach sechs Wochen Schonfrist immer noch nicht mit ihm schlafen wollte, machte ihn wütend: »Wenn du nicht kannst, dann suche ich mir eben eine andere. Ich brauche das. Mir gibt das Energie. Ich kann darauf nicht verzichten!«

Ich wußte nicht, wie ich mich gegen ihn wehren sollte. Mir blieb die Sprache weg. Ich fragte mich, wo denn seine vielgepriesene Solidarität geblieben war. Aber ich brachte kein Wort heraus. Er übte immer stärkeren Druck auf mich aus. Es war die reinste Tortur. Ich war verzweifelt.

In meiner Not ging ich wieder in die Klinik. Aber dieses Mal zur Psychologin. Ich erzählte ihr von meinem Kummer mit Raúl und meinen ständigen Schmerzen.

»Hat man dich denn nicht untersucht?«

»Nein, sie haben zwar immer Fieber gemessen, aber da ich jedes Mal, wenn ich in die Sprechstunde kam, keines hatte und die Wunde gut verheilt war, haben sie mich wieder entlassen.«

Sie hörte mir wenigstens zu. Schon allein dafür war ich dankbar. Sie sprach daraufhin mit dem ärztlichen Direktor, der mich sofort in die Gynäkologie überwies. Hier wurde ich, zwei Monate nach der Geburt von Laura, das erste Mal wieder gynäkologisch untersucht.

»Um Gottes willen, Sie müssen hierbleiben! Noch heute werden Sie operiert«, sagte der Arzt entsetzt.

Ich bekam einen gewaltigen Schreck. Was hatte ich nur?

»Bei der Geburt muß etwas dringeblieben sein, ich vermute, Reste von der Plazenta. Sie haben eine mörderische Infektion. Ich muß Ihnen das alles rausholen!« Ich durfte nicht einmal mehr nach Hause, um meine Sachen zu holen.

Nach dem Eingriff fand ich mich allein in einem Krankenzimmer wieder, isoliert und am Tropf, durch den mir, wie nach Lauras Geburt, hohe Dosen Penizillin durch die Venen geleitet wurden. Die Narkose hatte bewirkt, daß ich hemmungslos weinte, als ich aufwachte. Der Psychologin erklärte ich, daß ich Raúl nicht sehen wollte. Nur seine Mutter ließ ich zu mir.

Ich erzählte Doña Guadalupe, was passiert war, nachdem Raúl uns vom Bahnhof abgeholt hatte. Und dann der Druck, den er auf mich ausgeübt hatte. Sie war entsetzt und knöpfte ihn sich vor.

Danach gab sich Raúl mehr Mühe, aber mein Vertrauen war dahin. Kaum war ich aus dem Krankenhaus entlassen, ging ich wieder in die Redaktion. Ich wollte sowenig wie möglich zu Hause sein. Der Eingriff bedeutete auch, daß wir mindestens fünf weitere Wochen enthaltsam sein mußten. Und das hieß: fünf Wochen Ruhe, ohne nach Ausflüchten suchen zu müssen.

Zu Laura hatte ich immer noch keinen Zugang gefunden. Wenn sie nachts schrie, ließ ich sie schreien oder schüttelte sie, wenn Raúl nicht da war. Sie lächelte nie, guckte immer mürrisch drein. Wunderte mich das? Meine Verzweiflung wuchs von Tag zu Tag. Meine Schuldgefühle dem Kind gegenüber machten aus mir ein Nervenbündel. Einen Tag schüttelte ich sie, den anderen Tag nahm ich sie zu mir ins Bett und wiegte sie, wenn sie weinte. Sie konnte nichts für mein Unglück, und trotzdem machte ich sie dafür verantwortlich. Es war ein furchtbarer Konflikt, aus dem ich keinen Ausweg mehr wußte. Es war doch nicht so, daß ich mein Kind nicht liebte!

Raúl merkte davon nichts. Er war böse, wenn ich abends mal später aus der Redaktion kam. Meine Arbeit war mein einziger Halt, und Memo, mein Lieblingskollege, war so ungemein nett und aufmerksam! Er ging mit mir Mittagessen, sprach mit mir, hörte mir zu. Ich hatte mich in ihn verliebt und wußte, daß wir niemals zusammensein konnten, aber dennoch genoß ich jede Sekunde, die ich mit ihm verbringen durfte. Ich glaube, ich hätte mich damals in jeden verliebt, der nett zu mir war!

Eines Tages überraschte Raúl mich damit, daß wir nun doch heiraten sollten. Hatte er auf einmal Angst bekommen, daß ich ihm davonlaufen könnte? Aber eigenartigerweise ließ mich sein Antrag kalt, und ruhig und gefaßt sagte ich: »Nein, Raúl, ich will nicht mehr. Ich möchte wieder in die Stadt zurück und mich von dir trennen. Ich kann nicht mehr in diesem Haus wohnen. Das bringt mich um.«

Zunächst begriff er nicht, was ich sagte.

»Herzlichen Glückwunsch! Ich fühle mich sehr wohl

hier, die Ruhe tut mir gut«, sagte er lachend und stand auf. Hatte er wirklich nicht verstanden, oder tat er nur so? Ich hob von neuem an, ohne meine Fassung zu verlieren.

»Raúl, ich will die Trennung. Zumindest für eine Weile. Ich ertrage dich nicht mehr. Ich möchte hier ausziehen. Mit den Kindern. Wenn es dir hier so gut gefällt, kannst du ja bleiben!«

Erst da begriff er. Kalkweiß im Gesicht und mit offenem, sprachlosem Mund setzte er sich wieder an den Eßtisch. Endlose Minuten herrschte ein erdrückendes Schweigen zwischen uns, das das laute Ticken der alten Eßzimmeruhr bedrohlich werden ließ.

»Aber wieso denn, was hast du denn? Zwischen uns ist doch alles in Ordnung! Was ist los?« brach es schließlich tief getroffen aus ihm heraus. Hatte er sich meiner wirklich so sicher gefühlt, glaubte er tatsächlich, endlos Macht über mich zu haben? ›Nein‹, dachte ich mir, ›so blind kann er nicht sein‹. Was hatte ich noch zu verlieren, warum sollte ich ihm jetzt nicht sagen, ins Gesicht schreien, was in mir vorging? Wenn ich es jetzt nicht tat, wann sollte ich es dann jemals wagen?

»Alles in Ordnung? Wo ist alles in Ordnung? Du kümmerst dich überhaupt nicht um mich! Du denkst nur an dich! Dein Wohlergehen ist dir wichtiger als alles andere, deine Partei, dein Auto. Wie ich mich fühle, ist dir völlig gleichgültig. Du setzt mich unter Druck! Du tust mir weh, und wenn ich mich beschwere, gibst du mir die Schuld: Ich sei eine Manipulantin, unwissend, naiv. Alles erklärst du mit deiner Ideologie, die auch als Rezept für persönliche Konflikte herhalten muß. An allem ist die Gesellschaft schuld, nur nicht du selbst. Du bleibst tagelang weg, triffst dich mit anderen Frauen — politisch natürlich — und ich? Ich kann hier sitzen, ohne Geld und immer allein! Wenn ich weggehe, bist du böse und eifersüchtig. Dabei tu ich nichts anderes als arbeiten. Ich gehe allenfalls mit meinen Kollegen Mittagessen. Und da meinst du, es ist alles in Ordnung? Nein, so will ich nicht weiterleben!«

Raúl ließ mein ganzes Donnerwetter über sich ergehen. »Du weißt genau, daß ich alleine die Miete nicht bezahlen kann. Laß es uns doch noch einmal versuchen! Es geht uns doch gut hier!« versuchte er, mich von meinem Zorn abzulenken. Aber ich war nicht mehr zu bremsen: »*Dir* geht es gut — aber wo ich dabei bleibe, wie es mir geht, ist dir bisher herzlich gleichgültig gewesen. Und ich sehe nicht, daß du daran etwas ändern wirst!«

Er redete verzweifelt auf mich ein: »Ich habe es doch immer nur gut gemeint, wenn ich dich fördern wollte. Das hieß doch nicht, daß du mir nicht genügtest! Gib uns noch eine Chance! Ich werde versuchen, mehr Verständnis zu zeigen.« »Okay«, sagte ich ihm, »wenn du die Trennung nicht willst, dann beweise mir, wie wichtig wir für dich sind, und suche eine passende Wohnung für uns alle in der Stadt, denn hier will ich nicht mehr bleiben! Und ich schwöre dir, daß ich hier nicht bleiben werde!«

Aber seine Bemühungen blieben halbherzig, zu sicher fühlte er sich meiner, und darüber war ich sogar froh. Denn mir war inzwischen klargeworden, daß es für mich nur eine Wahl gab: entweder Raúl oder Laura und Marlene. Je länger ich mit Raúl zusammenblieb, desto schwieriger war es für mich, mich meinem Baby zu nähern und es zu akzeptieren. Ich sagte mir: Wenn ich mit einem Kind alleine klarkommen konnte, warum dann nicht mit zweien? Laura war drei Monate alt und hatte mich noch nicht einmal angelächelt. Ich ertrug die Schuldgefühle nicht mehr. Ich mußte etwas unternehmen, und das hieß: weg von San Lorenzo und weg von Raúl.

Ein Kollege der Kulturredaktion überließ mir seine Wohnung. Er war Uruguayer und ging, als die Diktatur in seinem Land endlich fiel, mit seiner Familie nach Montevideo zurück. Seine Wohnung war ideal für mich: dreieinhalb

Zimmer und zwei Bäder, ein Dienstmädchenzimmer mit Bad, in der Nähe vom Chapultepec-Park, nicht weit von der Zeitung. Was brauchte ich mehr?

Als ich Raúl vor die vollendeten Tatsachen stellte, war er nicht zornig, nur noch traurig. Natürlich konnte er das Haus nicht halten, und daß er mit seinen Möbeln zunächst in die Stadtwohnung seiner Eltern zurückmußte, war eine schwere Schmach für ihn. Der Schock saß tief, und so kehrte er schließlich zurück nach Toluca zur Universität.

Kapitel VIII

»Las Madres Libertarias«
oder: Die kämpferischen Mütter

In der Straße »Minería«, direkt an der Ecke der »Avenida Benjamin Franklin« in der Colonia Escandón, begann für mich ein neues Leben. Ich hatte das Gefühl, endlich wieder atmen zu können. Ich kaufte mir ein paar neue Möbel, strich die Wohnung, bepflanzte die breiten Fensterbänke und freute mich über das Leben, das nun vor mir lag. Ich hatte ein Dienstmädchen gefunden, das sich um die Kinder kümmerte, so daß ich weiterhin zur Zeitung konnte.

In den Augen von Raúls Familie war ich eine Egoistin. Sein Bruder Gerardo warf mir vor, ein Feigling zu sein: »Du rennst einfach vor den Problemen weg! Hast du nicht an die Kinder gedacht, die den Vater brauchen? Glaubst du nicht, daß du Raúl hättest entgegenkommen können? Jeder macht mal Fehler, aber das rechtfertigt nicht, daß du ihn einfach stehenläßt!« Gerardo sprach nicht böse mit mir, im Gegenteil, er war ernst und niedergeschlagen, so daß ich mich schon wieder fast schuldig fühlte.

»Ich habe ihn nicht einfach stehenlassen. Und außerdem: Ich lasse ihn ja nach wie vor Vater sein. Aber was für ein Vater ist er denn, wenn er immer wieder wegbleibt und wir nicht einmal wissen, wo er steckt? Er macht sich nicht die geringsten Gedanken darüber, woher das Geld zum Leben kommen soll. Er macht es sich leicht. Er denkt nur an die Verantwortung seiner Partei gegenüber. Und alles andere ist dann mein Solidarbeitrag zu seiner Revolution, die mich nichts angeht! Warum soll ich für alles immer geradestehen?« Aber auch Gerardo stieß in das Horn seiner Mutter und meinte, ich müsse einfach nur meine Ansprüche zurückschrauben und »Geduld haben«.

Der Schock saß bei Raúl tatsächlich so tief, daß er sich, nachdem wir umgezogen waren, mehr um uns kümmerte: Abends saß er bei mir im Wohnzimmer im Sessel und war traurig und friedlich.

»Du hast ja recht gehabt mit deinen Vorwürfen. Ich gebe zu, daß ich Fehler gemacht habe. Aber glaube mir, ich wollte dir nie weh tun. Ich glaubte wirklich, daß alles in Ordnung war. Und ich wollte dir auch nicht den Glauben vermitteln, du seist nichts wert! Wenn ich dich wegen deiner Bildung unter Druck gesetzt habe, dann meinte ich es nur gut. Ich wollte dich doch nur motivieren.«

Das war Wasser auf meine Mühlen! Trotzdem blieb ich mißtrauisch, pflegte aber weiterhin den Kontakt mit ihm und seiner Familie. Und ich wollte ihm gern eine Chance geben! Trotz all der Querelen hielten mir seine Eltern die Stange, wohl auch in der Hoffnung, daß unsere Krise vorübergehen würde.

Marlene war nun fast drei Jahre alt. Es wurde langsam Zeit, mich um einen Kindergarten für sie zu kümmern. Im »Deutschen Mitteilungsblatt« hatte ich eine Anzeige von einer »Tante Gerda« gelesen, die einen kleinen Hort in der Nähe der Deutschen Schule betrieb, also nicht weit von uns.

Hier schrieb ich Marlene ein. Tante Gerda war eine Mexikanerin deutscher Abstammung. Sie war schon älter, blond, mit einem recht runzligen, herben Gesicht, aber freundlich und heiter. Sie hatte absolut nichts von einer Mexikanerin. Ihre beiden Töchter aus ihrer ersten Ehe, Helga und Renate, halfen ihr häufig im Kindergarten. Sie waren in meinem Alter und hatten beide kleine Kinder. Von daher hatten wir immer etwas zu erzählen. In Gerdas Leben war es ebenso verrückt zugegangen wie in meinem. Trotzdem fand ich es erstaunlich, daß sie mit einem fünfundzwanzig Jahre jüngeren Mann verheiratet war, einem mexikanischen Maler. Er verbarg sein Gesicht stets hinter einem dunklen Rauschebart, umgab sich mit der Aura eines unnahbaren Genies und ließ sich selten blicken. Er war mir sehr sympathisch, und seine Aquarelle mexikanischer Szenen gefielen mir gut. Gerda befaßte sich hauptsächlich mit Scherenschnitten, und diese Kunst beherrschte sie wirklich perfekt. Selbst die kompliziertesten Motive gelangen ihr. Aber sie zeichnete auch sehr gut und fertigte zudem sehr schöne Gegenstände aus Holz. Diese Handfertigkeiten wollte sie auch an die Kinder weitergeben.

Ihr Kindergarten, untergebracht in einem Hofgarten vor ihrem Privathaus, war klein. Er bestand nur aus zwei Räumen: einem für die kleineren Kinder und einem für die größeren, mit kleinen Tischen und Stühlen, alle nach Maß für die Kinder gebaut. Selbst die Toiletten! In den Regalen stapelten sich viele Spielsachen aus Deutschland: Spiele und Puppen, Klötzchen, Autos und jede Menge Steckspiele. In einer Ecke standen zwei kleine, handgearbeitete und bemalte Bauernwiegen, eine grüne und eine rote, die das Bild einer heilen Kinderwelt in meinen Augen vervollkommneten.

Ich mochte Gerda sehr gern. Jeden Morgen, wenn ich Marlene zu ihr brachte, blieb ich noch eine Weile bei ihr sitzen und unterhielt mich mit ihr. Mit der Zeit wurde sie mir eine liebe, mütterliche Freundin. Ich mochte auch ihre Art, wie sie den Kindern spielerisch Deutsch beibrachte — durch Lieder, Spiele und kleine Rituale am Morgen oder beim Essen. Es war kein richtiger Deutschunterricht, den sie den Kindern gab. Weder Marlene noch später Laura haben bei ihr gelernt, sich auf deutsch zu unterhalten. Aber sie bekamen doch ein Gespür für die Sprache und lernten auch das eine oder andere Wort. Das erste deutsche Lied, das Marlene auswendig konnte, war »Alle meine Entchen«. Als sie es mir das erste Mal vorsang, ging mir das unter die Haut.

Ganz langsam, aber doch merklich begann ich, mich nach Hause zu sehnen. Ich dachte oft an meine Mutter, an mein Vize-Mütterchen, und manches Mal beschlich mich Heimweh das ich gleichzeitig von mir wies, weil es doch ein Zuhause dort für mich nicht mehr gab.

Mit meinen Kindern sprach ich nur Spanisch. Raúl konnte kein Deutsch, das Dienstmädchen natürlich auch nicht – und mein ganzes Umfeld war mexikanisch. Zu den Deutschen hatte ich kaum Kontakt: Ich hatte mich von allen zurückgezogen. Imke war wieder nach Deutschland zurückgekehrt, und Kontakt zu meiner Familie hatte ich nur ganz selten, denn ich suchte ihn auch nicht, hätte dies doch bedeutet, mein Scheitern zugestehen und meiner Mutter recht geben zu müssen! Die erste, mit der ich mich seit langer Zeit wieder in meiner Sprache unterhielt, war Gerda.

Mit ihr sprach ich oft über Deutschland, und als sei mit der deutschen Sprache auch wieder die Erinnerung gekommen, begann sich langsam meine innere Blockade zu lösen. Wenn ich die Kinder bei ihr die deutschen Kinderlieder singen hörte, war ich ganz gerührt.

So begann ich, mich wieder für meine Landsleute zu interessieren. Eines Tages las ich von einer Ausstellung im Goethe-Institut mit Bildern eines deutschen Lehrers, und ich überwand mich, dort alleine hinzugehen. Seine Aquarelle sagten mir viel. Ich las aus seinen Bildern heraus, daß auch er an Heimweh litt. Er malte Fachwerkhäuser oder wunderbare Landschaften zu verschiedenen Jahreszeiten. Es waren keine kitschigen Bilder. In jedem Werk waren auch mexikanische Elemente verarbeitet. Sie bildeten eine ganz eigenartige Mischung. Mir fiel ein Bild ins Auge, das genau meiner Heimwehstimmung entsprach. Es zeigte ein Fachwerk-Bauernhaus im ausklingenden Winter, mit schmelzendem Schnee auf dem Dach und vereinzelten Schneehaufen vor dem Haus. Im Hintergrund ragten hohe Tannen in einen grauen Himmel. Aus dem Schornstein

114

stieg Rauch auf. Im Vordergrund des Bildes, rechts vom Haus, stand ein Baumstamm, aus dem eine Hand ragte, von der ein gelber Ballon herabbaumelte. Zwischen Daumen und Zeigefinger hielt die Hand eine Schreibfeder, aus der das Wort »Vorfrühling« floß. Unter dem Baum wuchsen — und das fand ich witzig, weil es mit der typischen Vorfrühlingsstimmung nicht übereinstimmte — keine Schnee-, sondern Maiglöckchen.

Immer wieder kehrte ich zu diesem Bild zurück und rechnete im Kopf nach, ob ich es bezahlen könnte.

»Das Bild ist wunderbar. Es paßt zu Ihrer Stimmung, nicht wahr?« Ich drehte mich nach der Dame um, die mich angesprochen hatte. Es war Frau Weber.

»Ich habe Sie vorhin schon gesehen und wollte Sie ansprechen. Wo haben Sie bloß die ganze Zeit gesteckt? Wir haben uns in der Botschaft schon Sorgen um Sie gemacht. Kein Mensch wußte, wo Sie wohnten oder was aus Ihnen geworden war!« Ich erinnerte mich an unser letztes Wiedersehen beim Oktoberfest, als Laura noch lange nicht geboren war. Ich gab meinen Widerstand auf, konnte es aber nicht lassen zu fragen: »Aber wieso haben Sie sich Sorgen gemacht? Ihr Botschafter hat mir doch eindeutig zu verstehen gegeben, daß ich mich nicht mehr blicken lassen könne, weder in der Botschaft noch bei irgendeinem anderen gesellschaftlichen Ereignis!«

Frau Weber sah mich entsetzt an. »Wie kommen Sie denn darauf? Warum sollte unser Botschafter das gesagt haben? Das kann ich gar nicht glauben! Das darf er doch nicht: Die Botschaft ist für alle da!«

Nun war ich fassungslos. Ich begriff überhaupt nichts mehr. Dann setzte ich zum Angriff an: »Dr. Strietzel hat mir vom Botschafter persönlich ausrichten lassen, daß ich als ledige Mutter in der deutschen Gesellschaft unerwünscht sei, es sei denn, ich heirate.«

Frau Weber fiel aus allen Wolken: »Das ist unmöglich!

Es ist auch nicht wahr. Im Gegenteil: Wir haben Sie dafür bewundert, daß Sie den Mut aufbrachten, Ihr Kind alleine großzuziehen.«

Wir mußten beide lachen, und ein kräftiger Schluck aus dem Weinglas ließ das Eis endgültig zwischen uns schmelzen. »Ich habe jetzt noch eine zweite Tochter, bin aber immer noch unverheiratet. Das war zwar nicht so geplant, aber bevor ich mich vom Regen in die Traufe begab, habe ich mich entschlossen, auch mit dem zweiten alleine zu bleiben.« Ich redete einfach drauflos, erzählte ihr, was ich machte, wo ich wohnte, von meiner Arbeit beim »Excélsior«, von meinem Wunsch, wieder als Reporterin zu arbeiten... Der Wein löste meine Zunge, und die Bestätigung, daß ich doch nicht so alleine und verlassen war, wie ich geglaubt hatte, tat gut.

Ihr Mann beobachtete uns amüsiert, ohne in die Unterhaltung einzugreifen. Am Ende des Abends hatten Gesa und ich unsere Freundschaft besiegelt. Sie bot mir ihre Hilfe an und versprach mir, daß ich von nun an wieder zu jedem Empfang eingeladen würde, daß sie mir Kontakte verschaffen und mir gern dabei helfen wolle, auch für deutsche Medien zu schreiben. Gesa wurde nicht nur zu einer meiner besten Freundinnen, sie hielt ihr Versprechen und ist eine meiner eifrigsten Bewunderinnen geworden. Manche Lanze hat sie für mich gebrochen, und manches haben wir uns einfallen lassen, um unseren arroganten Landsleuten elegant den Spiegel vorzuhalten. »Nur wer Polemik provoziert, hat auch was zu sagen«, war ihre Devise. Und wie recht sie damit hatte — gerade sie, die tagtäglich mit den Eitelkeiten der Deutschen, besonders der Medienvertreter, zu tun hatte! In der Botschaft war sie eine Institution. Sie wußte über die mexikanische Kultur und die Medien besser Bescheid als jeder andere.

Dank meinen Freunden bei der Zeitung und dank Gesa fand ich wieder Freude am Leben und meinen Kindern.

Laura mauserte sich vom mürrischen Baby zu einem heiteren kleinen Temperamentsbolzen. Als sie mich das erste Mal anlachte und mit mir schäkerte, war ich überglücklich. Endlich, endlich hatte ich Zugang zu ihr gefunden, und endlich konnte ich mit ihr umgehen! Als sie mir gar das erste Mal ein Küßchen gab, betete ich vor Glück und Dankbarkeit — und Demut.

Ich gewann nicht nur wieder Freude am Leben, auch mein Selbstvertrauen wuchs. Als mich Esthér eines Tages ansprach (sie arbeitete inzwischen auch beim »Excélsior« als Lektorin), ob ich nicht Lust hätte, in einer Selbsthilfegruppe für alleinstehende Mütter mitzumachen, die Esthér mit fünf anderen Frauen aus Raúls Partei gründen wollte, sagte ich begeistert zu.

Im ersten Moment war ich erstaunt, daß Raúls Parteikameradinnen Probleme hatten. War es möglich? Lebten sie uns nicht vor, wie man zu leben hatte? Ich fiel fast vom Glauben ab, als Esthér mir von ihren und den Problemen ihrer Freundinnen berichtete, die sich in nichts von dem unterschieden, was ich erlebt und mit Raúl durchgemacht hatte. Was für eine Erkenntnis: Ich stand also keineswegs allein da, wie ich immer geglaubt hatte, und es konnte auch nicht alles an mir liegen!

Oder war das nur ein Zufall? Unsere Männer gehörten alle zur Führungsriege der Partei, waren also fest in die Parteiarbeit eingebunden. Sie waren nicht verheiratet (man gehört ja schließlich nicht zum Establishment!) und ließen ihre Frauen arbeiten und sich um die Kinder kümmern. Sie alle redeten von der Notwendigkeit, die Rechte der Frauen durchzusetzen. Aber eigenartig — oder nicht? — sobald sie die Schwelle ihrer Wohnung überschritten hatten, waren das nur noch Lippenbekenntnisse!

Das Ziel unserer Gruppe war in erster Linie, uns selbst zu helfen, das hieß, uns mit der Betreuung der Kinder abzulösen, damit jede von uns einmal Zeit hatte, die Dinge zu tun, die sie gerne machte: entweder ins Kino zu gehen, auszugehen, zu studieren oder einfach zu verreisen. Wir wollten gemeinsam mit den Kindern etwas unternehmen und für sie Kinderfeste organisieren, Exkursionen machen und basteln. Die Politik sollte in unserer Gruppe keine Bedeutung haben. Jede Frau, gleich aus welcher Schicht und gleich welcher politischen Couleur und Bildung, sollte zu uns kommen können. Gleichzeitig wollten wir die Väter dazu einladen, mitzumachen und ihre Theorien über die Gleichberechtigung der Frau in die Tat umzusetzen. Das bedeutete schließlich auch, daß sie ihren Pflichten gegenüber ihren Kindern nachkommen mußten!

Wir trafen uns einmal in der Woche zu Hause bei einem Mitglied, wobei wir immer rotierten. Wir nannten uns »Madres Libertarias« (Kämpferische Mütter) und hatten unglaublichen Zulauf, aus allen Schichten. Wir wurden mit Schicksalen konfrontiert, die unsere Probleme lächerlich erscheinen ließen, wenn man bedachte, daß uns unsere Bildung half, uns zu artikulieren, und wir uns dadurch zumindest verbal wehren konnten. Es kamen Frauen zu uns, die geschlagen wurden, die keine Arbeit und kein Geld hatten, um ihre Kinder zu ernähren, die von ihren Familien verstoßen worden waren und nirgendwo Zuflucht fanden.

Bald genügte es nicht mehr, nur über unsere praktischen Probleme und seelischen Konflikte zu reden und anderen zuzuhören. Unsere Gruppe hatte so großen Zuwachs, daß wir uns über die Organisation Gedanken machen mußten und darüber, wie und wohin wir die Frauen, die akut Hilfe brauchten, kanalisieren konnten. Durch Konferenzen, die wir in der Universität gaben, wurden Rundfunk und Fernsehen auf uns aufmerksam und luden uns zu Interviews und Diskussionen ein. Psychologinnen und Rechtsanwältinnen boten uns ihre Hilfe an.

Wir machten uns Gedanken über die Rechte der Frauen, über unsere Situation und unsere seelische Abhängigkeit von den Männern. Wir waren uns durchaus bewußt, daß wir zum Teil unsere Probleme selbst verursacht hatten. Eben weil wir aus dem alten Schema ausbrachen und die Männer, die uns von unseren Rechten predigten, beim Wort nahmen! Aber schloß das etwa aus, daß wir aufhörten, Frauen zu sein, im wahrsten Sinne des Wortes, mit unseren Gefühlen, unserer Spontaneität und Begeisterungsfreude? Hieß etwa, sich für das Leben – sprich für Kinder – zu entscheiden, auch, sich selbst aufzugeben, all das zu verleugnen, was letztlich unsere Stärke ausmachte?

Dennoch waren wir weit davon entfernt, zu kämpferischen Feministinnen zu werden. Keine von uns wollte den Männern Konkurrenz machen oder sie nun unsererseits unterdrücken. Im Gegenteil, wir wollten sie als Partner. Wir hätten die Väter gerne dabeigehabt, aber sie weigerten sich beharrlich. Weder nahmen sie an den Kinderfesten teil, noch gingen sie zu einer unserer Konferenzen, um sich wenigstens einmal anzuhören, was wir zu sagen hatten.

Raúl lachte über uns. Für ihn war mein sogenannter Bewußtseinsprozeß schwer nachzuvollziehen. »Ihr seid nichts anderes als blöde Tratschweiber. Von wegen Feministinnen!« mokierte er sich. »Wo bleibt denn eure politische Einstellung, und wie steht es überhaupt mit eurem Verhältnis zur Gesellschaft? Habt ihr das schon mal analysiert?«

»Wir brauchen nicht Marx und Engels und Trotzki zu lesen, um unsere Situation zu analysieren! Wir wollen an unserem Verhältnis zu euch etwas ändern, und wir wollen, daß ihr endlich aufhört, lange intellektuelle Reden über Frauen und Kindererziehung zu halten, wovon ihr im Grunde genommen keine Ahnung habt. Ihr wißt alles besser, aber wenn man euch braucht, seid ihr nicht da!«

Seine Antwort konnte logischer nicht sein: »Dann gib mir doch die Kinder! Ich kann dir beweisen, daß ich das besser kann als du.«

Als ob es darum ginge, die Rollen auszutauschen!

Sein Mißtrauen und besonders seine Eifersucht wuchsen in dem Maße, wie ich an Selbstbewußtsein gewann. Hatte er vorher eingesehen, daß er Fehler gemacht hatte, drehte er nun den Spieß völlig um.

»Du wolltest doch nur deine Freiheit haben, um für andere Männer frei zu sein! Für dich und deine Freundinnen ist der Feminismus doch nur ein Mittel zum Zweck, euch zu nehmen, was ihr wollt, und so zu leben, wie ihr wollt. Ist in Ordnung, kannst du haben! Ich gönne es dir, wenn du dich weiterbildest und Erfolg hast. Ich mache dir einen Vorschlag: Ich nehme die Kinder! Dann kannst du alles machen, was du willst!«

»Dein Vorschlag ist absurd. Ich möchte, daß du deiner Verantwortung nachkommst und die Kinder regelmäßig betreust und daß du deinen finanziellen Beitrag zu ihrem Lebensunterhalt beisteuerst.«

»Ich gebe dir kein Geld, damit du deine teure Miete und deine Vergnügungen finanzieren kannst. Du könntest auch billiger wohnen! Ich wiederhole mein Angebot: Du kannst die Kinder mir geben. Dann hast du gar keine Belastungen mehr.«

»Nein, ich gehe auf einen Tausch nicht ein.«

Dabei blieb es. Wohl auch, weil er genau wußte, daß er sich gar nicht um zwei kleine Mädchen kümmern konnte — es sei denn, mit Hilfe seiner Familie oder fremder Frauen. Und damit hätte er seine Aufgabe auf dieselbe Weise lösen müssen wie ich, also weder besser noch schlechter. Aber nun hatte er ein Argument, mich erst recht mit den Problemen alleine zu lassen, nach dem Motto: »Du hast es ja so gewollt.« So ließ sich Raúl nur sporadisch blicken und steuerte auch nur gelegentlich etwas zum Unterhalt bei. Er war nie da, wenn ich ihn brauchte.

Je mehr ich Raúl mit seinen eigenen feministischen Argumenten schlug, desto böser wurde er und desto mehr bekämpfte er mich und unsere Frauengruppe. Er versuchte mit allen Mitteln, mich von ihr zu trennen.

»Du kannst ihnen gar nicht vertrauen! Alles, was du deinen sogenannten Freundinnen erzählst, erzählen sie mir brühwarm weiter. Du merkst gar nicht, wie sie dich für dumm verkaufen.«

»Das würde ich gerne wissen! Alles, worüber wir in unserer Gruppe reden, wird nicht nach außen getragen. Dann sag mir doch bitte ganz konkret, was du weißt!«

»Das brauche ich gar nicht. Ich weiß mehr, als du ahnst. Und mit deiner negativen Propaganda über mich erreichst du bei mir gar nichts.«

»Was verstehst du unter negativer Propaganda? Hast du etwa ein schlechtes Gewissen?«

»Ich?!? Daß ich nicht lache! Tu nicht so unschuldig, ich weiß genau über dich Bescheid, mit wem du gehst und wohin du gehst.«

»Läßt du mich etwa beobachten?«

»Das ist gar nicht notwendig.«

In diesen Diskussionen gab ein Wort das andere. Wenn er mit seinem Zorn nicht weiterkam, versuchte er es auf die sanfte Tour. Er flirtete mit mir, lud mich zum Wochenende aufs Land ein und gab sich alle Mühe zu beweisen, daß er die bessere Alternative zum Feminismus war. Womit er im Prinzip durchaus recht hatte. Aber nur im Prinzip.

Ich versuchte es auf eine andere Art: »Okay, Raúl, wenn dir etwas an uns liegt und wenn du solche Angst hast, mich an einen anderen Mann zu verlieren, dann bleibe bei uns! Dann laß uns wirklich alles gemeinsam tragen! Ich würde auch zu dir nach Toluca kommen mit den Kindern!« Nun sollte er doch Farbe bekennen, dachte ich. Das tat er auch, aber nicht so, wie ich insgeheim gehofft hatte.

»Das kommt überhaupt nicht in Frage! Jeder soll seine Freiheit haben. Du kannst doch deine Arbeit nicht aufgeben, wo du so daran hängst! Das würde ich niemals von dir verlangen. Außerdem habe ich inzwischen eine Freundin und beginne gerade ein neues Leben.«

Er nahm sich also seine Freiheit, aber mir warf er vor, daß ich mit meinen Kollegen zusammen zum Mittagessen ging!

Ich ging in meiner Arbeit bei der Zeitung völlig auf. Im Wirtschaftsressort fühlte ich mich viel wohler als in der Nachrichtenredaktion. Ich lernte sehr viel bei meinen neuen Freunden, denn sie erklärten mir alles, was ich wissen wollte. In der deutschen Buchhandlung bei der Deutschen Schule holte ich mir alle Bücher, die mir nützlich sein konnten: Ich stürzte mich auf die Einführung in die Volkswirtschaftslehre, las die Theorien von John Maynard Keynes und Alwin Toffler, befaßte mich mit der Geschichte Mexikos und seinem ambivalenten Verhältnis zu den USA. Mein Bildungshunger artete fast in eine Manie aus. Zwar hatte ich nun Gelegenheit, über deutsche Wirtschaftsdelegationen, die nach Mexiko gereist kamen, zu schreiben und hier und da ein Interview zu machen, aber noch bestand meine Arbeit hauptsächlich aus den Übersetzungen der »Spiegel«-Artikel. Mein Ziel stand dennoch fest: Reporterin, und zwar ausschließlich. Wie beneidete ich meine Kollegen, besonders die vom Kulturressort!

Als das »Internationale Dichtertreffen« in Morelia, der Hauptstadt des Bundesstaates Michoacán, stattfinden sollte, sah ich meine Chance gekommen: Günter Grass stand als Teilnehmer ganz oben auf der Liste! Und da Annemarie mit ihrem Freund in Morelia wohnte, ich also wußte, wo ich unterkommen konnte, ergriff ich die Gelegenheit beim Schopf.

Annemarie hatte ohne Probleme Kontakt zu Günter Grass bekommen: Einmal, weil sie aus der DDR kam, und dann, weil sie wie Grass bildende Künstlerin war. Dank Annemarie war es für mich nicht schwer, ein Interview mit ihm zu vereinbaren. Damals war gerade »Der Butt« von

Grass erschienen, über den ich schon viel im »Spiegel« gelesen hatte. Grass machte einen sehr lässigen Eindruck auf mich. Dennoch konnte ich meine Schüchternheit und Unsicherheit nicht so leicht überwinden. Beim Gedanken an das Interview geriet ich in Panik. Hatte ich mich nicht doch überschätzt?

Als Berichterstatterin vom »Excélsior« war eine Kollegin mitgekommen, Carmen Torres, eine Koryphäe unter den Kulturjournalisten Mexikos, eine herbe, immer freundliche, aber sehr unnahbare Frau. Mit ihr setzte ich mich zusammen, um den Fragenkatalog für Günter Grass auszuarbeiten.

Außer einer Frage zur Bedeutung der »Gruppe 47« trug Carmen zu dem Gespräch nichts bei, sondern überließ mir das Feld. Als wir zum Gespräch in seinem Hotel erschienen, fühlte ich mich von allen Musen verlassen und entschied spontan, dem Interview eine politische Richtung zu geben. Schließlich gehörte Grass zu den Sozialdemokraten, mit denen ich von jeher sympathisierte, und so fand sich ein gemeinsamer Nenner. Beginnend mit dem Rüstungswettlauf zwischen den Großmächten, den er scharf verurteilte, kamen wir auf die Kontraste zwischen Nord und Süd zu sprechen und auf die Ungerechtigkeit gegenüber der Bevölkerung in der Dritten Welt. Über das Bevölkerungswachstum und den Papst mit seinem Verbot der Geburtenkontrolle gelangten wir zur deutschen Politik (die Wiedervereinigung hielt Grass damals politisch für völlig undenkbar). Schließlich wurde auch »Der Butt« zum Gesprächsthema. Seine braunen Augen blitzten auf vor Wut, als ich es wagte zu behaupten, daß sein Buch als antifeministisch kritisiert worden sei.

»Wer das behauptet, beweist nur, daß er es nicht gelesen hat...« Wumm, der Hieb saß! Wie sollte ich nun kontern? Getreu dem Motto: »Angriff ist die beste Verteidigung«, ließ ich ihn gar nicht fortfahren, sondern unterbrach ihn: ». . . oder nicht richtig verstanden hat?«

»Ich habe das Buch für die Frauen geschrieben!« erklärte Grass. »Es ist alles andere als antifeministisch und stellt sich gegen die Dominierung der Frauen durch die Männer. Aber ich gebe zu, daß es sich zum Teil sehr kritisch und satirisch mit bestimmten Feministinnen auseinandersetzt, die in Wirklichkeit nur besser sein wollen als die Männer.«

Ich war nicht zufrieden mit seiner Antwort, aber ich traute mich auch nicht, ihm zu widersprechen. Mir drängte sich der Verdacht auf, daß ich es mit einem weiteren intellektuellen Chauvinisten zu tun hatte . . . Nur ein Mann konnte doch so etwas sagen! Das kannte ich von Raúl! Aber letztendlich hatte er in diesem Punkt recht. Von dieser Erkenntnis war ich damals allerdings noch etwas entfernt.

Das Interview mit Günter Grass wurde mein erster großer Wurf beim »Excélsior«, auf den ich sehr stolz war. Aber meine Hoffnung, dadurch eine Festanstellung bei der Zeitung zu erhalten, erfüllte sich nicht. Ich mußte weiter im Akkord »Spiegel«-Berichte übersetzen, um über die Runden zu kommen, und durfte ab und zu eine deutsche Persönlichkeit interviewen.

In der Zwischenzeit wurde die Atmosphäre in Mexiko zunehmend aggressiver: Der Präsident José López Portillo hatte das Land heruntergewirtschaftet. Die Inflation fraß alles auf, und die Mieten stiegen unaufhörlich. Die Hausbesitzer verwandelten die Wohnungen entweder in Eigentumswohnungen oder verlangten so horrende Mieten, daß, wer sie nicht bezahlen konnte, notgedrungen ausziehen mußte.

Auch ich geriet in den Sog der mexikanischen Wirtschaftskrise. Ich hätte in meiner schönen Wohnung bleiben können, wenn ich das Geld zum Kauf gehabt hätte oder wenn ich fünfundsiebzig Prozent mehr Miete hätte bezahlen können. Ich konnte es nicht! Bis dahin war ich mit dem Honorar von der Zeitung ausgekommen. Nun drohte mir das Schicksal der großen Mehrheit der Mexikaner, die nur dank mehrerer Jobs gleichzeitig mit ihren Familien überleben konnten. Die Verzweiflung über die wirtschaftliche Lage machte viele Paare und Freundschaften kaputt. Neid und Eifersucht auf die, denen es besser ging, machten schließlich auch vor unserer Frauen-Solidargemeinschaft nicht halt.

Der Trend ging wieder zum Einzelkampf. Selbst in Raúls Partei gab es Männer, die in eine schwere Identitätskrise gerieten und ihren politischen Kampf an den Nagel hängten.

Wie aber sollte ich mir helfen? Ich konnte mich weder mit meinen Kindern an eine Kreuzung stellen und »Chiclés« (Kaugummis) verkaufen, noch hatte ich eine Großfamilie, in die ich mich hätte zurückziehen können. Ich war ziemlich aufgeschmissen. Wohin und zu wem sollte ich gehen? Der Gedanke, nach Deutschland zurückzukehren, kam mir dennoch nie.

Raúls Familie hatte mich immer unterstützt und mir mit den Kindern geholfen, indem sie sie gelegentlich mit nach Sonora nahm für ein paar Tage. Aber was jetzt? Raúl war nie da, wenn ich ihn brauchte, um ein Problem abzuwenden oder um ihm vorzubeugen! Fast schien es, als wolle er abwarten, bis ich mich in Schwierigkeiten verstrickte, um mich von ihm wieder abhängig machen zu können. Wenn er glaubte, daß ich in der Tinte saß, holte er mir die Sterne vom Himmel und gab sich besorgt, fürsorglich und sehr liebevoll: »Ich habe mit meinen Eltern gesprochen. Sie schlagen dir vor, daß sie Marlene und Laura zu sich nehmen nach Sonora und du in unsere Wohnung am Flughafen ziehst. Sie wollen das für uns tun, damit wir Geld sparen können für eine eigene Wohnung. Du hättest dann nicht mehr diese Belastungen und müßtest dich nicht mehr so abhetzen. Und wir hätten wieder Zeit für uns!«

Sein Vorschlag warf mich fast um! Ich wußte im ersten

Moment überhaupt nicht, was ich davon halten sollte. Einerseits schien er mir naheliegend und großzügig, andererseits war ich mißtrauisch. Ich war auch keineswegs soweit, mich geschlagen zu geben.

»Nein, Raúl. Ich danke deinen Eltern für ihr Angebot, aber ich will es selbst versuchen. Ich werde mir noch eine zweite Arbeit suchen. Ich kann jederzeit wieder als Sekretärin in einem deutschen Unternehmen arbeiten.«

»Und was machst du mit der Zeitung? Willst du die etwa aufgeben?«

»Nein, ich werde die Abendschicht machen, von 17.00 bis 21.30 Uhr. Da kann ich auch einiges an Übersetzungen schaffen!«

Ich fand schließlich ein kleines Haus in der »Colonia Vertiz-Narvarte« im Süden der Stadt, in der Nähe der »Avenida División del Norte« und »Churubusco« am »Parque de los Venados«. Es war eine typische Mittelklassegend, in der sich der Wohlstand in Grenzen hielt, wo Tischler und Schmiede, kleine Kraftfahrzeugwerkstätten und andere Handwerker ihre kleinen Läden hatten und wo die Nachbarn miteinander sprachen und füreinander da waren. Das Häuschen war bescheiden, die Zimmer klein und die Küche so winzig, daß mein Kühlschrank nicht hinein paßte. Neben unseren Haus lag ein kleiner Gemischtwarenladen, in dem sich jeden Tag die Dienstmädchen und Hausfrauen zum Tratsch einfanden.

Schon kurz nach meinem Einzug war mir klar, daß ich voreilig und gegen mein Gefühl gehandelt hatte. Nichts funktionierte hier: Selten hatten wir Wasser, weil der Druck nicht ausreichte, um ins Bad oder in die Toilette zu kommen. Meine Waschmaschine war nicht anzuschließen, und das dritte Zimmer ließ sich nicht vermieten, weil keine deutsche Studentin oder Student bei mir wohnen wollte! Schließlich verirrte sich eine Doktorandin zu mir, die uns aber angesichts ewig verstopfter Toilette und permanenten Wassermangels schnell wieder verließ.

Marlene schrieb ich in einen nahegelegenen Kindergarten ein, der auch bereit war, Laura aufzunehmen. Sie war noch nicht sauber, und das war eigentlich eine Aufnahmebedingung. Aber sie ließen sich erweichen, die Erzieherinnen. Mein Weg zur Redaktion war nun wieder sehr weit, und der tägliche Kampf um einen Platz in einem der Kollektivtaxis begann aufs neue. Selten überließ mir Raúl sein Auto. Auch die Treffen mit der Frauengruppe wurden immer seltener.

Raúl war meine Entscheidung unverständlich, und da ich seine Hilfe, beziehungsweise die seiner Eltern, ausgeschlagen hatte, ließ er mich jetzt alleine mit meinen Schwierigkeiten. Unsere Auseinandersetzungen nahmen kein Ende.

»Okay, Raúl, ich wollte es nicht anders. Aber das spricht dich nicht von deiner Verantwortung frei, mir mit den Kindern zu helfen!« Schließlich willigte er ein, die Kinder öfters für ein Wochenende nach Toluca zu holen. Das war sein einziges Zugeständnis. Wenn er in der Woche mal in der Stadt war, holte er mich auch hin und wieder zum Essen ab. In lockerer Atmosphäre kamen wir sehr gut miteinander aus und konnten sogar zusammen lachen. Warum konnte es nicht immer so sein?

Aber es war wie verhext. Eines Tages knickte ich in Raúls Gesellschaft auf dem Weg in ein Restaurant um. Der Schmerz stach wie ein Messer durch meinen Fuß. Humpelnd erreichte ich das Lokal. Während des Essens bewegte ich einmal meinen Fuß. Danach konnte ich nicht mehr auftreten. Raúl brachte mich in eine nahegelegene Klinik des öffentlichen Gesundheitsdienstes und ließ mich dort. Er war sicher, daß es mit meinem Fuß nicht so schlimm sein würde, und verabschiedete sich nach Toluca.

In den Kliniken des öffentlichen Gesundheitsdienstes werden normalerweise alle die behandelt, die keine Sozialversicherung haben. Hier mußte man stundenlang warten. Als ich endlich an die Reihe kam, erlebte ich eine böse Überraschung: »Señora, wir können Sie hier leider nicht behandeln. Sie müssen mit ihrem Fuß in die Unfallklinik nach Tlalpan.«

Tlalpan — ohne Auto und mit einem verletzten Fuß war das eine halbe Weltreise! Ich fiel aus allen Wolken. Wie sollte ich da alleine hinkommen? Raúl war nicht mehr zu erreichen. Wen sollte ich um Hilfe rufen? Es war zum Verzweifeln! Ich hatte nicht genug Geld für eine so weite Taxifahrt. Erst abends erreichte ich Esthér, die mich abholte und nach Tlalpan ins »Chopo« brachte.

Ich hatte mir eine so schlimme Sehnenzerrung zugezogen, daß man mir gleich das ganze Bein vom Schenkel abwärts steif in Gips legte. Esthér kümmerte sich um mich, wo und wie sie nur konnte. Ans Arbeiten war nicht zu denken: Selbst auf Krücken konnte ich nicht ohne Hilfe in die Redaktion kommen! Und wer hätte mir das Material zum Übersetzen nach Hause bringen sollen? Ich bewegte mich in einem Teufelskreis: ohne Arbeit kein Geld, ohne Geld keine Miete, kein Kindergarten! Ich versuchte nach ein paar Tagen trotzdem, mit den Krücken in die Zeitung zu kommen. Das kostete mich so viel Anstrengung, daß mir der Schweiß in Bächen am Körper runterlief. Zugluft tat dann ein Übriges, um mich endgültig aufs Krankenlager zu werfen. Ich bekam eine schwere Bronchitis.

Raúl kam einen Sonntag, um, wie er sagte, mir zu helfen und einkaufen zu gehen. Er schnappte sich die Kinder und tauchte den ganzen Tag über nicht mehr auf. Ich war außer mir vor Wut und wußte mit mir selbst nichts anzufangen: Zum Lesen hatte ich keine Muße. Ich war zu aufgebracht, meine Gedanken überschlugen sich. Ich kam mir vor wie ein gefangener Vogel.

Bald war ich gezwungen, finanziell um Hilfe zu bitten. In der Zeitung gab man mir eine geringfügige Übergangshilfe, die nicht ausreichte, um die Miete zu bezahlen. So wendete ich mich das erste Mal in all den Jahren an die Botschaft, die einen Fonds für Notfälle bereithielt. Natürlich mußte ich das Geld später wieder zurückzahlen, aber wenigstens kam ich den einen Monat über die Runden. Sobald mein Gips abgenommen wurde, kümmerte ich mich um einen Nebenjob. Schließlich hatte ich lange genug als Sekretärin gearbeitet, und deutsche Sekretärinnen in Mexiko waren Mangelware.

Die Fotografin Doris Heckel, die ich in der Botschaft traf, erzählte mir von einer freien Stelle im Goethe-Institut. Sie sollte in Deutschen Mark bezahlt werden und war allem Anschein nach genau das richtige für mich. Gesucht wurde eine »rechte Hand« für den Institutsleiter. Aber ich hatte kein Glück: Er sah in meiner Arbeit bei der Zeitung einen Interessenkonflikt, und als alleinerziehende, nicht verheiratete Mutter war ich ihm »zu unstet«, wie er sich ausdrückte. Sein Stellvertreter verteidigte mich. Er meinte, daß gerade meine journalistische Erfahrung für mich sprach, aber es nützte nichts. In jenem Moment verlor ich allen Glauben an die Gerechtigkeit und haderte mit meinem Schicksal . . .

Nun hatte Raúl mich da, wo er mich haben wollte, ohne daß er groß etwas dazu beitragen mußte! Es blieb mir gar nichts anderes übrig, als das Angebot seiner Eltern anzunehmen. Ich war zutiefst deprimiert und wußte nicht, wie ich das alles überstehen sollte. Raúl versprach mir, mich nicht alleinezulassen.

Wenn wir nicht nach Sonora zu den Kindern fuhren, verbrachten wir die Wochenenden zusammen in Toluca. Eine echte Versöhnung mit ihm schien greifbar nah, und das gab mir neue Hoffnung. Die Enttäuschung über das Goethe-Institut hatte ich überwunden, und so machte ich mich gestärkt auf die Suche nach einer geeigneten Stelle. Das Angebot war zwar groß, aber ich wollte nicht in irgendeiner Firma arbeiten, sondern ein Umfeld finden, in dem ich mich wohlfühlte, und eine Arbeit, die mich herausforderte. Ich wußte, für mich war meine Sympathie zum Chef ausschlaggebend: Wenn die vorhanden war, war ich zu jeder Leistung fähig.

Kapitel IX
Der Pfeil der schnöden Diana

Das Schicksal verschlug mich in die Repräsentanz eines großen Unternehmens, das Industrieanlagen baute. Schon beim Vorstellungsgespräch hatte ich ein gutes Gefühl. Das Büro lag im achten Stock eines Hochhauses am »Paseo de la Reforma«, das einen herrlichen Ausblick auf den Brunnen der Göttin Diana und den Chapultepec-Park mit seinem Schloß auf dem Hügel bot. Es war modern eingerichtet und mit seinen hohen Fenstern, die vom Boden bis zur Decke reichten, hell und freundlich. Es gab keinen gesonderten Empfangsraum. Wenn man durch die Tür eintrat, befand man sich bereits im Büro der Sekretärinnen. Eine gemütliche Sitzecke wartete neben einem verglasten Sitzungsraum auf Besuch, daneben und davor standen zwei Schreibtische. Von diesem Raum aus gelangte man in die beiden Chefzimmer, in das Ingenieurbüro, den Telexraum, Bad und Küche. Am Empfang saß ein flottes junges Mädchen, schlank, burschikos, mit kurzem Haar und grünen Augen.

»Hallo, ich bin Loredana. Du willst hier arbeiten? Also, das hier ist ein witziger Laden, und wer hier mitmachen will, tut gut daran, eine gehörige Portion Humor mitzubringen! Unser Chef ist ein Chaot, der zweite Chef ist ein Arbeitstier, und unser Ingenieur kann gar nicht soviel arbeiten, wie Arbeit anfällt. Er denkt und redet nur noch in Ersatzteilziffern! Und unsere Buchhalterin ist zwar etwas komisch, aber sehr lieb. Übrigens muß ich immer sehr pünktlich gehen. Ich mache nämlich Karate. Solltest du auch mal machen. Die Männer kriegen einen Heidenrespekt vor dir!«

Na, das war ja vielversprechend!

Während ich da so saß und auf den Chef wartete, wurde ich neugierig beäugt. Zuerst kam Marina, die Buchhalterin, die mir gleich einen Kaffee anbot und mich wie Loredana in ein Gespräch verwickelte. Um die dreißig, verkörperte sie den Prototyp einer Mexikanerin der Mittelklasse: konservativ, aber sexy gekleidet, neugierig, aber nicht draufgängerisch. Sie war überaus freundlich und mitteilsam. Sie erzählte mir gleich ihre ganze Familiengeschichte, von ihren Brüdern und Nichten und Neffen, von ihrem strengen Vater, der eine Druckerei betrieb, und ihrer jüngeren Schwester, die Zahnmedizin studierte.

»Wenn du mal Hilfe brauchst, dann kannst du jederzeit zu ihr in die Poliklinik gehen. Weißt du, sie ist bald fertig mit dem Studium. Hast du Kinder? — Was, zwei Mädchen? Sind sie jetzt im Kindergarten? Ach, bei den Großeltern in Sonora? Da mußt du aber sehr traurig sein! Du fährst doch sicher öfter nach Sonora?«

Erst ein Anruf unterbrach ihren Redeschwall, und ich war wieder mir selbst überlassen. Ein großer, blonder Mann kam aus einem der hinteren Büros und trat an Loredanas Schreibtisch, um sie etwas zu fragen. Er machte einen sehr lockeren Eindruck. Sein Hemd war ihm aus der Hose gerutscht, im Mundwinkel hing eine Zigarette, und er guckte beiläufig in meine Ecke. Mir gefiel seine große Erscheinung ausgesprochen gut. Und dabei hatte ich mir geschworen, keinen Europäer mehr anzugucken! Ich fand sie alle fad ... Aber er hatte schöne blaue Augen, eine gerade Nase und ein Grübchen im Kinn. Er sah ungemein gut aus.

Er konnte aber nicht der Chef sein, sonst hätte er mich angesprochen.

Ich fragte Loredana, wer das war.

»Das ist Dr. Peter Breitenbach, der Stellvertreter. Er ist

der netteste von allen, sehr charmant! Die Marina ist ganz verliebt in ihn, aber er ist in festen Händen. Da ist nichts zu machen!«

Endlich wurde ich zum Chef gebeten. Helmut Sagerer war das Urbild des charmanten Österreichers, ein Sunny-Boy wie er im Buche steht. Er schien gerade aus einer Modezeitschrift entstiegen zu sein. Nicht so groß wie Breitenbach, aber sogar noch besser aussehend, braunes Haar, braune Augen, sehr gepflegt. Er sprach mit einem sympathischen österreichischen Dialekt und war charmant-liebenswürdig und höflich, ohne steif zu sein.

»Grüß Gott, Sie wollen also bei uns arbeiten. Sie sind Journalistin mit Sekretärinnenerfahrung. Das ist eine interessante Kombination. Also, ich geh mal davon aus, daß Sie Ihr Handwerk verstehen. Wann könnten Sie denn anfangen? Wir bieten Ihnen 45.000 Pesos. Ist Ihnen das recht?«

Ich war erstaunt, daß er von mir nicht mehr wissen wollte. Für mich war es eine völlig neue Erfahrung. Ob ich Kinder hatte oder nicht, spielte offenbar keine Rolle. Und daß ich Journalistin war, fand er sogar gut. Für mich stand die Entscheidung fest: Hier wollte ich arbeiten! Aber 45.000 Pesos waren mir zuwenig. Doch sollte, konnte ich es wagen, mehr zu verlangen? Höflich, aber bestimmt dankte ich für sein Angebot und sagte: »Bevor ich mich definitiv entscheide, möchte ich gerne noch einen weiteren Vorstellungstermin hier in der Nähe wahrnehmen. Dann melde ich mich bei Ihnen.«

Bei der anderen Firma bot man mir 5.000 Pesos mehr, und so rief ich Sagerer an und fragte ihn, ob er bereit sei, mir auch soviel zu bezahlen. Er sagte ja.

Am 8. November 1982, einen Tag nach meinem dreißigsten Geburtstag, begann ich meine Arbeit bei der »Austromex«. Es war genauso, wie Loredana es mir geschildert hatte. Sagerer, der Sunny-Boy, verbrachte seine Zeit mit »Kontaktpflege«. Das hieß, daß er im Büro vornehmlich freundliche Geburtstagsbriefe schrieb, Besuche empfing und tätigte, viel reiste und häufig Parties in seinem Haus in La Herradura gab — ein Anwesen wie aus dem Bilderbuch in einem Bezirk, in dem nur reiche Leute wohnten. Mit Schwimmbad im Keller, elegant eingerichteten Zimmern, einer Bilderbuch-Frau und kleinen, niedlichen Bilderbuch-Kindern. Bei ihm zu Hause kam man sich wie in einem eleganten Einrichtungshaus vor. Jedes Detail stimmte. Es war schön, aber steril.

Mit seinen Diktaten brachte er mich schier zur Verzweiflung. Er diktierte jeden Punkt, jedes Komma mit, und das meistens falsch. Oft verbesserte er sich mitten im Satz, und das auf Band! Breitenbach holte die Kartoffeln aus dem Feuer, die Sagerer hineingeworfen hatte, und arbeitete wirklich hart. Von unserem Ingenieur sah man nur wenig. Er lebte in, mit und von seinen Ersatzteilaufträgen und Rechnungen. Marina scharwenzelte um jeden männlichen Besucher herum. Jedem erzählte sie von ihrem »novio«, ihrem Verlobten, und daß sie kurz vor der Heirat stünde. Alles Lüge! In Wirklichkeit hatte sie keinen Verlobten, noch nicht mal einen in Aussicht. Sobald sich ihr ein Mann näherte und mit ihr anbandelte — sie war ja keinesfalls häßlich —, war sie ihn schon wieder los. Der erste Kuß war für sie bereits ein Heiratsversprechen, und wenn ein Mann bei ihr Petting wagte, mußte er damit rechnen, von Marinas Vater vor den Traualtar gezwungen zu werden. Sie tat mir ehrlich leid. Selbst in konservativen mexikanischen Familien war es durchaus üblich, daß sich Frauen in Marinas Alter von ihren Familien lösten, sich eine eigene Wohnung nahmen und einen Freund hatten — nicht nur platonisch. Aber sie hatte panische Angst vor ihrem Vater. Sie hing so sehr von der Zuneigung und Anerkennung anderer ab, daß sie alle, die ihr einmal zuhörten oder sie ernst nahmen, mit Geschenken überhäufte. Sie kaufte sich ständig neue Kleidung und Schuhe und stürzte sich in Schulden, um sich ein teures

Auto zu kaufen. Für ihr Selbstbewußtsein war das wichtig, aber im Endeffekt fatal. In diesem Punkt waren wir uns nicht unähnlich!

Ich fühlte mich sehr wohl in der Firma. Am liebsten arbeitete ich für Peter — wie wir ihn unter uns nannten —, der mir kaum etwas diktierte, sondern mir nur sagte, was er erledigt haben wollte. Er traute mir etwas zu, und das machte mir Freude. Wir unterhielten uns oft über die Arbeit, über das Leben in Mexiko und meine Arbeit bei der Zeitung. Nur von sich erzählte er nie etwas, außer daß er ein begeisterter Fußballer war, aus Kärnten kam und erst seit kurzer Zeit in Mexiko war.

Auf seinem Schreibtisch stand ein Würfel aus Plexiglas, hinter dem ein Foto angebracht war mit einer schönen, lachenden blonden Frau und zwei kleinen, frechen Kindern. Ich beneidete die Frau um diesen Mann und fragte mich, warum ich nicht dieses Glück haben konnte. Ich fragte ihn, ob das seine Familie sei.

»Nein, das ist nur ein Reklamewürfel. Ich bin nicht verheiratet. Das hätte mir gerade noch gefehlt!« sagte er lachend.

Also frei war er noch, aber an die Gründung einer Familie dachte er wohl nicht. Insgeheim jubelte ich, schimpfte mich aber gleichzeitig eine Närrin. Was sollte ein Mann wie er ausgerechnet mit einer Frau wie mir, die dazu noch zwei kleine Kinder hatte?

Am nächsten Tag war der Würfel weg. Wollte mich die schnöde Diana ärgern? Aber nein, sagte ich mir, ihr Pfeil hat mich nicht getroffen. Jeden Gedanken daran, daß ich mich vielleicht verliebt hatte, wies ich strikt von mir.

Statt dessen stürzte ich mich voll in die wieder auflebende Beziehung zu Raúl. Es war inzwischen Vorweihnachten geworden. Die Zeit der Fiestas war gekommen, und trotz der wirtschaftlichen Probleme im Land lebten die Menschen auf und gaben sich heiter. Mit meinem Weihnachtsgeld ging ich mit Raúl einkaufen. Ich war glücklich, endlich wieder Geld zu haben, kaufte Geschenke für die Kinder und kleidete sogar Raúl neu ein. Es machte einfach Spaß! Ich freute mich auf Weihnachten mit ihm und den Kindern bei seinen Eltern in Sonora und war voller Hoffnung und Zuversicht. Ich schob alle negativen Gedanken weit von mir, selbst den schrecklichen Alptraum, den ich wenige Tage zuvor gehabt hatte und der mich um so mehr erschreckt hatte, weil es derselbe Traum war, den ich das erste Mal als vierzehnjähriges Mädchen in Hohentengen geträumt habe und der in immer anderen Variationen und in unbestimmten Abständen wiederkehrte. In meinem Traum war ich den Weg vom Rhein an der Kapelle vorbei herauf zu unserem Haus gegangen. Von Kloten kam über den am gegenüberliegenden Ufer gelegenen Hügel ein Flugzeug heran, aber es flog immer niedriger, statt an Höhe zu gewinnen. Kurz hinter unserem Haus stürzte es in den Wald und explodierte. Ich war wie gelähmt vor Angst und Schreck, aber unserem Haus und mir war nichts geschehen.

Es war lange her, daß ich einen solchen Traum gehabt hatte. Ich konnte ihn mir auch nicht erklären. Vielleicht drückte sich darin nur meine Angst vor den großen Flugzeugen aus, die Tag und Nacht erschreckend tief über meine Wohnung hinwegbrausten. Und es war auch noch gar nicht so lange her, daß ein Flugzeug neben dem Flughafen in eine Wohnstraße gestürzt war.

Ich sollte noch viele Jahre brauchen, um zu erkennen, daß dieser Traum mich vor großer Erschütterung warnte. Und ich sollte noch manche Erschütterung erleiden, um auf meine innere Stimme zu hören und meine Intuition nicht immer wieder selbst zu vergewaltigen.

Bei »Austromex« gab man mir ein zinsloses Darlehen, damit ich mir ein gebrauchtes Auto kaufen konnte. Raúl versprach mir, über seine Kontakte mit der Gewerkschaft bei »Volkswagen« in Puebla einen Wagen günstig für mich zu bekommen. So gab ich ihm das Geld mit.

Eine Woche vor Weihnachten rief mich Raúl im Büro an: »Anne, du mußt alleine nach Sonora fahren. Ich kann nicht mitkommen. Tut mir leid!«

»Aber warum denn? Das war doch so abgemacht!«

»Ja, aber meine neue Freundin ist überraschend aus London gekommen. Mir ist diese Beziehung sehr wichtig. Bitte zerstöre mir die Zukunft mit ihr nicht.«

Ich war so schockiert, daß ich gar nicht reagieren oder irgend etwas sagen konnte. Er hatte bis dahin mit keinem Wort angedeutet, daß er ernsthaft dabei war, eine neue Beziehung aufzubauen. Warum tat er mir das an?

Das war zuviel für mich. Ich zitterte am ganzen Leib. Am Nachmittag hatte ich meine Fassung wieder und rief ihn zurück.

»Okay, du hast eine neue Beziehung. Aber zwischen uns gibt es ja auch noch einiges, das man nicht einfach beiseite schieben kann. Da sind einmal die Kinder, und dann ist da auch noch die Sache mit meinem Auto. Wie gedenkst du, dieses Problem zu lösen?«

»Ich habe bisher keine Zeit gehabt, mich darum zu kümmern. Dein Geld ist nicht verloren. Ich bin sicher, im neuen Jahr, wenn die VW-Betriebsferien zu Ende sind, bekommst du dein Auto. Solange mußt du dich noch gedulden.«

Ich hatte das Gefühl, als fiele ich ein ganz tiefes, dunkles Loch. Wie hatte ich ihm nur vertrauen können! Die Weihnachtstage in Sonora waren schrecklich. Meine Trauer lähmte alles in mir. Doña Lupe und Don Ramón waren ebenso unglücklich, aber sie hielten mir vor, daß ich ja auch nichts getan hätte, um Raúl zu halten. Im Grunde waren sie nicht weniger hilflos als ich.

Nachdem ich wieder nach Mexiko-Stadt zurückgekehrt war und meinen ersten Schock überwunden hatte, stieg nicht nur eine irrsinnige Wut in mir hoch, sondern auch

Haß, blanker Haß auf Raúl. Immer wieder vertröstete er mich wegen des Autos. Er verbat sich weitere Anrufe von mir.

»Finde dich damit ab, daß es zwischen uns aus ist. Schließlich hast du es ja so gewollt. Ich habe ein Recht auf eine glückliche Zukunft, und ich lasse sie mir von dir nicht kaputtmachen. Mit deinen Anrufen erreichst du bei mir gar nichts. Und indem du mit meinen Freunden sprichst, machst du dich nur lächerlich. Dein Geld bekommst du von mir wieder, keine Sorge! Ich bin schließlich kein Dieb. Du mußt eben warten, bis ich wieder nach Mexiko-Stadt komme.«

Er vertröstete mich von Woche zu Woche und von Monat zu Monat. Immer hatte er andere Ausflüchte, um nicht in die Stadt zu kommen. Inzwischen war seine Freundin, die offenbar ein Stipendium in Großbritannien hatte, wieder nach London zurückgereist. Regelmäßig kamen ihre Briefe bei mir an. Das und Raúls Zynismus trafen mich wie Keulenschläge. Ich fühlte mich elend und alleingelassen in dieser schrecklichen und lauten Wohnung.

Um meinem Unglück zu entrinnen, nahm ich wieder Kontakt zu Esthér auf, den ich Raúls wegen unterbrochen hatte. Sie erzählte mir, daß in meiner unmittelbaren Nachbarschaft eine Frau wohnte, die in unserer Gruppe gewesen war und die ebenso allein war wie ich. Ich erinnerte mich an Mina: ein zartes, kleines Persönchen, das aber vor Energie und Temperament strotzte. Ich konnte mich gut an sie erinnern. Mit ihren langen, blonden, gelockten Haaren und völlig ausgezupften Augenbrauen, die sie in dicken Strichen nachzeichnete, war sie mir gleich aufgefallen. Sie war mir durchaus sympathisch, aber ich mochte nicht, wie sie sich anmalte und versuchte, anders auszusehen, als sie wirklich war. Sie war nämlich sehr hübsch und hatte es gar nicht nötig, sich so zu maskieren.

Esthér erzählte ihr, daß ich ein paar meiner Kleider verkaufen wollte, die ich noch aus Deutschland hatte. So kam sie eines Abends mit einer Bekannten, und gemeinsam machten wir eine »Modenschau«. Mina, ein Jahr älter als ich, war sehr spontan und einfühlsam. Sie merkte mir die tiefe Depression an, in die ich verfallen war, doch statt mir ihr Mitleid zu bekunden, schnappte sie mich und nahm mich von da an einfach mit ins Kino oder zum Essen. Ich war sehr oft bei ihr zu Hause, auch wenn ich dann regelmäßig traurig wurde: Sie hatte zwei Kinder, René, der ein paar Monate älter war als Marlene, und Marita, die fast im selben Alter war wie Laura. Wenn ich sie in ihrem Bettchen liegen sah mit ihrer Kuschelpuppe, schnürte sich mir die Kehle zu. Wie vermißte ich meine Kinder!

Zwischen Mina und mir begann eine so enge und wunderbare Freundschaft, wie ich sie seit meinen Kindertagen in Hohentengen nicht geführt hatte. Wir identifizierten uns sehr miteinander. Sie war ebenso alleine wie ich und hatte außer ihrer schon sehr alten Mutter keine Familie mehr.

Wenn Mina mit ihrer Heiterkeit und ihrem Temperament nicht gewesen wäre: Ich weiß nicht, wie ich die Zeit überstanden hätte! Sie konnte ganz gut aus den Karten lesen und erzählte mir viel über Esoterik. Ich hatte mich schon lange dafür interessiert. Durch Jorge, mit dem ich sporadisch Kontakt hielt, wußte ich schon einiges. Aber was war wirklich dran an der »schwarzen Magie« und dem Voodoo-Kult, der auch in Mexiko praktiziert wurde?

Mina überredete mich zu einem Kursus in Astrologie und Tarot-Lektüre bei Javier, einem jungen mexikanischen »Meister«, mit dem eine Frau aus unserer ehemaligen Müttergruppe liiert war.

Bevor Javier uns in die Kunst des Tarot-Lesens einwies, führte er uns zunächst in die Astrologie, die Lehre der Symbole und Farben in der Mythologie Ägyptens und der christlichen Religion ein, in die kabbalistische Bedeutung der Ziffern von Null bis Zweiundzwanzig und die dazugehörigen Buchstaben. Er erklärte uns das Universum, als dessen Teil wir uns verstehen sollten, die physikalischen Gesetze, die unser Leben und das Universum in einem ewigen Kreislauf bestimmen. Irgendwie kam mir vieles von dem, was Javier uns darlegte, durchaus einleuchtend vor.

In der Tat schien bei mir alles verhext. In der Zeitung hatte ich große Probleme. Augusto Robelo war als Korrespondent nach Madrid geschickt worden, und Víctor de la Loza hatte die Leitung des Auslandsressorts übernommen. Er wollte mich nicht mehr im Finanzressort arbeiten lassen, sondern holte mich in seine Abteilung zurück. Ich hatte immer noch keine Festanstellung bekommen, mußte aber wie alle anderen pünktlich zu meiner Schicht erscheinen. Jedes Mal, wenn ich mich an eine Schreibmaschine setzte, streikte sie, egal, welche ich nahm.

Als ich einmal für ein paar Tage nicht kam, weil wir bei der »Austromex« soviel zu tun hatten (die Bilanzen mußten geschrieben werden, und es herrschte das Sagerer-mäßige Chaos . . .), explodierte Víctor: »Du wirst jetzt mit Arbeitsentzug bestraft! Du brauchst dich hier dreißig Tage lang nicht mehr blicken zu lassen. Außerdem machst du regelmäßig die Schreibmaschinen kaputt! Bei allen anderen passiert das nicht!«

Arbeitsentzug war eine in Mexiko übliche Sanktionsmaßnahme. Ich fand das ungerecht. Schließlich arbeitete ich nach wie vor nur gegen Honorar und hatte keinerlei Rechte. Und das mit den Schreibmaschinen war mir völlig unverständlich. Irgend etwas ging da nicht mit rechten Dingen zu!

Als die dreißig Tage vorbei waren, ging ich brav wieder in die Redaktion. Víctor lachte mich an und sagte, daß er das so ernst gar nicht gemeint hatte. Zumal er niemanden für die »Spiegel«-Übersetzungen hatte . . . Das fand ich gar nicht witzig. Wieder setzte ich mich jeden Abend pünktlich an meine Schreibmaschine — und erlebte denselben Horror von neuem. Sie funktionierte nicht! Ich glaubte nun nicht mehr an Hexerei: Hier hatte irgend jemand, der mir eins auswischen wollte, die Hand im Spiel! Ich betrachtete eingehend meine vorsintflutliche Schreibmaschine und untersuchte sie Taste für Taste und Schraube für Schraube. Und siehe da: Es fehlten die Farbbandschrauben. Kein Wunder, daß das Farbband nicht transportierte! Ich holte sofort Víctor und zeigte ihm meine Entdeckung: »Glaubst du etwa immer noch, daß ich das war? Du hast die ganze Zeit neben mir gesessen und gesehen, daß ich nicht an der Maschine manipuliert habe!«

Es stellte sich schließlich heraus, daß es ein Redaktionsassistent war, der sich mit dieser Aktion dafür rächen wollte, daß ich ihn verschmäht hatte. Er bekam von Víctor einen Rüffel, und damit schien die Angelegenheit beendet. Bis ich eines Tages hörte, daß nämlicher Kollege im ganzen Hause verbreitete, ich litt an Geschlechtsherpes. Da explodierte ich! Das konnte ich nicht auf mir sitzen lassen! Dieses Mal bekam der junge Mann ernsthaft Ärger und wurde schließlich in eine andere Abteilung versetzt. So konnte ich wieder in Ruhe arbeiten, wenn sie mir auch nicht mehr viel Freude machte. Ich haßte inzwischen den »Spiegel«! Ihn zu übersetzen war wahrhaft eine Tortur!

Im Auslandsressort herrschte außerdem keine so lockere, freundschaftliche Atmosphäre wie bei den Finanzkollegen. Hier kam es auf Schnelligkeit an, und der Zeitdruck ließ nur selten Gespräche zu. Víctor forderte mich sehr, nicht nur, daß ich die »Spiegel«-Berichte nach wie vor übersetzen mußte, nun sollte ich auch englische Kabel übersetzen. Als ob er mich besonders testen wollte, ließ er mich nie vor 22.00 Uhr nach Hause gehen, während die Schicht normalerweise um 21.30 Uhr zu Ende ging. Aber ich wollte meine Festanstellung haben, und dafür war ich zu allem bereit.

Nach der harten Arbeit entschädigte mich Víctor oft damit, daß er mich noch ins »Ambassador« einlud. Hier traf sich immer die Crème der Redaktion, die Starreporter und Reporterinnen aus der politischen Redaktion. Ganz unrecht hatte Raúl natürlich nicht, wenn er mir vorhielt, daß Víctor mich nur deshalb mitnahm, weil er mit mir, der »Blonden«, angeben und mich als Betthäschen vernaschen wollte. Er hatte auch schon mehrfach sein Glück bei mir versucht, war aber jedes Mal auf Granit gestoßen. Wenn nun seine Rache darin bestand, daß er mir mehr Arbeit gab als anderen — was konnte ich dagegen tun? Er behandelte mich mit Zukkerbrot und Peitsche und trieb mich damit oft zur blanken Wut. Aber ich war auf ihn angewiesen, denn durch ihn bekam ich jedes Jahr meine Arbeitserlaubnis verlängert. Dennoch, wir blieben immer gute Freunde. Er hielt mir die Stange und förderte mich.

Auch wenn mir nun klar war, daß mein Ärger in der Zeitung nichts mit Hexerei oder »schwarzer Magie« zu tun hatte, nagten an mir viele Zweifel. Warum hatte ich kein Glück? Warum war das Leben so ungerecht zu mir? Das fragte ich mich oft.

Ich bat Javier sehr häufig darum, mir die Karten zu legen, weil ich hoffte, darin eine Antwort zu finden. Armer Javier! Ich habe ihn sehr genervt damit, solange, bis er mir eines Tages überaus ernst, fast böse sagte: »Schluß jetzt! Es nützt gar nichts, wenn ich dir den Tarot lese. Denn du willst nichts begreifen. Du hörst nur das, was du gerne hören möchtest. Die Wahrheit willst du nämlich nicht hören!«

Ich war empört! »Das stimmt doch gar nicht! Sag mir doch, was ich tun soll! Ich weiß nicht mehr weiter. Meine Kinder sind in Sonora, Raúl quält mich und gibt mir mein Geld nicht wieder, in der Zeitung arbeite ich wie eine Blöde und komme nicht einen Schritt weiter. Das ist doch ungerecht! Das kann doch nicht mit rechten Dingen zugehen!«

»Dein Denkansatz ist falsch! Wenn du etwas verändern willst, mußt du bei dir selbst anfangen. Du gehörst zu denen, die von ihrem Unglück nicht loslassen können!«

»Wie soll ich das denn verstehen? Ich täte nichts lieber als das! Ich bin doch keine Masochistin!«

»Finde es selbst heraus«, lautete Javiers lapidare Antwort.

Tagsüber ging ich meiner Arbeit wie gewohnt nach, wurde aber immer unruhiger. Nachts jagte ein Alptraum den anderen. Raúl meldete sich öfter in der Zeit und stand manchmal unangemeldet vor meiner Tür. Er benahm sich zwar noch sehr reserviert, bemühte sich aber, freundlich und aufmerksam zu sein. Er lud mich zum Essen ein, und das war das erste Indiz dafür, daß mit seiner Freundin Schluß war.

Er erzählte mir lang und breit von seinem Liebeskummer und von seiner wunderschönen Freundschaft mit ihr, die mit Briefen begonnen hatte. Das hatte ich gemerkt!

»Ich habe nicht geahnt, daß man sich so intensiv mitteilen kann! Sie war meine absolute Traumfrau.«

Ich sagte ihm, wie leid es mir tat, daß sie mit ihm Schluß gemacht hatte. Dieses Unglück hatte er nicht verdient! Er saß mit hundstraurigen Augen vor mir und bemühte sich um ein klägliches Lächeln. Es war zum Erbarmen, aber innerlich frohlockte ich!

Gemeinsam fuhren wir zu den Kindern nach Sonora. Wir hatten zusammen ein Zugabteil, und natürlich blieb es nicht aus, daß wir miteinander schliefen. Ich nahm ihm das Versprechen ab, mir mein Geld zurückzugeben, und war bereit, ihm alles zu verzeihen. In Sonora hingegen benahm er sich sehr kühl zu mir. Er seufzte und trauerte, daß es kaum auszuhalten war. Abends im Café fragte ich ihn, was er eigentlich erreichen wollte und ob er ernsthaft zu mir zurück wolle. Seine Antwort war nein. Mir wurde eiskalt ums Herz! Ich empfand keine Wut mehr, aber auch keine Hoffnung. Ich fühlte mich gelähmt und wieder einmal hilflos.

Zurück in Mexiko-Stadt (Raúl fuhr gleich nach Toluca weiter), ging ich zu Mina. Mein ganzes Unglück und meine

Verzweiflung brachen aus mir heraus. Ich fühlte mich entwurzelt und ohne Halt. Ich sah ihre Marita im Bettchen weinen und konnte es nicht ertragen. Meine Kinder gingen mir nicht aus dem Kopf. Ich fragte mich immer und immer wieder, was Javier wohl gemeint hatte, als er mir sagte, daß ich bei mir selbst anfangen müsse, wenn ich etwas verändern wollte.

Wo sollte ich anfangen? So fuhr ich mit Mina wieder zu Javier: »So, nun hast du also begriffen, daß du nichts erzwingen kannst. Weißt du, was du jetzt brauchst?«

»Ich glaube ja«, sagte ich kleinlaut. »Ich brauche meine Kinder! Ich brauche mein Zuhause mit meinen Kindern. Sie sind mein Halt. Sie zwingen mich dazu, dazusein und bei der Stange zu bleiben. Das ist es, was mir wirklich fehlt, um wieder zu mir zu kommen.«

»Und was hindert dich daran? Du hast Arbeit und verdienst genug Geld. Mach dich auf die Suche nach einer Wohnung und hole deine Kinder zurück! Finde deine Wurzeln wieder, dann ist es gleichgültig, wo du deine Zelte aufschlägst. Solange du vor dir selbst davonläufst und dich selbst verleugnest, wirst du nirgends wirklich zu Hause sein. Du mußt in dir selber ruhen. Und du mußt loslassen können.«

Ich war noch weit davon entfernt, diese Ziele zu erreichen, aber ich wußte: Nun war ich auf dem richtigen Weg! Unendlich erleichtert fuhr ich nach Balbuena zurück. Ich sah mich in der tristen Umgebung um und nahm zum ersten Mal den widerlichen Geruch wahr, der hier an allem haftete. Der Gestank kam aus dem Eisschrank und ging wohl auf die Zeit zurück, als die Wohnung monatelang unbewohnt und der Kühlschrank abgetaut, aber geschlossen gewesen war. So sehr ich ihn auch putzte, der Geruch war nicht mehr fortzutreiben und übertrug sich auf die Lebensmittel. Ich fragte mich, wie ich es hier hatte aushalten können, inmitten all dem alten Gerümpel, den verstaubten Büchern, den Autoreifen, dem uralten, knatternden Fernseher. Ich wollte raus hier, so schnell wie möglich!

Ich studierte die »News« und fand sehr schnell eine kleine Wohnung in der Straße »Rio Guadalquivir«, nicht weit vom »Paseo de la Reforma« und vom Büro entfernt. Die Wohnung war zwar sehr klein (insgesamt hatte sie nur zwei Schlafzimmer und ein kleines Wohnzimmer), und besonders hell war sie auch nicht. Trotzdem war sie hübsch. Mit Mina und meinem deutschen Freund Joachim holten wir meine Möbel bei Rodolfo ab, einem Kollegen von der Zeitung.

Rodolfo war eigentlich Sänger und hatte auf dem Konservatorium in Karlsruhe studiert, wo er seine Frau kennengelernt hatte. Er war mit ihr und seinen zwei kleinen Kindern nach Mexiko zurückgekehrt, in der Hoffnung auf ein wichtiges Engagement, das ihm aber versagt blieb. So landete er bei Víctor de la Loza im Auslandsressort. Nun waren wir zwei, die sich mit dem »Spiegel« herumschlugen. Und das verband! Ich half ihm in seiner ersten Zeit mit meinen Möbeln aus, bis er soweit war, sich selbst welche kaufen zu können (und ich sparte Lagergebühren, während ich in Balbuena lebte). Rodolfo war ein lustiger Vogel, der, wenn er uns während der Arbeit nicht mit seiner schönen Stimme erfreute, stets zu Scherzen aufgelegt war. Er war ein großer Junge, der sich beharrlich weigerte, erwachsen zu werden, aber so charmant, daß man ihm alles durchgehen ließ.

Joachim lernte ich im Goethe-Institut anläßlich einer Ausstellung kennen. Er war Geschäftsführer einer großen deutschen Firma und geschieden. Groß und hager, mit warmen braunen Augen, vollem braunem Haar und einem frechen Schnauzbart sah er eher aus wie ein verirrter Professor. Wir verstanden uns sehr gut, aber ich hatte keine Chance bei ihm, denn er war hoffnungslos in eine Landsmännin verliebt, die wiederum mit einem anderen wohlhabenden Deutschen liiert war. Ich beneidete sie glühend.

Warum hatte ich nicht dieses Glück? Sie war groß, schlank, nicht schön, aber trotzdem sehr attraktiv und vor allem sinnlich. Sie machte jeden Mann verrückt, und obwohl sie kaum Spanisch sprach, bekam sie eine Sekretärinnenstelle, bei der sie das Doppelte von dem verdiente, was man mir bei der »Austromex« bezahlte. Diese Ungerechtigkeit machte mir schwer zu schaffen! Als sie sich wegen Joachim von ihrem Lebensgefährten trennte, wäre sie beinahe bei mir in meine kleine Wohnung eingezogen. Gottlob geschah das nicht! Es hätte wohl Mord und Totschlag gegeben. Aber ich mußte sie akzeptieren, wenn ich Joachims Freundschaft nicht verlieren wollte. Und er war mir sehr wichtig. Er war der erste Deutsche in vielen Jahren, dem ich mein Herz öffnete und der mir wirklich als Freund mit Rat und Tat zur Seite stand. Er machte mir auch Mut, als es darum ging, meine Kinder aus Sonora zurückzuholen.

Ich war mir keinesfalls sicher, ob Raúls Eltern positiv reagieren würden. Aber sie akzeptierten meine Entscheidung. So holte ich im Sommer 1983 meine Kinder zurück. Marlene war nun soweit, daß sie in die Vorschule der Deutschen Schule gehen konnte. Ich hatte unglaubliches Glück, daß sie den letzten noch freien Platz ergatterte. Mein Herz klopfte bis zum Hals, als ich die bestätigten Anmeldeformulare in der Hand hielt und mir die Vorschule anschaute. Ein unbeschreibliches Glücksgefühl durchströmte mich. Laura war mit ihren zweieinhalb Jahren auch soweit, daß ich sie zu Tante Gerda in den Kindergarten bringen konnte.

Als Dienstmädchen kam eine Freundin von Doña Lupe zu mir, die schon mal bei mir gearbeitet hatte, als wir noch in der »Calle Minería« wohnten. Sie war potthäßlich, fast ohne Zähne und ziemlich unzuverlässig, aber sie war sehr lieb zu den Kindern, und sie konnte hervorragend kochen. Ich nahm sie wieder bei mir auf, weil sie mir versprach, im Zimmer bei den Kindern zu schlafen. Auf ihr »Kommen und Gehen«, wie man Dienstmädchen nannte, die morgens kamen und abends gingen, wollte ich mich nicht verlassen.

Mein Leben war damals wirklich nicht einfach. Ich arbeitete bis spät abends und war immer auf dem Sprung. Marlene mußte um 7.30 Uhr in der Schule sein. Von da aus brachte ich Laura zu Tante Gerda. Bei ihr konnte ich etwas Luft holen, und wie immer plauderten wir, bis ich um 8.30 Uhr ins Büro von »Austromex« mußte. Um 13.00 Uhr hetzte ich zu Marlene, von da aus zum Kindergarten und dann nach Hause, wo ich mit den Kindern aß, um gleich wieder zurück ins Büro zu sausen, von wo aus ich um 17.00 Uhr zum »Excélsior« eilte. Und das alles ohne Auto!

Wenn ich abends nach Hause kam, war ich so müde, daß ich wie ein Stein ins Bett fiel. Ich besaß einen kleinen Fernseher, aber Raúl hatte ihn, wie viele andere Dinge, aus Balbuena »mitgehen lassen«. Er kannte keinen Respekt vor meinen Sachen. Er brauchte den Fernseher angeblich für »die Kinder, wenn sie da sind«. Daß ich für einen neuen kein Geld hatte, interessierte ihn nicht. Er hatte mir mein Geld immer noch nicht zurückgezahlt, und ohne das war es mir unmöglich, ein Auto zu kaufen.

In einer Phase relativen Friedens zwischen uns konnte ich ihn überzeugen, mir, wenn er mir schon mein Geld nicht zurückgab, sein Auto zur Verfügung zu stellen. Mein Appell an seine Fairneß wirkte, und ich wähnte mich einen Schritt weiter bei ihm. Hatte er jetzt eingesehen, daß sein Verhalten mir gegenüber übertrieben hart gewesen war?

Er benahm sich auch in den nächsten Wochen sehr nett und zugänglich. Wir konnten wieder miteinander reden, ohne uns anzugiften. Es bildete sich sogar wieder so etwas wie Freundschaft zwischen uns, nach dem Motto: »Hilfst du mir, so helfe ich dir.« Wenn er das Auto brauchte, gab ich es ihm. Wenn ich Zeit für mich brauchte, nahm er die Kinder. Es war so, wie ich es mir immer gewünscht hatte: sauber und ohne Probleme. Ein Werbespruch der mexikanischen

Telefongesellschaft paßte haargenau auf uns: »Hablando se entiende la gente« — »Verstehen durch reden« oder: »Wenn man miteinander spricht, versteht man sich!«

Aber der Tag, an dem er sich nicht mehr an sein Versprechen hielt, mußte ja kommen! Er brachte mir das Auto nicht wieder. Auf meine Proteste reagierte er zynisch und lachte mich nur aus.

Irgendwann gab er mir einen Scheck über einen Teil der Summe, die er mir schuldete. Da hatte das Geld gerade mal die Hälfte des ursprünglichen Wertes. Als ob das nicht schon schlimm genug gewesen wäre: Den Scheck konnte ich nicht einlösen, weil er nicht gedeckt war! Jede Woche ging ich zur Bank und stellte mich in die lange Schlange vor dem Schalter an und verlor doch nur meine Zeit. Meine Wut und mein Haß auf ihn wurden grenzenlos. Wenn er die Kinder zum Wochenende abholte, kam er mit dem zitronengelben, schnuckeligen »Renault 5« an. In meiner unbändigen Wut trat ich eines Tages mit aller Kraft gegen die Fahrertür und verfluchte ihn: »Verrecke doch, du elender Hund!«

Er tat wirklich alles, um meinen Haß auf ihn noch zu schüren.

Ich war nie besonders schlank gewesen, aber in der Zeit bekam ich eine Figur, von der ich früher niemals zu träumen gewagt hatte. Ich war schlank und rank, und weil ich nie Zeit hatte, zum Friseur zu gehen, ließ ich meine Haare wachsen. So hatten die Hetze, die Wut auf Raúl und mein schier rastloser Lebenswille auch ein Gutes. Mit meinem wachsenden Selbstbewußtsein änderte sich auch meine Art, mich zu kleiden. War ich früher sehr konservativ, begann ich nun, in langen, weiten Röcken herumzulaufen, locker einen Pullover über dem T-Shirt und ein indisches Tuch um die Schultern. Das erste Mal in meinem Leben gefiel ich mir selbst! So hatte ich immer aussehen wollen, und das bestärkte mein Selbstwertgefühl ungemein.

Mina, die Kinder und ich verbrachten jedes Wochenende

miteinander. Ihre Mutter, Doña Mary, liebte meine beiden Mädchen von Anfang an. Sie war fasziniert von Marlenes seidigen blonden Haaren und ihren graugrünen Augen. Sie sang ihr zauberhafte Lieder vor. Marlene war ihr »Prinzeßchen mit Augen wie Smaragde« (»Mi princesita de ojos de esmeralda«), und Laura, mit ihren großen honigfarbenen Kulleraugen, nannte sie »Pitufina«, nach einer Mädchengestalt aus den »pitufos«, wie die Schlümpfe in Mexiko genannt werden, die täglich im Fernsehen zu sehen waren. Dank Doña Mary erwachten Mina und ich im wahrsten Sinne des Wortes zu neuem Leben. Durch meine Freundschaft mit Joachim wurden wir oft eingeladen zu seinen legendären Parties in einer alten Hazienda auf dem Weg nach Querétaro nördlich von Mexiko-Stadt.

Zu seinen persönlichen Bekannten und Geschäftsfreunden gehörten nicht nur viele Mexikaner, sondern auch Landsleute aus der Botschaft und der SPD-nahen »Friedrich-Ebert-Stiftung«. Bis dahin hatte ich mit der SPD nicht viel zu tun gehabt, von einem Interview mit Egon Bahr anläßlich des Nord-Süd-Dialogs 1981 oder '82 einmal abgesehen, das mir der damalige Repräsentant der »Friedrich-Ebert-Stiftung«vermittelt hatte. Inzwischen war ein neuer Repräsentant der Stiftung nach Mexiko gekommen, und der gründete den einzigen SPD-Ortsverein außerhalb Deutschlands, zu dem auch Joachim gehörte. Ich war seit meinen Berliner Jahren eine glühende Bewunderin von Willy Brandt und fühlte mich den Sozialdemokraten politisch verbunden. Aber Kontakt zur Partei und ihren Anführern bekam ich erst in Mexiko durch Joachim, und das sollte mein Leben entscheidend verändern.

Ich wurde wie selbstverständlich in den Kreis aufgenommen und genoß aus vollem Herzen das Gefühl »dazuzugehören«, eingeladen zu werden und festzustellen, daß es Menschen — Landsleute — gab, denen ich offensichtlich wichtig war. Mina und ich traten immer gemeinsam auf.

Wir kamen zu jedem Fest als letzte. Schließlich mußten wir ja unsere Kinder zu Bett bringen und warten, bis sie eingeschlafen waren. »Je später der Abend, desto netter — nein: schöner! — die Gäste!« wurden wir regelmäßig begrüßt. Weder Mina noch ich hatten einen festen Freund oder Verehrer, aber wir waren so beliebt, daß wir immer zum Tanzen aufgefordert wurden. Mina war fasziniert von den deutschen Schlagern und von der »Polonaise aus Blankenese«, die ich zum ersten Mal in Mexiko hörte und die in mir ein Heimweh auslöste, das ich längst überwunden glaubte. Mina und ich tanzten mit wachsender Begeisterung. Fast schien es, als tanzten wir um unser Leben. Wir tanzten nach deutschen Schlagern, nach mexikanischer Musik, nach Glenn Miller und Benny Goodman — und Rock'n Roll! Es war herrlich! »El Olvido« (»Das Vergessen«) hieß die Hazienda von Joachims Firma, und sie wurde ihrem Namen gerecht: Wir vergaßen unseren Kummer und lebten. Wir fühlten uns jung und wußten, daß wir nicht zu den Verlierern des Lebens gehörten.

Natürlich änderte sich damit auch mein Auftreten. Ich konnte wieder lachen und riskierte auch mal »einen lockeren Spruch«, was ich früher nie gewagt hätte. Bei der »Austromex« lief ich zu Hochform auf, nachdem Sagerer die Firma verlassen und Peter die Geschäftsleitung übernommen hatte. Wir arbeiteten phantastisch miteinander. Nie stellte er mich in Frage oder zweifelte etwas an. Längst war ich nicht mehr nur seine Sekretärin: Ich erarbeitete Werbekonzepte und Präsentationen von Projekten, besuchte Institutionen und stellte Kontakte her. Peter vertraute mir vollkommen. Es herrschte eine fast perfekte Harmonie. Wenn er aus Österreich schrieb, dann schickte er immer »liebe Grüße«, und von jeder Reise brachte er eine Aufmerksamkeit mit. Immer fragte er interessiert nach meinen Kindern und wie es mir ging und was die Zeitung machte.

Seine Anteilnahme und sein Vertrauen taten mir gut.

Täglich sah er, wie ich mich abstrampelte und versuchte, allem gerecht zu werden. Meinen Kindern, »Austromex«, »Excélsior«. Tere, mein Dienstmädchen, ließ mich öfter hängen und kam nach manchem Wochenende einfach nicht wieder: am Montag nicht, am Dienstag nicht. Sie kam und ging, wie es ihr beliebte. Für mich war das jedesmal eine Katastrophe, denn es bedeutete, daß ich zur »Austromex« allenfalls am Vormittag und zum »Excélsior« gar nicht konnte. Und das hieß Ärger mit Víctor de la Loza und weniger Geld (vom Damokles-Schwert der »Aussperrung« mal abgesehen) und die Angst, daß Peter mir, bei allem Vertrauen und allem Respekt, kündigen könnte.

Peter war ein sehr aufmerksamer Beobachter, und offenbar machte er sich Gedanken darüber, wie er mir helfen konnte. So bot er mir ein zinsloses Darlehen an, um mir ein Auto zu kaufen, denn Raúls Scheck war immer noch nicht gedeckt. Ich kaufte mir eine uralte »Brasilia«, einen VW-Kombi, der nur in Mexiko und Brasilien gebaut wurde. Orangerot und richtig häßlich, war er dennoch mein ganzer Stolz. Was machte es schon, daß in manch scharfer Kurve die Fahrertür aufging oder der Beifahrersitz aus der Verankerung riß? Mina und ich lachten uns darüber kringelig. Solange niemand von uns aus dem Auto fiel! Und das verhinderten ja die »physikalischen Gesetze«.

Als mich Tere eines Tages wieder sitzen ließ, rief mich Peter zu sich ins Zimmer: »Anne, jetzt hören Sie mir mal zu! Ich habe ein Dienstmädchen, das den ganzen Tag nichts anderes zu tun hat, als auf ein Riesenhaus aufzupassen. Bringen Sie Ihre Kinder nach der Schule und dem Kindergarten doch zu mir nach Hause! Nana kümmert sich um sie. Dann können Sie hier bei mir in Ruhe arbeiten, und wenn Sie mit Ihrer Arbeit in der Zeitung fertig sind, holen sie Ihre beiden Mädchen wieder ab.«

Ich war sprachlos. So einen Menschen hatte ich noch nie erlebt! Ich war nicht gerührt, nein, ich war fassungslos und schaute ihn wortlos an, als ob ich nicht verstanden hätte.

»Ich meine es ernst! Jetzt machen Sie daraus keinen Aufstand! Fahren Sie schon los, und holen Sie Ihre Kinder! Nach der Mittagspause kommen Sie wieder. Nana weiß schon Bescheid.«

Marlene war begeistert von diesem herrlichen Anwesen, das Peter von Sagerer übernommen hatte. Sie war aus dem Swimmingpool gar nicht mehr rauszukriegen. Laura liebte Peters Kater, den er »Pumuckl« nannte. Wenn ich abends aus der Zeitung kam, um die Kinder zu holen, saß Peter in seinem Arbeitszimmer mit den Kindern vor dem Fernseher und schaute »Caricaturas«, Trickfilme, an. Dabei mampfte er mit den beiden genüßlich eine Tafel Schokolade. Er saß in seinem großen Sessel, die Kinder lagen auf dem Boden und schauten gebannt den Abenteuern von »Tom und Jerry« oder den Schlümpfen zu.

Wenn ich kam, bot mir Nana einen Sandwich an. Ich kam mir so eigenartig vor! Ich merkte, wie Peter mich beobachtete, und trotzdem meinte ich, so schnell wie möglich flüchten zu müssen. Ich blieb nie, um mit ihm ein Bier zu trinken oder einen Sandwich zu essen.

Wie sollte ich mich in diesen Mann nicht verlieben? Mit aller Macht stemmte ich mich dagegen. Jeden lieben Gruß von ihm, jede kleine Aufmerksamkeit sog ich auf wie ein ausgedörrter Schwamm. Ich hatte Schmetterlinge im Bauch, wenn ich ihn sah oder an ihn dachte, und gleichzeitig wehrte ich mich mit aller Macht dagegen. Ich wünschte mir nichts sehnlicher, als daß auch er mich liebte, daß ich auch einmal ein solches Glück verdiente. Aber gleichzeitig versagte ich mir selbst jede Hoffnung. Ich glaubte nicht daran. Es durfte nicht sein, was nicht sein konnte.

Wenn er von »Zuhause«, vom Schnee an Weihnachten, von dem Glockengeläut, vom »Heurigen« erzählte, von vollen, saftigen Wiesen, von der Musik »daheim«, dann wurde ich krank vor Sehnsucht und Heimweh, und ich erinnerte mich an das, was mir Javier gesagt hatte: »Du mußt zu deinen Wurzeln finden!« Wo waren meine Wurzeln? Wo war ich – und wo wollte ich hin?

Je mehr sich Weihnachten näherte, desto schlimmer wurde mein Heimweh. In der Deutschen Schule spielte man das Martinsfest. Ein Reiter kam in die Schule und teilte seinen Mantel für einen Bettler. Die Kinder liefen mit Laternen im Kreis und sangen all die Lieder, die ich auch als Kind gesungen hatte: »Laterne, Laterne, Sonne, Mond und Sterne. Gehe auf mein Licht, gehe auf mein Licht, nur meine liebe Laterne nicht!« Und mittendrin meine Marlene mit ihrer kleinen Schwester an der Hand! Im Kindergarten bei Tante Gerda sangen die Kinder »Leise rieselt der Schnee«.

In der »Austromex« wurde ein großer Adventskranz aufgehängt. Im Treppenhaus vom »Excélsior« erstrahlte ein riesiger Tannenbaum. Überall, aus jedem Restaurant und jedem Supermarkt, ertönte weihnachtliche Musik.

Eines Tages erhielt ich einen Anruf von einem Bekannten aus der Handelskammer, der zum SPD-Kreis gehörte: »Hallo Anne! Du, sag mal, kennst du einen Ort namens Hohentengen?«

»Ja, da habe ich als Kind gelebt, es ist ein kleines Dorf in den Ausläufern des Schwarzwaldes, am Ufer des Rheins, gegenüber von Kaiserstuhl, der kleinsten Stadt der Schweiz, nicht zu verwechseln mit dem Kaiserstuhl bei Freiburg!«

»Hier sitzt ein Typ, der behauptet dich zu kennen!«

Ich konnte mich an seinen Namen nicht erinnern, aber das sollte nichts besagen. In dem Dorf war meine Familie bekannt wie ein bunter Hund: Es war wahrscheinlicher, daß er mich kannte als ich ihn. Wir verabredeten uns abends im »Sanborns« am Unabhängigkeitsdenkmal. Ich war ganz aufgeregt. Hohentengen – das war so weit weg, das war schon nicht mehr wahr. Das war ein lange vergangener

Traum, eine wehmütige, fast vergessene Erinnerung an wundervolle Kindheitstage, ans Kastaniensammeln mit meiner geliebten Freundin Judith, ans »Puppenwagen den Hang hinunterrollen lassen« und ans hemmungslose Lachen, Kichern, Weinen, ans Angsthaben vor ihrem Vater und meiner Mutter. Das waren Erinnerungen an erste Tränen der Liebe und an den ersten Verrat, an eine leise, furchtvolle Ahnung.

Als ich ihn im »Sanborns« sah, erkannte ich ihn sogleich: Werner war zwei oder drei Jahre jünger als ich. Wir gehörten also nicht derselben Schulgeneration an. Dennoch konnte ich mich an sein rundes Gesicht und seine Stupsnase gut erinnern. Wir tauchten ein in Kindheitserinnerungen. Die Zeit verflog. Ich hatte nicht gedacht, daß wir uns soviel zu erzählen hatten, und um ihn nicht gleich wieder zu verlieren, nahm ich ihn mit zur Weihnachtsfeier vom »Excélsior«, die an jenem Abend stattfand.

Als der offizielle Empfang zu Ende war, überredeten meine Kollegen uns zum Ausklang der Fiesta in ein Lokal in der Zona Rosa. Mich nahmen sie unter den Arm und lotsten mich in ein Taxi: Werner sollte mit anderen Kollegen nachfolgen.

Er kam aber nicht an. Erst Tage später rief er mich an, um sich bitter bei mir zu beschweren. »Das war ja wohl eine linke Tour, mit der du mich wieder loswerden wolltest!« beklagte er sich. Ich mußte lachen! Es stellte sich heraus, daß er sich an jenem Abend, von meinen Kollegen schnöde zurückgelassen, angesäuselt und mit einem halb gefüllten Glas auf der »Reforma« wiedergefunden hatte und sich ganz furchtbar lächerlich gemacht fühlte. Und ich saß derweil voller Sorge und zuletzt wütend angesichts seines feigen Rückzugs inmitten der Kollegen in einer schummrigen Nachtbar und mußte notgedrungen die Show über mich ergehen lassen.

Werner hatte mir eine Postkarte von Hohentengen ge-

154

schenkt, auf der auch unser einstiges Haus zu sehen war. Immer wieder mußte ich mir die Karte anschauen. Ich saß auf meinem Bett und weinte hemmungslos. Ich konnte nicht mehr aufhören und schluchzte und schluchzte... Nichts konnte diesen Fluß aufhalten. Ich sah das Foto an, und schon schüttelte es mich wieder. Laura wachte auf und kam zu mir. Sie setzte sich auf die Bettkante und sagte: »Mamita, nun weine doch nicht! Sonst kommt der böse Wolf und frißt dich!«

Ich mußte lachen.

»Wieso glaubst du, daß der böse Wolf kommt und mich frißt? Wer hat dir denn einen solchen Unfug erzählt?«

»Großmama! Immer, wenn ich weine, sagt sie, der böse Wolf holt mich.«

»So ein Quatsch! Wenn man traurig ist, darf man auch weinen.«

»Bist du traurig, Mami?«

»Ja. Ich muß an meine Eltern denken, die ich lange nicht gesehen habe. Ich habe von meinem Papa geträumt.«

Mein Vater war Hamburger und ein begeisterter Segler. Ich träumte, daß ich mit ihm auf seiner Yacht über das Meer glitt, auf dessen Wellen das Licht der Sonne Tausende von Diamanten tanzen ließ. Ich wollte diesen Traum nicht negativ deuten, aber ich bildete mir ein, daß mein Vater mich rief und mir zu verstehen gab, daß er sich verabschiedete, daß er »davonsegelte« und ich ihn nie wiedersehen würde.

Mein kleines, dreijähriges Mädchen nahm mich in die Arme und tröstete mich. Ihre kleinen Arme schlangen sich um mich und wiegten mich, als sei ich ein kleines Mädchen und nicht sie. Sie schlief mit mir in meinem Bett, und nicht ich hielt sie im Arm, nein, sie hielt mich ganz fest! Ihr dünnes Ärmchen lag unter meinem Hals. Es war noch viel zu klein, als daß ich es hätte erdrücken können. Mit ihrem freien Ärmchen umarmte sie mich fest. Sie ließ mich nicht los und verstärkte ihren Druck, sobald ich versuchte, mich umzudrehen. Sie gab mir soviel Kraft! Es war unglaublich: Woher hatte dieses kleine Geschöpf soviel Weisheit, soviel Verständnis und soviel Kraft? Wie hatte ich sie nur so unterschätzen, so alleinlassen und so verleugnen können? Ich schämte mich furchtbar und war gleichwohl ungemein stolz und glücklich über meine Tochter.

Die Worte von Javier hämmerten in meinem Kopf. »Du mußt deine Wurzeln finden, dann weißt du auch, wo du stehst und wohin du gehen willst . . . Dein Denken ist vom Ansatz her falsch . . .«

Weihnachten feierte ich dieses Mal ohne meine Kinder. Ich ließ sie mit Raúl nach Sonora fahren, damit sie ihren gewohnten Trubel mit ihren Cousins und Cousinen nicht vermißten. Mina war Heiligabend immer allein, und so lud ich sie zu mir ein. Auch Werner hatte nichts vor. So verbrachten wir drei einen wunderbaren Abend, der mir half, über meine kritische Heimwehstimmung hinwegzukommen. Im Kaufhaus »Gigante« hatte ich eine Weihnachtsplatte von den Fischerchören entdeckt. Als ich sie zu Hause das erste Mal hörte, haute es mich fast um. Ich durfte sie mir nicht anhören, wenn ich traurig war! Besonders das Lied »Weihnachten, Weihnachten bin ich zu Haus . . .« machte mich fast krank vor Sehnsucht nach meiner Mutter und den schönen Heiligabenden, die sie uns früher bescherte.

Peter war über die Feiertage natürlich nach Hause geflogen. Er hatte mir aber angeboten, mit einer Deutschen, die in unserem Büro in Dallas arbeitete, die Feiertage in seinem Haus zu verbringen. Mich beschlich ein eigenartiges Gefühl, in seinem Haus zu sein, ohne daß er da war. Er hatte die Räume nach Sagerers Abgang nicht viel verändert, aber sie strahlten doch etwas von seiner Persönlichkeit aus. Sein Dienstmädchen war wirklich eine Perle, die das Herz auf dem rechten Fleck hatte und nicht ungebildet war. Wenn ich mit ihr alleine war, sprach sie immer von Peter und darüber, was für ein feiner Mensch er doch war! Wenn sie mir dann auch noch von dieser oder jener Freundin erzählte, stach es mir ins Herz. Mir war klar, daß ich mich ganz fürchterlich in ihn verliebt hatte. Dennoch war er für mich unantastbar und ferner denn je.

Mit meiner Kollegin aus den USA fuhr ich nach Weihnachten nach Acapulco und auf dem Rückweg nach Taxco, meiner Lieblingsstadt in den Bergen. Ich hatte mir sehr gewünscht, dort auch Silvester zu verbringen, mitten auf dem Zocalo mit den heiteren, Konfetti-Eier werfenden Menschen, in einer der Kneipen gegenüber der Kirche »Santa Prisca«. Aber die Kollegin mußte am 1. Januar nach Dallas zurück, und so fuhren wir in das neue Jahr hinein durch die Berge. Es war lausig kalt, und in meinem Auto zog es fürchterlich. Dennoch war die Fahrt faszinierend. Der Mond am sternklaren Himmel tauchte die Berge in ein geheimnisvolles Licht. Die Kakteen schienen sich im Kegel der Scheinwerfer zu bewegen und einen gespenstischen Reigen aufzuführen. Ich war in einer eigenartigen Hochstimmung und gleichzeitig voller Furcht — als ob ich ahnte, daß dieses neue Jahr für mich ein besonderes sein würde. Für Veränderungen hatte ich schon immer einen sechsten Sinn. Nur wußte ich nie, ob das, was auf mich zukommen würde, positiver oder negativer Natur war. In jener Neujahrsnacht war ich mir sicher, daß sich etwas verändern würde. Und wie tat mir der Pfeil der Diana weh! Ich nahm mir vor, ihn mir aus dem Herzen zu reißen.

Kapitel X
Irrungen, Wirrungen und viele Überraschungen

Geduld war nicht eben eine meiner Tugenden! Und ehrlich mit mir selbst war ich auch nicht. Ich wollte Peter mit aller Macht aus meinem Herzen verbannen und belog mich dabei nur selbst. So ging ich auf das Werben eines Kollegen bei der Zeitung ein, der mir aufgefallen war, weil er Memo ähnlich war. Er saß in einem ganz anderen Ressort, aber wenn ich in die Auslandsredaktion ging, mußte ich einen langen verglasten Gang entlanggehen, an den die anderen Ressorts angrenzten.

Er war ein ausgesprochen gutaussehender Mann: groß, schlank, mit braunem, vollem Haar und einem sehr männlichen Gesicht, das ein gepflegter Bart zierte. Zudem hatte er eine sehr angenehme, warme Stimme und ein ansteckendes, glucksendes Lachen. Auf unserer letzten Weihnachtsfeier tanzte er Walzer mit mir und überschüttete mich mit Komplimenten. Ich hatte mich keineswegs in ihn verliebt, aber er rührte mich, wenn er mir Gedichte schrieb oder kleine Aufmerksamkeiten schickte. Er hatte sich gerade von seiner Familie getrennt. Warum also sollte ich nicht mit ihm ausgehen? Er lenkte mich von Peter ab und ließ mich zumindest daran glauben, daß ich nicht in ihn verliebt war. Die Ernsthaftigkeit seines Werbens um mich bestätigte Jaime noch dadurch, daß er mich zu seinen Eltern mitnahm, die mich sehr mochten. Es dauerte nicht lange, und wir zogen zusammen in eine traumhaft schöne Wohnung an der »Avenida Veracruz«, direkt am Chapultepec-Park und an der gleichnamigen Metrostation gelegen.

Sie glich meiner Wohnung in Polanco an den »Campos Eliseos«, denn sie war mindestens genauso groß, aber noch schöner geschnitten, hatte ebenfalls Parkettfußboden und einen wunderbaren, funktionierenden Kamin, zwei Balkons zur Straße und einen kleinen, verträumten Patio zum Hinterhof. Die Eingangshalle, Wohnzimmer und Eßzimmer gingen ineinander über und waren so groß, daß man dort herrliche Feste feiern konnte, was wir weidlich taten. Als ob uns die Zeit davonlief, feierten wir mit Kollegen und Freunden regelmäßig Parties und tanzten, als ob es das letzte Mal in unserem Leben war.

Um Peter endgültig zu vergessen, kündigte ich bei der »Austromex« und fing bei einem deutschen Korrespondenten an, der beim Aufbau und der Organisation seines Büros eine Assistentin brauchte. Und ich begann bei einer Psychologin eine Therapie, denn mein Heimweh machte mir schwer zu schaffen, und ich wollte herausfinden, was ich falsch machte, was Javier damit meinte, als er mir sagte, daß mein Denkansatz falsch sei.

Ich hatte schon zweimal den Versuch einer Therapie gemacht. Das erste Mal nahm ich an einer Gruppentherapie teil, die mir gar nichts brachte, weil ich zum Katalysator der Gruppe wurde. Den zweiten Anlauf nahm ich bei einer Deutschen, die auf der Welle der »Bio-Energetik« ritt. Ilse war sehr sanft. Sie trommelte eine Gruppe zusammen und versuchte, uns mittels Meditation in Berührung zu bringen und uns mittels Spielen aus uns herauszulocken. Doch ich fand ihre Methode nur komisch und verließ die Gruppe wieder.

Bei Anna indes fühlte ich mich wohl. Sie war eine alleinstehende Mutter wie ich, und so wie ich kämpfte sie mit der Frage, ob sie ihre beiden Kinder beim Vater lassen sollte oder nicht. Sie war Jüdin polnisch-amerikanischer Abstammung, was unsere Beziehung noch interessanter machte. Wir unterhielten uns oft über die deutsche Geschichte und darüber, ob es eine kollektive Schuld gibt. Durch Anna lernte ich nicht nur, mich mit meinem Land an sich auseinanderzusetzen, ihr verdankte ich auch die Erkenntnis, daß ich zwei Persönlichkeiten besaß: eine, die in Deutschland zurückgeblieben war, und eine andere, die sich in Mexiko sozusagen neu schuf. Durch Anna habe ich es letztendlich auch geschafft, diese beiden Seelen in meiner Brust zu integrieren und eine Person zu werden. Ich lernte bei ihr, mich zu meinen Wurzeln zu bekennen und nicht mehr davor fortzulaufen. Und ich lernte zu verzeihen.

Dadurch wurde mein Heimweh allerdings nicht besser. Im Gegenteil, mein Wunsch, meine Eltern und Geschwister wiederzusehen, wurde immer größer. Und das war besonders schlimm, weil ich nicht die geringste Chance hatte, genug Geld für eine Reise nach Deutschland zusammenzubekommen. Deutschland — das beinhaltete nicht nur meine Familie, sondern auch Hans. Ich fragte mich, ob ich recht getan hatte, indem ich ihm keine Chance ließ, Vater zu sein. Ich hatte mich zum Richter gemacht, über ihn und über Marlene. Dabei wußte ich doch, daß fast jeder Mann zunächst einen Schreck bekommt, wenn seine Freundin ein Baby von ihm erwartet, und erst einmal Zeter und Mordio schreiend davonläuft. Ich hatte Marlene den Vater vorenthalten! Es war mir ein echtes Bedürfnis, zwischen ihm und mir Frieden einkehren zu lassen.

Joachim hatte mir versprochen, eine Provision zu bezahlen, wenn ich ihm jemanden vermittelte, der Dollars brauchte. Er hatte einen ziemlich großen Fonds an Devisen, aus dem er regelmäßig etwas herausnahm, um mexikanische Pesos zu wechseln. Offiziell ging das nicht mehr. Eines Tages rief mich eine Dame aus Cuernavaca an, die ich von der »Austromex« kannte, und fragte, ob ich nicht jemanden kannte, der einen hohen Betrag Pesos brauchte. Sie wolle nach Österreich zurück und habe ihr Haus verkauft. Nun stünde sie vor dem großen Problem, wie sie ihr Geld in Devisen umtauschen könne. Als sie mir die Summe nannte, wurde mir ganz schwindelig!

Nach einigen Tagen bangen Wartens klappte die Transaktion, und ich gewann auf einen Schlag tausend Dollar! Ich war überglücklich! Endlich konnte ich nach Hause fliegen!

Ich wollte meine beiden Kinder mitnehmen, aber dafür reichte es doch nicht. Joachim lieh mir das Geld für Marlenes Flug. Ich bat Raúl, mir das Geld für Lauras Ticket zu geben. Er sagte nein und warf mir gleichzeitig vor, daß ich im Grunde Laura gar nicht mitnehmen wollte.

Das stimmte nicht, aber sie war mit knapp drei Jahren noch zu klein, um wirklich etwas von dieser Reise zu haben. So flog ich mit Marlene alleine und ließ Laura bei Raúls Eltern. Vorher schrieb ich Hans einen langen Brief und kündigte ihm meinen Besuch mit Marlene an. Ich stellte es ihm frei, uns zu sehen. Mit meinem Brief schickte ich ihm Fotos von Marlene, auf dem sie ihm besonders ähnlich sah.

Wir flogen mitten in einem herrlichen Frühsommer in Deutschland ein. Schon über England war ich wach geworden und schaute aus dem Fenster. Ich konnte es gar nicht erwarten, die Küste vom Festland zu sehen. Ich versuchte, die Städte unter uns zu erkennen. Der Anblick der gelben Weizenfelder und des satten Grüns der Wiesen und Wälder, durch die sich Straßen und Autobahnen schlängelten, ließ mein Herz vor Freude hüpfen. Bei der Landung war ich ganz aufgewühlt. Marlene nahm das alles viel gelassener hin als ich. Als ich endlich meine Schwester Ruth mit ihrem Lebensgefährten Dieter in der Ankunftshalle vor der Absperrung entdeckte und sie Marlene durch die Scheibe vorstellte, hüpfte die Kleine hin und her und zeigte ihrer unbekannten Tante stolz ihre neuen Schuhe! Ich war heilfroh darum, denn ich haßte Rührseligkeit!

Ich genoß die lange Autofahrt zum Bodensee. Wir fuhren durch den heißen Sommer. Ich sog die Luft gierig in mich hinein und machte auf den Raststätten die unmöglichsten Entdeckungen. Beispielsweise, daß das Wasser automatisch aus den Hähnen floß, wenn man nur die Hände darunter hielt. Zuerst dachte ich, ich spinne, und Marlene bekam auch ganz große Augen. Was hatte sich in sechs Jahren alles verändert!

Marlene genoß es, im Mittelpunkt zu stehen. Überall erregte das kleine blonde, aber Spanisch plappernde Mädchen Aufmerksamkeit. Sie war spontan und neugierig und lachte jeden an, ob auf der Straße, im Restaurant oder im Supermarkt. Sie war hinreißend und ich unglaublich stolz!

Hans hatte mich zwei Tage nach unserer Ankunft angerufen. Ich war überrascht, und das Herz klopfte mir bis zum Halse, als er sagte, daß ich mit Marlene nach Hamburg, wo er inzwischen lebte, kommen sollte. Die erste Hürde war also genommen. Und unsere Wiederbegegnung verlief harmonischer, als ich es je erwartet hätte. Marlene ging spontan auf ihn zu und schenkte ihm ihre Zuneigung, ohne zu wissen, ob sie überhaupt erwidert würde. Hans war fasziniert, sich in Marlene wiederzusehen. Er lachte und tobte mit ihr herum, daß es wirklich eine Freude war. Und er erzählte mir, daß er im Sommer 1980 mit seinem Freund wieder in Mexiko gewesen war und auf der Botschaft nach mir gefragt habe, aber niemand wußte, wo ich geblieben war. Ich fragte mich, was wohl geschehen wäre, wenn er mich in San Lorenzo angetroffen hätte. Wie gut, daß wir uns damals nicht begegneten! Er versprach mir, sie anzuerkennen und mir in Zukunft finanziell zu helfen. Diese vierhundert Mark, die er mir fortan nach Mexiko überwies, haben uns oft gerettet.

Auch das Wiedersehen mit meiner Mutter war herrlich. Sie lief uns auf der Treppe entgegen und nahm mein kleines Mädchen in die Arme und strahlte! Und Marlene, die ja von ihrer mexikanischen Familie soviel Liebe entgegengebracht bekam, lief spontan auf ihre neue Großmutter zu. Meine Mutter, die selten ihre Gefühle zeigen konnte, war überwältigt von diesem offenen, heiteren Geschöpf, das es fortan schaffte, sie um den Finger zu wickeln. Ich war so glücklich, wieder daheim zu sein, inmitten all der schönen Möbel und Bilder, die mein Zuhause ausmachten! Ich roch den Geruch von zu Hause, meiner Mutter, der immer da war, egal, wohin wir auch gezogen waren. Wie hatte ich ihn vermißt! Selbst mein Vater, der mich zusammen mit seiner Frau abholte, um mit Marlene zu ihm nach Bad Aibling zu fahren, war zu Tränen gerührt, als er nach so vielen Jahren wieder das Wohnzimmer meiner Mutter betrat und ergriffen feststellte: »Mein Gott, sie hat ja alles erhalten!« Ich hatte meinen Vater nie weinen gesehen. Es erschütterte mich, diesen Mann, der einst vor Esprit und Charme gesprüht hatte und immer Herr seiner selbst gewesen war, so fassungslos zu sehen.

Ich genoß jede Minute mit meiner Mutter und mit meinem Vater, auch wenn er nichts mehr von jenem temperamentvollen Mann an sich hatte, der er einst gewesen war. Voller Selbstmitleid und Rechtfertigungen, versuchte er dennoch, sich mir zu nähern. Er fuhr mit uns nach Ammerland, zu meinem Geburtsort, und zeigte mir ein Haus, das er als mein Geburtshaus präsentierte. Aber von alten Fotos, die mir meine Mutter gegeben hatte, wußte ich, daß es nicht mein Geburtshaus war. Es machte mich traurig, daß mein Vater sich daran nicht erinnern konnte und daß er glaubte, ich würde es nicht merken. Aber ich ließ ihn in dem Glauben und nahm all die anderen schönen Touren, die er mit uns in die Umgebung machte, mit Freude mit. Er war stolz, Großvater eines so hübschen, quirligen Mädchens zu sein, das ihm so heiter begegnete und so liebevoll mit ihm umging.

Ruth nahm uns von Anfang an voll in Beschlag. Von jeher fühlte sie sich immer für alles verantwortlich und nahm nur zu gerne die Zügel in die Hand. Daß sie dabei oft über die Köpfe der Betroffenen hinweg entschied, machte es einem nicht leicht mit ihr. Sie meinte es immer gut, in allem, was sie sich vornahm. Aber sie erreichte damit meistens das Gegenteil von dem, was sie wollte. So war mein Besuch für sie auch nur ein Mittel zum Zweck: Es endete damit, daß jeder um Marlene und mich buhlte und Ruth zum Sündenbock wurde, so daß sie sich fassungslos fragte, warum man ihr das antat. Aber gelernt hat sie nie daraus, und das sollte für meine Kinder und mich noch fatale Folgen haben.

Damals ließ ich mich von diesen internen Familienstreitigkeiten nicht groß beeindrucken. Auch der Zwist unter uns Geschwistern, das Gerangel um die Gunst und Vorliebe des jeweiligen Elternteils, konnten mir nichts mehr anhaben. So schön ich es fand, Deutschland wiederzusehen mit seiner beschaulichen Ordnung und Sauberkeit und seinem geregelten Lebensablauf — ich gehörte nicht mehr dorthin. Mir war klargeworden, daß ich Sehnsucht hatte nach etwas, das es nicht mehr gab. War das Heimweh? Zu Hause ist man dort, wo man lebt und glücklich ist, da, wo man selbst ist und in sich ruht. Meine Entscheidung für Mexiko erwies sich auch im nachhinein als richtig.

Ich fühlte mich frei und von einer schweren Last erlöst. Als ich mit Marlene nach Mexiko zurückflog, war ich da, wo Anna mich haben wollte: bei mir selbst. Diese Erkenntnis nahm mir nicht meine Traurigkeit über die verlorengegangene Familie und Kindheit und über den verlorengegangen Traum einer eigenen kleinen, heilen Familie in wohlgeordneten Verhältnissen. Aber das machte mich nicht mehr unglücklich. Es schloß doch nicht aus, daß ich dieses Ziel eines Tages erreichen konnte! Diesen Glauben wollte ich mir bewahren. Ich mußte mein Leben in die Hand nehmen. Niemand anders war dafür verantwortlich. Was ich daraus machte, hing ausschließlich von mir ab.

Raúl war es völlig unverständlich, daß ich den Kontakt

zu Hans wieder aufgenommen hatte. Seiner Meinung nach gab es keine »Blutsbande«. »Das Blut ruft nicht. Vater ist der, der sich auch als solcher verhält«, sagte er immer. Und er machte mir Vorwürfe, daß ich das Geld von Hans akzeptierte. Immerhin konnte ich damit Marlenes Schule bezahlen. Aber in erster Linie war es mir um die seelische Seite gegangen. Marlene war genauso ein Teil von Hans. Diesen Teil abzulehnen hätte bedeutet, einen Teil von Marlene abzulehnen. Und das konnte ich nicht. Ich versuchte Raúl zu erklären, daß keine Liebe wiederholbar ist, daß jede Liebe einzig und einmalig ist, und egal wie sie auseinandergeht, man bewahrt sie sich im Herzen. Ich jedenfalls konnte und wollte aus meinem Herzen keine Mördergrube machen. Das galt ebenso für Raúl, und das war auch der Grund, weshalb ich, trotz der vielen Probleme, die Raúl mir bereitete, letztendlich immer wieder versöhnlich war.

Laura war sehr böse mit mir, als Raúl sie nach unserer Rückkehr zu mir zurückbrachte. Ich hatte ihr Playmobil aus Deutschland mitgebracht, aber sie saß schweigend im Wohnzimmer auf dem Boden. Sie rührte sich nicht und schickte keinen Blick in meine und Jaimes Richtung, der am Fenster im Schaukelstuhl saß und still das Treiben auf der Straße beobachtete. Er war eifersüchtig und zerrissen und machte sich schwere Vorwürfe, daß er meinetwegen seine Familie verlassen hatte. Er hatte völlig verdrängt, daß er sie ja vorher schon verlassen hatte.

Nun suchte er die Schuld bei mir. Schließlich schob er Laura vor, die ihn ablehnte, und tat alles, um ein Argument zu haben, mich zu verlassen. Seine Depressionen waren unerträglich, wenn er abends im Dunkeln am Fenster saß und stundenlang die Gregorianischen Gesänge hörte und anfing von schwarzer Magie zu schwafeln. Ich hatte andere Probleme. Ich mußte meine kleine Laura wieder für mich gewinnen. Sie fühlte sich von mir verraten, und ich konnte das verstehen, denn sie hatte in Mexiko bleiben müssen, während ich mit ihrer Schwester nach Deutschland gereist war.

Aber was hätte ich tun sollen? Ich glaube nicht, daß Raúl sie mit mir hätte gehen lassen, auch wenn ich das Geld für ihr Ticket gehabt hätte. Und ich hätte mich in keinem Fall von nichts und niemandem von dieser Reise abhalten lassen.

Jaime war unfähig zuzugeben, daß er zu seiner Familie zurückwollte. Er mußte einen Grund suchen, der es rechtfertigte, zurückzukehren. Wenn wir ausgingen, betrank er sich, um mich dann wüst zu beschimpfen. Als er dann eines Tages seine Sachen holte, war ich froh. Die Kinder waren erleichtert, und Laura, meine kleine Rebellin, wurde wieder die alte: heiter und temperamentvoll und witzig. So einfach war das also!

Nun war ich zwar wieder alleine, aber langweilig wurde mein Leben dadurch keinesfalls. Mir machte meine Arbeit bei dem deutschen Korrespondenten nur halb soviel Spaß wie bei der »Austromex«. Sie bestand darin, unzählige Zeitungen nach interessantem Material zu durchforsten, um ihm Anregungen für seine Reportagen zu geben und das Material zu archivieren. Ansonsten war ich mit Bürokram beschäftigt und saß den ganzen Vormittag alleine im Büro. Es war langweilig. Mir fehlte der Kontakt zu Kollegen, und mir fehlte Peter! Wenn ich ihn unter einem Vorwand anrief, bekam ich Herzklopfen. Ich fluchte über mich selbst und mußte an ein altes Volkslied denken, das heißt: »Kein Feuer, keine Kohle kann brennen so heiß wie heimliche Liebe . . .« Es war eine Krankheit, die schmerzte und mich gleichzeitig süchtig machte nach dem Schmerz. Ich mußte ihn wiedersehen!

So fuhr ich eines Tages ins Büro, einfach nur so, um einmal guten Tag zu sagen. Nun war ich ja nicht mehr in einer sogenannten abhängigen Stellung. Also warum sollte ich nicht einen Vorstoß wagen?

Wir plauderten und tauschten alle Neuigkeiten aus. Ganz beiläufig sagte ich ihm, daß wir uns doch jetzt auch duzen könnten, wo er mich doch sowieso schon immer beim Vornamen nannte. Er, der sonst strikt auf Distanz achtete und das Duzen mied wie der Teufel das Weihwasser, war einverstanden! Ich war in Hochstimmung, auch wenn das Duzen gar nichts bedeutete. Aber es versetzte meinem Selbstbewußtsein einen derartigen Kick, daß ich mich für alles gewappnet fühlte. Nun wollte ich erst recht beweisen, daß ich nicht nur liebenswert, sondern auch in der Lage war, mein Ziel, wieder als Reporterin zu arbeiten, zu erreichen! Mein Optimismus war unerschütterlich, so als ahnte ich, daß ich gar nicht mehr weit von meinem Ziel entfernt war.

Meine Chance kam in Gestalt Willy Brandts nach Mexiko. Wenn ich Günter Grass und Egon Bahr interviewen konnte, warum dann nicht auch diesen legendären Politiker, den ich glühend bewunderte?

Aber so einfach war das nicht. Ein politischer Korrespondent vom »Excélsior« wurde dazu ausersehen, das Gespräch mit ihm zu führen, und seitens Willy Brandts gab es ein energisches Nein zu einem weiteren Interview. Daß ich die Einladung zum Empfang zu seinen Ehren in der Botschaft bekam, tröstete mich etwas über meine Enttäuschung hinweg. So leicht wollte ich mich aber nicht geschlagen geben. Ich spekulierte darauf, während des Empfangs doch noch die Gelegenheit zu bekommen, wenigstens ein paar Worte mit ihm zu wechseln.

Unglücklicherweise erhielt natürlich auch Blanca Torres, die in der Zeitung für die ausländischen Besucher und die Diplomaten zuständig war, eine Einladung zu dem Empfang und von der Chefredaktion den Auftrag, darüber zu berichten. Schließlich war das ja ihr Zuständigkeitsbereich. Ich sprach sie einfach darauf an: »Ich könnte dir behilflich sein, wenn du mit ihm sprechen willst. Du brauchtest keinen offiziellen Dolmetscher. Und vielleicht kriegen wir durch meine Kontakte noch etwas mehr aus ihm heraus?«

Sie sprang sofort darauf an: »Das kommt mir sehr gelegen, denn ich habe an dem Abend noch eine Party und möchte mich beim Empfang nicht lange aufhalten. Laß uns gemeinsam hingehen und sehen, was wir machen können!«

Es kostete mich einige Mühe, kühl zu bleiben und ihr meine Aufregung zu verbergen. Ich stürzte mich in die Vorbereitungen auf das eventuelle Gespräch und besorgte alles, was ich im Archiv über Willy Brandt, über die Sozialistische Internationale, über den Nord-Süd-Dialog, den Rüstungswettlauf und über die Arbeit der politischen Stiftungen in Lateinamerika besorgen konnte. Als endlich der große Tag, der 18. Oktober 1984, kam, machte ich mich mit besonders viel Sorgfalt zurecht. Hieß es nicht, daß Willy Brandt schönen Frauen zugetan war? Ich setzte alles auf eine Karte.

In der Residenz des Botschafters waren so viele Menschen, daß es kaum möglich war, durch die Menge zu ihm vorzudringen. Ich hängte mich schließlich an meine SPD-Freunde und trug immer wieder den Wunsch vor, mit Willy Brandt sprechen zu wollen. Aber es war nichts zu machen, keine Chance! Blanca wurde ungeduldig und verlor die Lust.

»Komm, laß uns gehen! Hier können wir doch nichts machen.«

»Nein, ich bleibe noch. Geh du ruhig schon, ich komme dann nach.«

Je später es wurde, desto tiefer sanken meine Hoffnungen. Langsam lichteten sich die Reihen der Besucher. Der Kreis wurde immer kleiner und die Stimmung lockerer. Aber statt daß mir das Mut machte, wurde ich schüchtern wie ein kleines Mädchen. Schließlich wurde es mir zu bunt, und frustriert ging ich zu meinen Freunden von der »Friedrich-Ebert-Stiftung«, die sich mit anderen Gästen, die ich nicht kannte, unterhielten. Ich lud in dem aufgeräumten

Gespräch meine Frustration ab und erzählte, daß ich mir doch nichts so sehr wünschte, als mit Willy Brandt, meinem Idol, zu sprechen. Es wäre so ungemein wichtig für mich, persönlich und beruflich — und dann diese Enttäuschung! Ich redete wie ein Wasserfall.

»Na, warten Sie mal! Ich komm gleich wieder, will mal sehen, was sich machen läßt«, unterbrach plötzlich ein mir unbekannter Herr meinen Redeschwall. »Paß auf, Anne, gleich trittst du ins Fettnäpfchen! Das war Brandts persönlicher Referent!« warnten mich meine Freunde amüsiert.

Ich beobachtete, wie er zu Willy Brandt ging, der mit einem Glas Rotwein beim Botschafter stand. Nach ein paar Minuten, die mir wie eine Ewigkeit erschienen, kam Brandts Referent zurück.

»Nichts zu machen, kein Interview. Aber warten Sie mal ab, vielleicht ist er später zugänglicher«, tröstete er mich. Niemandem bin ich an jenem Abend immer so dicht auf den Fersen gewesen wie Brandts Referenten!

Irgendwann saß Willy Brandt dann alleine mit einem Gast, den ich kannte, auf einer Bank im Garten. Das war meine Chance! Sollte ich etwa warten, bis sein Referent mir ein Signal gab? ›Nein‹, dachte ich, ›jetzt oder nie!‹ Ich näherte mich ihm und sprach ihn einfach an: »Verzeihen Sie, daß ich so einfach unterbreche. Aber ich habe den ganzen Abend auf eine Chance gewartet, einmal persönlich mit Ihnen reden zu können. Ich bin eine glühende Anhängerin von Ihnen und bewundere Sie sehr.«

Ich erzählte ihm, wie ich als junges Mädchen seinen Wahlerfolg 1969 am Fernseher verfolgt hatte und wie sehr ich es bedauerte, daß er nicht mehr Bundeskanzler war. Daß ich Journalistin beim »Excélsior« war, erwähnte ich beiläufig, um nicht gleich mit der Tür ins Haus zu fallen.

Willy Brandt reagierte zu meiner Überraschung sehr freundlich und amüsiert, ließ sich aber nicht weiter auf ein Gespräch mit mir ein. Ich war auch so aufgeregt, daß ich wie ein verschrecktes Huhn zu meinen Freunden zurückging, bei denen auch Brandts Referent stand. Ich wurde von meinen Freunden dermaßen auf den Arm genommen, daß ich am liebsten im Erdboden versunken wäre und nicht mehr darauf achtete, was um mich herum geschah. Ich schwebte so auf Wolke Nummer Sieben, daß ich nicht einmal merkte, wie sein Referent sich wieder entfernte. Er mußte mich dreimal am Ärmel zupfen, bis ich begriff, was er sagte: »Kommen Sie! Er ist bereit zu dem Interview!«

Ich fiel aus allen Wolken! ›O Gott‹, dachte ich, ›was mache ich jetzt nur?!‹ All die intelligenten Fragen, die ich ihm stellen wollte, waren mit einem Mal aus meinem Gedächtnis gelöscht. Der Botschafter und seine Frau wieselten um mich herum und trugen ein Verlängerungskabel herbei, um meinen Rekorder anzuschließen. Dadurch verbreiteten sie eine Hektik, die mich schier in Panik versetzte. Und Willy Brandt, als sei es das Natürlichste der Welt, faßte mich am Ellenbogen und geleitete mich zum Sofa. Die verbliebenen Gäste (es waren immer noch reichlich) defilierten am Sofa vorbei und beobachteten das Geschehen. Ich fühlte mich meiner gar nicht sicher, aber gleichzeitig genoß ich das Aufsehen und die erstaunten, bewundernden Blicke von all jenen aus der illustren deutschen Gesellschaft, die mich gedemütigt hatten, weil ich es gewagt hatte, Kinder zu bekommen, ohne verheiratet zu sein! Die Kameras klickten, ein Gewitter von Blitzlichtern ging auf uns hernieder, und Willy Brandt benahm sich so natürlich und menschlich, daß er mir meine ganze Scheu nahm.

Willy Brandt unterhielt sich über eine Stunde lang mit mir. Das Interview — das offizielle, sozusagen — war längst beendet, da redeten wir immer noch über Gott und die Welt. Es war eine wunderbare Erfahrung, und als er mir ein Buch signierte mit einer persönlichen Widmung und ich von seinem Referenten ein kleines Feuerzeug mit eingraviertem Bundesadler und Brandts Autogramm geschenkt bekam, war ich selig vor Glück.

Es war spät geworden, aber ich war so aufgekratzt, daß ich noch zu Blancas Party fuhr. Ich stürmte in das mir völlig unbekannte Haus und suchte nach ihr.

»Du, ich habe es!«

»Was hast du?«

»Na, das Interview!«

»Waaas? Das glaube ich nicht!«

Ich mußte ihr meine Kassette zeigen, damit sie es mir glaubte. Zuerst war sie geschockt! Ich sah ihr an, wie sie überlegte, was sie ihrem Chef als Entschuldigung, daß sie das Interview nicht gemacht hatte, vorbringen sollte. Aber sie gewann sehr schnell ihre Fassung wieder und bat mich zu ihren Gästen. Ich wußte nicht, unter welchem Namen das Interview veröffentlicht werden sollte. Ob nur unter ihrem, unter unserer beider oder unter meinem. Eigentlich konnte ich nicht damit rechnen, daß sie mir die Lorbeeren alleine überließ, und so stand für mich fest, daß wir das Interview gemeinsam veröffentlichen würden. ›Morgen‹, dachte ich, ›werden wir sehen‹, und sah mich um im Haus von Julio Uribe, Blancas Freund, einem gutaussehenden, sehr eleganten Mexikaner.

Julio Uribes Haus in der »Colonia del Valle« war von gediegenem Geschmack, voller erlesener Antiquitäten und Bilder namhafter Künstler an den Wänden, mit einer gemütlichen Bibliothek und einem kleinen, verwunschenen Patio. In den kleinen Sitzgruppen saßen ebenso gediegene wie gepflegte junge Leute der mexikanischen »Intelligenzia«, zu der ich damals noch keinen Zugang hatte.

Julio erzählte mir davon, daß die Kulturredaktion neu aufgebaut würde. Ich hatte bis dahin nur gerüchteweise gehört, daß Edmundo Valadés die Leitung aufgeben wollte, was mich traurig stimmte. Nun bestätigte es sich also, und ich fragte Julio, wie die Redaktion umstrukturiert werden sollte. Mehrere neue Reporter sollten das alte Team verstärken, das Layout sollte modernisiert und der Inhalt des Feuilletons aufgepeppt werden. Neuer Ressortleiter sollte René Avilés Fabila sein, der seinerzeit Kulturchef der Nationalen Universität von Mexiko war. Ich kannte ihn nicht und wußte auch nicht, daß er zu den namhaften jungen Autoren Mexikos zählte.

Julio überraschte mich mit der Frage, ob ich nicht Lust hätte, als Reporterin einzusteigen. Und ob! Aber ich bezweifelte, daß ich eine Chance bekommen würde, denn ich hatte überhaupt keine Ahnung vom kulturellen Leben in Mexiko. Außer den Museen mit ihren anthropologischen Schätzen aus der Geschichte Mexikos und den Wandbildern von Diego Rivera oder David Alfaro Siqueiros wußte ich wenig über die neue mexikanische Kultur, geschweige denn über Literatur und Malerei. Julio machte mich mit seinen Freunden bekannt, die an dem neuen Kulturprojekt mitmachen sollten. Was wäre, wenn ich den Einstieg als Reporterin schaffte? Ich war bester Dinge und hatte gleichzeitig Angst, daß ich wieder ganz tief fallen könnte . . .

Blanca erwies sich als eine großartige Kollegin. Nicht nur, daß sie mir den Erfolg alleine überließ, sie sorgte auch noch dafür, daß das Interview auf die Titelseite kam! In Mexiko auf die Titelseite zu kommen, zumal im »Excélsior«, war etwas ganz Besonderes und ein hart umkämpftes Privileg. Für mich war das ein Sieg und die Erfüllung eines Traums, von dem ich nie geglaubt hatte, daß er jemals wahr werden würde.

Das Interview war mein Durchbruch beim »Excélsior«. Kurze Zeit später wurde ich als Reporterin in das Team der Kulturredaktion aufgenommen, und nach ein paar Wochen erhielt ich endlich die ersehnte Festanstellung, auf die ich so lange gewartet hatte!

Ich tauchte ein in eine völlig neue, faszinierende Welt, deren Zauber und Magie mich nie wieder loslassen sollten.

Der Anfang war natürlich nicht leicht, da ich keinerlei Kontakte und Kenntnisse über die mexikanische Kulturszene hatte. Ich ging zu den Terminen völlig unbedarft hin. Schließlich sollte ich ja nicht nur für Leute schreiben, die bereits alles wußten, sondern für die, deren Interesse geweckt werden sollte. »Die einzig dummen Fragen sind die, die man nicht stellt«, hatte man mir schon in Düsseldorf mit auf den Weg gegeben. Und ich fragte alles, was mich interessierte, und ging ansonsten meinem Gefühl nach. Wenn ich über Ausstellungen zu schreiben hatte, ließ ich die Bilder auf mich wirken und beschrieb sie, ohne sie zu kritisieren, sprach aber immer mit dem Künstler und den entsprechenden Galeristen oder Museumsleuten. Ich ließ sie sprechen, und mit der Zeit lernte ich, meine eigenen Gedanken dazu wiederzugeben.

Ich begann, das, was Octavio Paz schrieb, zu begreifen und Juan Rulfos Geschichten und Carlos Fuentes' Romane zu fühlen. Diese Welt war für mich mit einem Mal nicht mehr fremd, und mit zunehmender Vertrautheit damit begann ich Nuancen zu entdecken, Ideen, Tendenzen und Einflüsse zu unterscheiden.

Der Zwiespalt in der mexikanischen Seele spiegelte sich in allen kulturellen Sektoren wider, ob im Theater, in der Musik oder der bildenden Kunst, deren Vertreter sich im ständigen Clinch zwischen Tradition und amerikanisch-europäischer Avantgarde befanden und gerade dadurch ganz individuelle Stile, Formen und Richtungen bildeten.

Ich begriff, daß eine Veränderung in mir vorging. Auf meinen Streifzügen durch das mexikanische Kulturleben eröffnete sich mir eine unglaublich reiche und faszinierende Welt, die mich fast berauschte. Die Begegnungen und Gespräche mit Schriftstellern, Poeten, Dramaturgen, mit Schauspielern und Kabarettisten, mit Musikern und Malern und mit Kollegen anderer Zeitungen brachten mich nicht nur dazu, mich mit verschiedenen Philosophien und Ideen auseinanderzusetzen. Sie schärften auch meine Sinne. Konnte ich vorher schon sehr gut Spanisch, machte ich nun diese Sprache zu meiner Sprache, in der ich dachte, fühlte und lebte. Ich verinnerlichte sie so sehr, daß ich mich besser auf spanisch ausdrücken konnte, als ich es jemals zuvor auf deutsch vermocht hatte. Es war wie eine Offenbarung für mich, als habe sich mit den Begegnungen und den Gesprächen auch meine Seele geöffnet.

Auch zu den Kollegen der Konkurrenz hatte ich ein sehr gutes Verhältnis. Oft war ich auf ihre Hilfe angewiesen, wenn ich wegen meiner Kinder zu spät zu Terminen kam. Es gab keinen Konkurrenzkampf zwischen uns: Wir saßen alle in einem Boot. Ich hatte das Gefühl, in dieses Leben und in diese Welt zu gehören, und ich war glücklich. Es war ein Glücksgefühl, das ich vorher nie gekannt hatte. Es war anders: tiefer, aufregender, spannender.

Ich hatte mit Raúl nicht weniger Probleme als vorher, nur tangierten sie mich nicht mehr so sehr. Im großen und ganzen hielt er sich an die Vereinbarung, jedes zweite Wochenende mit den Kindern zu verbringen. Es gab Momente, in denen wir uns sehr gut verstanden und vieles mit den Kindern gemeinsam unternahmen. Dann gab es wieder Zeiten, in denen wir Katz und Maus spielten. Es war ein Zustand, an den wir uns scheinbar gewöhnt hatten.

Durch meine Arbeit als Reporterin wurde mein Leben natürlich hektischer. Laura war nun so alt, daß sie in den Kindergarten der Deutschen Schule eingeschrieben werden konnte. Mir blieb nur die Dependance im Süden von Mexiko-Stadt, weil die Zentralschule, die so nah bei uns lag, aufgelöst werden sollte und deshalb keine Kinder mehr in den unteren Gruppen aufgenommen wurden. So schrieb ich beide Kinder in die Südschule ein und fuhr jeden Morgen die dreißig Kilometer über die Stadtautobahn. Nach meiner Arbeit bei dem deutschen Korrespondenten, der glücklicherweise auch im Süden wohnte, holte ich die Kinder ab und fuhr mit ihnen nach Hause zum Essen. Anschließend ging es in die Redaktion, wo ich die Berichte über die jeweiligen Veranstaltungen des Vorabends schrieb. Um 18.00 Uhr eilte ich nach Hause zurück, versorgte die Kinder und machte mich dann auf den Weg zu meinen Terminen. Wenn ich spät abends nach Hause kam, fiel ich todmüde ins Bett. Ich hatte in der Zeit viele Dienstmädchen, doch keine blieb lange. Durch die viele Fahrerei stand ich ständig unter Druck. Es wurde einfach zuviel, so daß ich Marlene wieder in ihre alte Klasse in der Zentralschule einschrieb und Laura in einer kleinen deutschen, privaten Schule in Polanco anmeldete. So hatte ich wenigstens die elendige Fahrerei nicht mehr am Hals!

Die Situation wurde erst leichter für mich, als durch die Vermittlung der Botschaft ein Au-Pair-Mädchen aus Hamburg zu mir kam.

Wir mochten Yasmin auf Anhieb sehr gerne, denn sie brachte frischen Wind in unsere Dreisamkeit. Sie hatte gerade ihr Abitur gemacht und wollte unbedingt ein Ökologie-Studium beginnen. Da bot ihr Mexiko natürlich ein großes Feld: Hier hatte sie alle Beispiele dafür, wie man die Umwelt zerstört, vor Augen! Sie hatte noch viele Flausen im Kopf und war typisch deutsch — aber sie blieb es nicht lange! Auch ihr streute man das berühmte Salz in die Suppe, und nach drei Monaten verließ sie uns, weil sie einen deutsch-mexikanischen Schriftsteller kennengelernt hatte, der ihr die Welt zu Füßen legte. Ich war ziemlich sauer, aber ich konnte sie auch verstehen. Sie hatte es bei mir nicht leicht gehabt, und ich hatte sie nicht gut bezahlen können. An ihrer Stelle hätte ich genauso gehandelt. Aber wir blieben in Verbindung, zumal ihr Freund bei der Kultur-Wochenendbeilage des »Excélsior« arbeitete. Thomas gehörte damals zu jenen Schriftstellern, die das abstrakte Schreiben zu ihrer Richtung gemacht hatten. Einmal gab er mir ein Manuskript zu lesen, das so wirr war, daß ich es unmöglich zu Ende lesen konnte. Ich sagte ihm das, und die Kritik schmeckte ihm gar nicht. Trotzdem wurden wir gute Freunde. Yasmin mauserte sich unter seinen Fittichen vom pummeligen, stets im Gammellook gekleideten Mädchen zu einer bildschönen jungen Frau. Thomas war mit seiner untersetzten Statur, mit Halbglatze und sehr blassem Gesicht nicht gerade ein Adonis, aber so charmant und witzig, daß man einfach darüber hinwegsah. Wir sahen uns viele Jahre später in Hamburg wieder, wo er eine sehr erfolgreiche mexikanische Theatergruppe — »La Espiga« — aufgebaut hat.

Trotz all der organisatorischen Schwierigkeiten und der ständigen Hetze war es eine schöne Zeit, in der ich mir keine Sorgen um die Zukunft machte.

Als der Morgen des 19. September 1985 anbrach, ahnte keiner, daß eine Katastrophe über uns hereinbrechen sollte, die Tausenden von Menschen das Leben kosten sollte und den Beginn einer neuen Ära in Mexiko bedeutete: das Erdbeben. Danach gab es nur noch ein »Vor dem Erdbeben« und »Nach dem Erdbeben«. Das Erdbeben läutete auch für mich eine dramatische Veränderung ein, an deren Ende der Verlust meiner Tochter Laura und der endgültige Abschied von Mexiko stand.

Kapitel XI

Das große Beben

Es war 7.19 Uhr. Ich stand mit meinem kleinen gelben Renault, den Raúl mir schließlich verkauft hatte, schon auf der Straße, um die Kinder zur Schule zu bringen. Raúl hatte die Nacht bei uns verbracht und sich gerade von uns verabschiedet. Wir warteten nur noch auf Yasmin, die gerade das Garagentor wieder zumachte, als sich alles zu bewegen begann. Zuerst dachte ich, mir sei schwindelig. Als mein Auto dann aber immer heftiger gegen die hohe Bordsteinkante schlug, in den umliegenden Häusern Fenster zu Bruch gingen und Frauen in der langen Reihe vor den Kollektivtaxis zu schreien begannen, spürte ich: Es bebte!

Das Beben dauerte ungewöhnlich lange, aber weder Yasmin, noch die Kinder oder ich gerieten in Panik. Wir fanden es komisch. Die Kinder lachten sogar. Schließlich hatte es in Mexiko schon oft gebebt, und daß wirklich etwas passiert war, lag fast dreißig Jahre zurück. Und hatte man nicht inzwischen erdbebensicher gebaut? Nachdem der Spuk vorbei war, fuhr ich zuerst Marlene, dann Laura zur Schule nach Polanco. Es schien nichts passiert zu sein. Der Schulbetrieb lief normal an, auch von Panik war nirgends etwas zu spüren.

Erst auf dem Weg ins Büro, als ich das Radio einschaltete und auf der Stadtautobahn der Verkehr hoffnungslos zum Erliegen kam, wurde mir klar, daß Schlimmeres passiert sein mußte. Das Programm wurde unterbrochen, und eine Hiobsbotschaft jagte die andere: »Die Sendeanstalt ›XYW‹

sowie Teile des ›Televisa‹-Sendezentrums sind eingestürzt . . . Die Berufsschule an der ›Avenida Juárez‹ liegt in
Schutt und Asche . . . Das Hotel ›Regis‹ brennt! Es gibt To-
te und Verletzte . . .«

Die Katastrophenmeldungen ließen nicht nach. Die Aus-
maße des Erdbebens schienen fürchterlich. Ich erreichte das
Büro nach über einer Stunde. Die Telex- und Fernsprech-
verbindungen waren unterbrochen. Es gab keinen Kontakt
zur Außenwelt. Ich war beunruhigt. Kaum daß ich im Büro
war, machte ich mich wieder auf den Rückweg. Ich holte die
Kinder wieder ab. Die Deutsche Schule sollte zum Not-
quartier für Obdachlose umfunktioniert werden, aber keiner wußte Genaues. Zu Hause sahen wir im Fernsehen, das
ebenso wie der Rundfunk noch sendete, das ganze Ausmaß
der Tragödie!

Der komplette Klinikkomplex der Sozialversicherung
war eingestürzt und hatte Ärzte, Schwestern und Patienten
in den Tod gerissen. Die neue Geburtshilfeklinik war wie
ein Kartenhaus zusammengefallen. Es war entsetzlich!
Ganze Wohnsiedlungen, wie die Unidad Juárez und Tlatelolco, hielten der Naturgewalt ebensowenig stand wie unzählige Bürohochhäuser der Regierung, Hotels und Schulen. Die ganze Stadt stand unter furchterlichem Schock. 8,1
Punkte auf der Richterskala hatte das Beben — eine fast un-
vorstellbare Stärke!

Im Laufe des Tages lösten sich die Bewohner aus der ersten Starre ihres Schocks und setzten eine beispiellose Hilfs-
aktion in Gang. Feuerwehr, Rotes Kreuz, Militär: Sie konnten gar nicht so schnell vor Ort sein, wie sie gebraucht
wurden. Nachbarn fanden sich zusammen und begannen, in
den Trümmern nach Überlebenden zu suchen. Man organisierte Sammelstellen für Kleidung und Medikamente. Man
bereitete Sandwichs und Getränke für die Helfer vor und
versorgte sie.

In der Kulturredaktion war für uns nichts mehr zu tun.

Alle Termine waren abgesagt. Wir unterstützten andere Ressorts, und wer konnte, schloß sich den Helfern an.

Bei uns zu Hause war nichts passiert. Unser Gebäude war eines jener alten, in den vierziger Jahren gebauten, stabilen, höchstens drei Stockwerke hohen Häuser mit so dikken Mauern, daß wir nicht einmal einen Riß an den Wänden hatten. Kein Bild war von der Wand gefallen, keine Figur umgekippt. Aber nur zwei Blöcke weiter bot sich ein Bild des Grauens. Die Häuser waren wie aus Pappe zusammengesackt, Betondecken lagen übereinander, aus denen Beine, Arme, Gardinen, Bettdecken und Matratzen quollen. Es war einfach schrecklich!

Das alte, ehrwürdige Gebäude der Zeitung war zur Seite gekippt und stützte sich auf ein danebenliegendes Bürohaus. Zwischen unserer Redaktion und dem Nebenhaus klaffte ein Riesenloch. Es war gespenstisch, dennoch galt das »Excélsior« als nicht gefährdet. Andere Zeitungsgebäude sahen viel schlimmer aus, und trotzdem wurde weitergearbeitet, mußte weitergearbeitet werden!

Es war unmöglich, Raúls Eltern in Sonora darüber zu informieren, daß uns nichts passiert war. Schlimmer noch war es für meine Familie in Deutschland. Es gab nicht die geringste Chance, nach draußen eine Nachricht zu geben. Ich war, bei allem Schock, heilfroh, daß wir mit heiler Haut davongekommen waren. Die Kinder waren bei Yasmin in guten Händen, und am nächsten Tag fuhr ich wieder ins Büro. Hier bat mich mein Chef, daß ich doch bitte nach einer Landsmännin forschen sollte, die bei mir ganz in der Nähe wohnte.

Am Abend, nachdem ich von der Zeitung zurückkam, fand ich schnell das Haus, das er mir angegeben hatte. Es war kurz nach 20.00 Uhr. Man öffnete mir und bat mich gleich sehr freundlich herein. Es war eine Gruppe junger Leute, hauptsächlich Studenten, die dort zusammen wohnten. Kaum war ich im Hausflur — auf dem brennenden Gasherd stand ein Topf Wasser —, begann es wieder zu beben. Nun geriet ich in Panik! Ich befand mich in einem dieser modernen Mietshäuser, wie sie reihenweise eingestürzt waren.

Die Lampe an der Decke hörte nicht auf zu baumeln. Ich wollte nur noch raus, raus zu meinen Kindern! Ein junger Mann hielt mich zurück: »Du Wahnsinnige! Da draußen können dir die Betonmasten auf den Kopf fallen! Bleib hier! Hier, hier, unter der Tür bleib stehen!«

Mit Mühe konnte er mich zurückhalten. Ich war nur zwei Blocks von meinen Kindern entfernt, und ich betete, betete, daß ihnen nichts passiert war, daß ich zu ihnen konnte, daß die Tankstelle neben unserem Haus nicht explodiert war!

Endlich, endlich beruhigte sich die Erde wieder. Ich ging hinaus: Überall waren Rettungswagen unterwegs. Unsere Straße war abgesperrt! Ich ließ mein Auto stehen und rannte weiter, weiter, nur nach Hause wollte ich. Von weitem sah ich Yasmin mit den Kindern auf der Straße stehen. In meinem Schock schimpfte ich mit ihr und jagte sie mit den Kindern rein ins Haus! Drinnen fielen wir uns in die Arme, und mit der Landsmännin, die mir nachgelaufen kam mit einem Freund, saßen wir noch lange und tranken auf unser Leben!

Als dann nach und nach die ausländische Hilfe anlief und die Rettungsteams aus aller Welt eintrafen, kehrte, soweit das überhaupt möglich war, eine gewisse Organisation in das Chaos ein. Ich stellte mich als Dolmetscherin für deutsche Teams zur Verfügung und begleitete einen deutschen Reporter und ein Hilfsteam vom »Technischen Hilfswerk«. Niemals hatte ich mir soviel Grauen und Leid und Trauer vorstellen können! Vor der Schule, die an der »Avenida Juárez« eingestürzt war, standen die Mütter und Väter und weinten und beteten darum, daß ihre Söhne und Töchter unter den Trümmern noch lebten.

Es gab Gebäude, in denen Klopfgeräusche zu hören waren und in denen die Spürhunde noch Menschen orteten, in die die Rettungsmannschaften sich aber nicht hineinwagten, weil sie extrem einsturzgefährdet waren. Irgendwann funktionierten die Telefone in der Stadt wieder. Es war unheimlich mitzubekommen, wie Opfer aus eingestürzten Bürohäusern mit dem Telefon Signale gaben, ohne sprechen zu können. Und es war grausam mitzubekommen, wie man sie ihrem Schicksal überlassen mußte!

Offiziell sprach man von etwa fünftausend Toten, später von zehntausend. Inoffiziell waren es fast dreißigtausend. Und dieses Mal hatte es nicht nur Arme getroffen. Unter den Opfern waren Künstler, Sänger, Schauspieler, Geschäftsleute, Touristen. Dieses Beben hatte die Bewohner von Mexiko-Stadt in ihren Grundfesten erschüttert. Nichts konnte mehr sein wie vorher. Die Solidarität war einmalig. Man half sich, sprach miteinander, über Klassengrenzen und Vorurteile hinweg. Hier galt nur noch der Mensch. Ich werde nie die Neugeborenen vergessen, die aus den Trümmern der Geburtshilfeklinik des Seguro-Social-Komplexes nach neun Tagen lebend gerettet wurden! Sie lagen mit zum Teil schrecklichen Wunden im Brutkasten, der Rücken eines Babys trug noch die Spur eines Stahlträgers, ein anderes war halb skalpiert – und lebte! Davor stand eine junge Ärztin, selbst hochschwanger. Ich konnte den Anblick kaum ertragen: Hier die Säuglinge im einzig übriggebliebenen alten Gebäude des Klinikums und die hoffnungsvolle, mutige Ärztin, und nicht weit davon standen unzählige große und kleine Holzsärge. Der Gedanke, wie die Mütter der Babys starben, im Kreissaal, im Bett, beim Stillen ... Ich verwünschte in dem Moment meine Phantasie. Es war zu schrecklich, sich diese Schmerzen und das Leid vorzustellen.

Über die Lufthansa konnte ich meiner Familie schließlich Nachricht geben, daß mit mir und den Kindern alles in Ordnung war. Wie andere Deutsche fuhr ich zum Flughafen und gab einem Passagier einen Brief mit. Über eine Schaltung vom Korrespondentenklub via eine Stadt in Nordmexiko gelang es endlich, mit meiner Mutter zu telefonieren und sie zu beruhigen. Die Bilder, die im deutschen Fernsehen gezeigt wurden, mußten grauenerregend gewesen sein.

Nach ein paar Tagen gewöhnte man sich trotz all des Leids an eine gewisse Routine. Das Leben mußte weitergehen. Und auch das kulturelle Leben begann wieder: Es wurden Ausstellungen organisiert, deren Erlös für Erdbebenopfer gespendet wurde. Dichterlesungen und Konzerte waren vom Geist der Solidarität geprägt. Eine unglaubliche Kraft wurde durch die Tragödie freigesetzt, als lägen Empfindungen wie Wut, Haß, Freude und Liebe auf der Oberfläche von Haut und Haaren, die man nur berühren mußte, um Flügel zu bekommen. Es herrschte eine Stimmung wie Endzeit und Aufbruch zugleich. Die Atmosphäre glich einer sprudelnden Aspirin-Tablette in einem Glas. Sie produzierte eine ungeahnte Kreativität, die einen einerseits von dem Leid ablenkte, einem andererseits aber auch das Gefühl vermittelte, unverletzbar zu sein: Uns ging es doch gut! Wir hatten überlebt, wir hatten eine Arbeit und ein heiles Dach über dem Kopf. Was sollte noch passieren?

Auch ich wurde von dieser Welle der Erhabenheit getragen — und stürzte jäh zu Boden. Ich verlor meinen Job bei dem Korrespondenten, der überraschend nach Deutschland zurückkehren sollte. Das Büro wurde aufgelöst. Was tun? Meine große finanzielle Bedrängnis konnte ich durch Hans' Hilfe einigermaßen auffangen. Aber die guten Stellungen lagen auch für mich nicht auf der Straße. Die Atmosphäre in der Stadt schlug allmählich um. Die Menschen wurden aggressiver und egoistischer. Es galt das Motto: »Leben und Vergnügen um jeden Preis; morgen kann es schon vorbei sein!« Die Solidarität in der Bevölkerung wich nach und nach der Gleichgültigkeit.

Die Stimmung war so deprimierend, daß ich mich fragte, ob es nicht besser sei, mit meinen Kindern nach Deutschland zu gehen. Dort gab es Sozialhilfe, dort konnte man nicht aus seiner Wohnung hinausgeschmissen werden, und es gab Arbeitslosenhilfe . . . Ich war den täglichen Kampf so leid, die ewigen Sorgen ums Geld und den Ärger mit Raúl, der sich erst fünf Wochen nach dem Erdbeben wieder mit uns in Verbindung setzte, das heißt, zu uns kam. Ich war erzürnt ob seiner Sorglosigkeit und Gleichgültigkeit. Woher nahm er die Gewißheit, daß uns beim zweiten Beben nichts passiert war? Und auch wenn er durch seine Eltern wußte, daß wir in Ordnung waren, warum fühlte er sich immer so sicher, daß wir keine Hilfe brauchten?

Aber es war sinnlos, Appelle an ihn zu richten. Er saß mit schuldbewußtem Gesicht vor mir und versprach, daß er sich bessern würde. Viele Probleme, die ich hatte, mußte ich alleine lösen. Wenn Raúl dann endlich kam, hatte ich meistens alles schon erledigt. Ich machte mir große Sorgen um die Zukunft. Was sollte aus uns werden? Das Leben in der vom Erdbeben so schwer beschädigten Stadt gestaltete sich zunehmend schwieriger. Die Kriminalitätsrate stieg, die Inflation galoppierte, das Schulgeld wurde immer teurer. Lange konnte ich das ohne eine zweite Arbeit nicht durchhalten. Selbst die sehr gut bezahlte Auftragsarbeit für einen deutschen Industriellen, ihm als Ghostwriter einen Vortrag über Mexiko zu schreiben, konnte nicht mehr als eine Übergangshilfe sein. Laura mußte ich schließlich aus der kleinen deutschen Schule wieder abmelden. Ich brachte sie zu Tante Gerda zurück. Sie konnte mit der Vorschule durchaus noch ein Jahr warten.

Ich sprach mit Raúl über meine Sorgen und über die Möglichkeit, mit den Kindern nach Deutschland zu ziehen. Er fand die Idee sehr gut, vor allem auch deshalb, weil er soziale Unruhen befürchtete. Seine positive Reaktion erstaunte und erleichterte mich, gleichzeitig machte aber gerade das mich mißtrauisch. Außerdem zweifelte ich an mir selbst: Wollte ich wirklich zurück? Konnte ich diese schöne Arbeit bei der Zeitung so mir nichts, dir nichts aufgeben?

Ein paar Wochen später kam Raúl wieder für ein paar Tage zu uns. Ich saß gerade an einem Brief an den deutschen Reporter, den ich während des Erdbebens begleitet hatte. Ich wollte von ihm wissen, wie denn die Chancen für mich in Deutschland stünden.

Raúl beugte sich über meine Schulter: »Was schreibst du ihm?«

Ich sagte es ihm.

»Du lügst! Ich laß mich doch von dir nicht für blöd verkaufen.«

»Raúl, was soll das? Ich habe ihm lediglich die Probleme beschrieben, die hier herrschen, und ihn gefragt, ob er mir, sollte ich nach Deutschland zurückkehren, helfen könnte.«

»Bilde dir bloß nicht ein, daß ich deine Briefe auf Deutsch nicht lesen kann. Ich verstehe mehr, als du ahnst. Du hast was mit dem gehabt — tu doch nicht so!«

Ich redete mit Engelszungen, aber Raúl glaubte mir nicht. Ich konnte es nicht fassen, daß er so verbohrt war. Natürlich verstand er nichts von dem Brief, sonst hätte er mir nicht solche Anschuldigungen an den Kopf geworfen. Der Brief war der Auslöser einer neuen Krise zwischen uns. Wenige Tage danach kam er mit ernstem, fast bösem Gesicht zu mir und sagte: »Ich habe mir noch einmal Gedanken über deine Idee gemacht, nach Deutschland zu gehen. Deine Sorgen sind nur ein Vorwand, um zu Hans zurückzukehren!«

Hatte er jetzt völlig den Verstand verloren? »Das ist völliger Blödsinn. Ich habe mit ihm nichts mehr. Wir hatten doch alles durchgesprochen. Die soziale Sicherheit wie in Deutschland habe ich hier nicht! Erinnere dich daran, was ich dir dazu erklärt habe. Wenn du willst, erkundige dich doch in der Botschaft!«

»Du kannst gerne nach Deutschland gehen, und nimm Marlene mit, wenn du willst. Aber Laura bleibt bei mir.«

»Entweder gehen wir drei, oder wir bleiben alle hier. An eine Trennung denke ich nicht. Sie kommt überhaupt nicht in Frage!«

Ich meinte es ernst damit. Aber ich hatte auch noch die Hoffnung, daß Raúl seine Meinung ändern würde. Grundsätzlich war ich ja nicht dagegen, daß er endlich einmal seine Vaterrolle ernst nahm. Ich hielt es auch nicht für falsch, wenn Väter die Erziehung der Kinder alleine übernahmen, wenn die Frau das so wollte. Aber wenn es nicht sein mußte, warum sollte ich dann auf meine Kinder, oder auf eines meiner Kinder, verzichten? Das sah ich nicht ein, zumal ich es unmöglich fand, daß er die beiden Schwestern trennen wollte.

Raúl warf mir vor, daß ich die Kinder auf eine Eliteschule, wie es die Deutsche Schule war, schickte, daß ich nicht auf eine Eigentumswohnung für die Kinder sparte. Daß es mir niemals um die Elite ging, wie er meinte, sondern darum, daß ich ihnen etwas von meiner Heimat, von meinen Wurzeln vermitteln wollte, begriff er nicht. Und die Diskussion über eine Eigentumswohnung war nicht neu.

»Wie stellst du dir das vor? Wovon denn?« entgegnete ich ihm.

»Du könntest billiger und bescheidener wohnen, und die Kinder könnten auf die staatliche Schule gehen!«

»Erstens kostet meine Wohnung gar nicht soviel. Anderswo kosten die Wohnungen mindestens dasselbe und sind obendrein noch kleiner. Zweitens habe ich eine Untermieterin, manchmal sogar zwei, wenn ich das Dienstmädchenzimmer vermiete. Und drittens weißt du ganz genau, daß ich die beiden kleinen, blonden Mädchen nicht auf eine normale Schule schicken kann. Man würde sie aus Neid kaputtmachen oder sie so anhimmeln, daß sie es nicht für nötig halten würden, irgend etwas für die Schule zu tun! Und

185

außerdem: Meine Aufgabe als Mutter ist es nicht, den Kindern eine Eigentumswohnung zu hinterlassen und dafür Jahre in einem Loch zu leben und in einer Umgebung, in der weder sie noch ich glücklich wären. Meine Verantwortung — und auch deine — ist es, ihnen eine vernünftige Ausbildung zu ermöglichen. Wenn sie wollen, sind sie dann eines Tages in der Lage, sich eine Eigentumswohnung selbst zu verdienen.«

Ihm fielen keine Gegenargumente ein, und wie immer, wenn er hilflos war, zuckte er verächtlich mit den Schultern und lächelte kalt von oben auf mich herab, um mir zu verstehen zu geben, daß ich völlig verrückt war.

Aber ich ließ nicht locker und versuchte weiter, ihn zu überzeugen:

»Wenn es dir wirklich darum geht, daß wir ein gutes, gesichertes Leben haben, ich weniger arbeiten muß und die Kinder eine gute Schule besuchen, warum tust du dann nichts für uns? Du hast ein wunderschönes Haus und hast außerdem eine Eigentumswohnung in Toluca gekauft, die du untervermietet hast. Es geht dir also gut, warum holst du uns dann nicht nach Toluca? Oder warum kommst du dann nicht zu uns zurück? Meine Wohnung ist groß genug! Und da du immer noch so eifersüchtig bist, gehe ich davon aus, daß dir auch an mir noch etwas liegt. Also bitte: Dann tu doch was!«

»Du hast Hirngespinste!« war seine einzige Antwort.

Nach unserem Disput schickte ich den Brief an den Kollegen in Deutschland nicht ab und gewöhnte mich an den Gedanken, doch in Mexiko zu bleiben. Ich dachte, daß sich schon irgendwie eine Lösung finden würde.

In diese Zeit, November 1985, fiel der Besuch meiner ältesten Schwester Ruth. Ich freute mich darauf. Schließlich lag es Jahre zurück, daß jemand von meiner Familie dagewesen war. Sie hatte sich gerade von ihrem Lebensgefährten getrennt und brauchte Abwechslung und neue Perspektiven.

Aber ihr Besuch war von Anfang an ein Fiasko. Nicht nur, daß sie versuchte, meinen gesamten Haushalt, unseren Lebensrhythmus und gleichzeitig meine Kinder völlig umzukrempeln, sie wollte mich auch überzeugen, daß ich schleunigst zur Botschaft gehen sollte, um die Pässe für die Kinder zu besorgen. Ich sagte ihr, daß ich gar nicht sicher sei, ob ich überhaupt nach Deutschland zurückgehen wollte. Ich sagte ihr auch, daß Raúl mich mit Laura nicht gehen lassen würde.

»Du willst mir doch nicht sagen, daß du sie bei Raúl lassen würdest? Also dann kannst du mit deiner Familie nicht mehr rechnen!«

»Abgesehen davon, daß ich das nicht behauptet habe: Was wäre dagegen einzuwenden, wenn ich es täte? Schließlich ist er so Vater, wie ich Mutter bin, und Laura hat ein Recht auf uns beide!«

Ich versuchte, mich gegen sie zu wehren. Wie kam sie dazu, mir so etwas zu sagen? Und wie dachte meine Familie denn wirklich? Wenn Raúl da war, verwickelte sie uns in »psychologische Spiele« und scheinbar harmlose Gespräche. Sie brachte mich zur Verzweiflung und zum Weinen, was mich noch mehr ärgerte. Raúl saß wie versteinert da. Ich konnte aus seinem abweisenden Gesicht nichts ablesen. Wenn er wenigstens auch wütend geworden wäre, aber gerade der Umstand, daß er ganz ruhig blieb, machte mir angst.

Ruth ließ kein gutes Haar an mir. Mein Haushalt war chaotisch, mein Leben zu »bohemien«, meine Arbeit familienfeindlich, und die armen Kinder seien total vereinsamt! Sie wollte mit aller Macht, daß ich mich schuldig fühlte und ihr, der großen Retterin der Familie, das Zepter überließ, um die Kinder nach Deutschland zu bringen. Sie hatte selbst immer Kinder haben wollen, und ihr Unglück, daß sie keine bekommen konnte, tat mir aufrichtig leid. Was sich psychisch in ihr abspielte, konnte ich verstehen. Aber das machte mir meine Entscheidung und mein Leben alles andere als leicht. Ich wollte mich von ihr nicht manipulieren lassen.

Ich ließ sie ein paar Tage mit Laura zu den Großeltern nach Sonora fahren. Marlene war bei einer Schulfreundin eingeladen, und so hatte ich dadurch ein paar Tage Ruhe, um meine Gedanken zu ordnen.

Als Ruth mit Laura zurückkkam, erzählte sie mir begeistert, daß man ihr zugesichert habe, daß man mir nie mein Kind wegnehmen würde. Ein Kind gehöre schließlich zur Mutter.

Ich fiel aus allen Wolken und ahnte, daß Ruth hinter meinem Rücken schlecht über mich gesprochen hatte.

»Wie kommst du dazu, mit meinen Schwiegereltern darüber zu reden? Was hast du dir dabei nur gedacht?«

»Wieso, es ist doch gar nichts passiert! Mach dir bloß keine Sorgen!«

Sämtliche Alarmglocken schrillten in mir, aber ich war unfähig, auch nur ein einziges Warnsignal ernst zu nehmen. Erst Jahre später sollte ich erfahren, was Ruth in Sonora angerichtet hatte.

Es näherte sich Weihnachten, und wir verbrachten sehr viel Zeit mit Raúl, sei es bei mir oder bei ihm in Toluca. Selbst in seinem Beisein übernahm Ruth das Ruder. Das ging soweit, daß sie während eines gemeinsamen Einkaufsbummels durch Toluca den Kindern Schuhe kaufte, nur, um mir dann zu sagen: »Ihr seid ja dazu nicht in der Lage!«

Das stimmte natürlich nicht, aber Raúl ließ sie gewähren: »Wenn sie das unbedingt tun will, laß sie doch! Selber schuld!« und lachte über sie.

Heiligabend verbrachten wir mit fast der ganzen Familie bei mir. Raúls Eltern waren da, Guadalupes Bruder mit Frau und seinen verheirateten und unverheirateten Töchtern und Söhnen, meine Freundin Mina und deren Mutter. Schon am Morgen machte sich Ruth in der Küche zu schaffen, während ich die letzten Einkäufe erledigte. Als ich um 17.00 Uhr nach Hause kam, war sie wütend und in Tränen aufgelöst.

»Was ist denn mit dir los?«, fragte ich sie in Sorge, daß sie vielleicht krank geworden war.

»Was heißt hier, mit mir los? Weißt du, wie spät es ist? Wann sollen wir denn essen? Was bildest du dir ein! Ich bin doch nicht dein Hanswurst!«

»Jetzt bleibe mal auf dem Teppich! Du weißt sehr wohl, daß der Heiligabend hier in Mexiko erst sehr spät beginnt. Vor 22.00 Uhr brauchst du mit keinem Gast zu rechnen. Und davon mal abgesehen: Wie stellst du dir meine Einkäufe vor, wenn ich durch die halbe Stadt muß, die immerhin fast zwanzig Millionen Einwohner hat? Du bist hier nicht in deinem beschaulichen Dorf am Bodensee!«

Als die Gäste kamen, hatte sie sich noch immer nicht beruhigt. Aber niemand nahm sie ernst. Am nächsten Abend – es waren nur meine Schwiegereltern und Raúl da – saß Ruth heulend am Tisch. Da wurde es Ramón zuviel: »Also, eines müssen Sie sich mal klarmachen: Sie sind hier Gast in diesem Land, und normalerweise verhält es sich so, daß sich der Gast, und nicht der Gastgeber, an die Gegebenheiten und Lebensart an paßt. Durch Ihr Verhalten machen Sie es sich nicht nur selbst schwer, sondern auch denen, die mit Ihnen zu tun haben. Reißen Sie sich doch zusammen!«

Das wirkte. Als wir alle, die Großeltern, die Kinder, Raúl, Ruth und ich, nach Acapulco fuhren, war die Welt wieder in Ordnung. Auch zwischen Raúl und mir herrschte Frieden. Wir verlebten sehr schöne Tage am Meer. Silvester verbrachten wir in einem kleinen Strandrestaurant an der Lagune von Pie de la Cuesta, unter einem herrlichen Sternenhimmel. Es gab keine Knaller und keine laute Musik. Es war ein wunderschöner, besinnlicher Abend. Nur Ruth wurde nostalgisch und weinte ein paar Tränen, aber das konnten wir verstehen und ließen sie in Ruhe.

Raúl und ich sprachen noch einmal über unsere Zukunft. Ich schlug ihm wieder vor, daß ich mit den Kindern nach Toluca kommen könnte, ja, daß ich sogar bereit wäre, dafür meine Arbeit bei der Zeitung aufzugeben. Und wenn er unbedingt auch Marlenes Vater sein wollte, bitte, wir könnten ja auch heiraten. Dann könne er sie adoptieren.

Aber Raúl machte sich über meinen Vorschlag lustig und schimpfte mich eine dumme Närrin. Ich würde das ja wohl selbst nicht ernst nehmen und möge ihn doch bitte mit solch absurden Ideen verschonen.

Von unserer Acapulco-Reise zurück, entschloß sich Ruth, für die restliche Zeit ihres Aufenthaltes in Mexiko durch das Land zu reisen. Ich war froh, als wir sie in Toluca zum Bus brachten. Ich hoffte, daß ihr diese Reise alleine aufs Land guttun und eine Erfahrung bedeuten würde, die sie von ihrem »Psychotrip« und ihrem messianischen Verhalten abbrachte.

Ich genoß die Ruhe, die bei mir zu Hause wieder einkehrte. Auch die Kinder, vor allem Marlene, beruhigten sich wieder. Marlene hatte Probleme in der Schule, und Ruth hatte sie fürchterlich gestriezt, mit dem Erfolg, daß Marlene abblockte und gar nichts mehr in ihr Köpfchen hinein wollte. Langsam wurde sie wieder das heitere, offene Mädchen, das trällernd durch die Wohnung lief oder malte, wenn sie nicht mir ihrer kleinen Schwester spielte. Die beiden waren immer unzertrennlich. Natürlich stritten sie auch, wie alle Geschwister, aber das dauerte nie lange. Mit ihrer Unordnung im Zimmer brachten sie mich oft zur Verzweiflung. Es waren nicht die durcheinandergeworfenen Spielsachen, sondern die Kekse und angebissenen Bonbons, die ich dazwischen fand, oder ausgeschütteten Zucker und nicht aufgegessene Sandwichs. Das machte mich fuchsteufelswild! Und dann wurde ich so rabiat, daß ich »tabula rasa« machte und alles auf den Boden warf.

Wenn Raúl das mitbekam, wurde er sehr böse mit mir.

Ich als Mutter hatte natürlich nie das Recht, einmal auszuflippen oder zu schimpfen. Aber auf seine guten Ratschläge konnte ich verzichten: Hinterher waren sie nämlich nicht mehr gefragt!

Mina und ich verbrachten wieder sehr viel Zeit miteinander. Sie half mir immer, wenn ich kein Dienstmädchen hatte. Entweder kam sie selbst, oder sie brachte ihre Mutter zu mir. Raúl haßte Mina und Doña Mary wie die Pest. Seine Eifersucht machte auch vor ihnen nicht halt.

Wenn meine Arbeit beim »Excélsior« nicht gewesen wäre, ich wäre sicher viel öfter ausgerastet. Aber sie lenkte mich ab von meinen persönlichen Problemen, und sie zeigte mir jedes Mal von neuem, daß es nur darauf ankam, positiv zu denken und sich keine Blöße zu geben.

Eines Tages, Mitte Januar, rief ich bei der »Austromex« an, um Peter ein frohes neues Jahr zu wünschen. Ich war sicher, daß er von seinem Heimaturlaub wieder zurück war. Marina war am Apparat: »Da bist du ja endlich! Wir haben versucht, dich zu erreichen, schon vor Weihnachten! Wir brauchen dich hier. Du sollst so schnell wie möglich zu uns zurückkommen!«

Das ließ ich mir nicht zweimal sagen! Peter war noch nicht wieder zurück. Trotzdem erhielt ich einen Vertrag und ein Gehalt, das mein früheres bei weitem übertraf. Er war sich also sicher, daß ich zurückkommen würde, und hatte alles vorbereitet. Ich jubelte! Nun brauchte ich mir keine Sorgen zu machen. Mit meinem Verdienst bei der Zeitung und bei der »Austromex« und mit dem Unterhalt für Marlene konnten wir gut leben. Ich brauchte nicht nach Deutschland zurückzukehren! Ich konnte Raúl gegenüber sicher auftreten und meiner Schwester eine klare Entscheidung mitteilen. Und die hieß: Mexiko.

Ein paar Tage später traf ich Raúl morgens zum Frühstück im »Sanborns« von Chapultepec. Ich wollte mit ihm unsere Situation bereinigen.

»Gut, Raúl, in Acapulco hast du mir gesagt, daß du nicht willst, daß ich mit den Kindern nach Toluca ziehe. Ebensowenig willst du zu uns nach Mexiko-Stadt kommen. Als Paar haben wir also keine Zukunft mehr. Dann laß uns jetzt eine klare Regelung treffen, wie wir in Zukunft unsere Aufgaben und unsere Verantwortung mit den Kindern aufteilen, und jeder von uns zieht seiner Wege und kann aus seinem Leben machen, was er will! Ich schlage dir vor, daß du die Kinder jedes zweite Wochenende holst und daß du außerdem einen festen monatlichen Betrag für Lauras Unterhalt bezahlst, wenigstens soviel, daß ihr Schulgeld gesichert ist.«

»Okay, ich bin einverstanden. Aber ich warne dich: ein falscher Schritt, und ich nehme dir die Kinder weg!«

»Was willst du damit sagen? Was sollte ich schon falsch machen? Ich arbeite und kümmere mich um die Kinder. Sie haben ein schönes Zuhause und gehen in eine gute Schule bzw. Kindergarten. Was willst du eigentlich?«

»Ich wiederhole: ein falscher Schritt, und ich nehme dir die Kinder weg. Du weißt genau, was ich meine. Mehr brauche ich dazu nicht zu sagen.«

Ich ließ mir von ihm keine Angst einjagen. Ich fühlte mich frei und lachte nicht nur Raúl an, ich lachte dem Leben ins Gesicht.

Ruth reagierte ausgesprochen verständnisvoll: »Ich verstehe gut, daß du Mexiko nicht verlassen möchtest. Mal ganz abgesehen von den Kindern, liebst du deine Arbeit viel zu sehr. Deine Welt ist hier, hier gehörst du hin! Das ist völlig in Ordnung so.« Als ich sie Ende Januar 1986 zum Flughafen brachte, war ich unendlich erleichtert.

Mit neuem Schwung fing ich am 1. Februar wieder bei der »Austromex« an. Ich war sicher, daß ich die Gefühle für Peter überwunden hatte. Ich fühlte mich gewappnet. Durch den Erfolg bei der Zeitung fühlte ich mich stark. Ich hatte Anerkennung, Bewunderer und Verehrer. Ich glaubte, daß nichts mehr mir etwas anhaben konnte. Zwischen Francisco Valero und mir hatte sich mit der Zeit eine tiefe Freundschaft entwickelt. Er förderte meine Kreativität und brachte mich sogar dazu, eigene Gedichte und Prosa zu schreiben. Ich fühlte mich fast berauscht und von einer nie gekannten Euphorie erfaßt.

Die Worte Langeweile oder Einsamkeit kannte ich gar nicht mehr. Ich war ständig in Bewegung. Eine Ausstellung jagte die andere, Dichterlesungen, Diskussionen, Theater, Musik . . . Es gab kein Thema, auf das man mich nicht losließ. Die Vielfalt der Sachgebiete und die unterschiedlichen Menschen, mit denen ich zu tun hatte, vermittelten mir Erfahrungen und Kenntnisse, die mich immer mehr sensibilisierten. Als ich eines Abends, nach langer Zeit, wieder einmal in die Peña »El Condor Pasa« ging und die Texte der lateinamerikanischen Folksongs und der Protestlieder hörte und begriff, fühlte ich eine unsagbare Dankbarkeit. Die Faszination und die leise Ahnung, die ich damals spürte, als ich das erste Mal hier gewesen war und beschlossen hatte, dieses Land zu entdecken, hatten ihre Rechtfertigung und Bestätigung gefunden.

Ich hätte Peter gerne etwas von all diesen Erfahrungen mitgeteilt. Oft unterhielten wir uns über meine Arbeit und meine Entdeckungen. Ich verschwieg ihm aber die Empfindungen, die ich dabei hatte. Ich stellte fest, daß wir Ähnliches erlebt und entdeckt hatten: wie jene kleine Kirche im Zentrum unweit der Kathedrale, versteckt zwischen Geschäften und Passagen. Die heruntergekommene Fassade ließ gar nicht auf den Reichtum in ihrem Innern schließen. Sobald man durch das Portal in das kleine Schiff trat, wurde man schier geblendet vom Blattgold des Altars und von den unzähligen Kerzen vor dem Marienbild in einer kleinen Nebenkapelle. Immer wenn ich im Zentrum zu tun hatte, suchte ich diese kleine Kirche auf, die mich mit ihrer magischen Kraft und der Ruhe, die sie ausstrahlte, in den Bann zog.

Hatten Peter und ich schon vorher ein gutes Verhältnis gehabt und konnten hervorragend zusammenarbeiten, nun war es noch besser! Es bildete sich ein Vertrauensverhältnis, das weit über die Belange der Arbeit hinausging. Es entstand eine eigenartige Wechselwirkung: Je enger das Freundschaftsverhältnis wurde, desto mehr Verantwortung übertrug er mir. Wir motivierten uns gegenseitig und entwickelten Ideen, wie wir mittels gezielter Projektpromotion die Kontakte zu Regierungsstellen und staatlichen Firmen ausbauen konnten. Mir machte das sehr viel Spaß. Ich lernte vor allem auch eine Menge dabei. Und wie zuvor konnte ich immer auf sein Verständnis zählen, wenn ich irgendwelche Probleme mit den Kindern hatte.

Ein neues Dienstmädchen, das bei uns wohnte, brauchte ich nicht mehr, weil Tante Gerda ihren Halbtages-Kindergarten auf ganztags ausweitete. Ich brauchte nur Marlene von der Schule abzuholen und auch zu Tante Gerda zu bringen, wo sie mit Laura und den anderen Kindern mittags aß. Zwischen 17.00 und 18.00 Uhr, wenn ich in der Zeitung fertig war, holte ich sie wieder ab.

Sie waren so lieb, daß ich abends zur Arbeit gehen konnte, ohne mir Sorgen machen zu müssen. Wenn sie ins Bett gingen nach dem Abendbrot, dann schliefen sie auch. Ich sagte einer Nachbarin Bescheid, die nach ihnen von Zeit zu Zeit sah. Es gab deswegen nie Probleme. Ein Zimmer hatte ich inzwischen auch an eine junge Deutsche vermietet, die abends fast immer zu Hause war. Sylvia erinnerte mich an mich selbst, wie ich vor so vielen Jahren in dieses Land gekommen war und Arbeit gesucht hatte.

Meine beiden Mädchen waren überall im Haus beliebt. Sie wußten, an wen sie sich wenden konnten, wenn sie Hilfe brauchten. Und ich kam außerdem sehr selten spät nach Hause.

Das Dienstmädchenzimmer konnte ich schließlich an ein junges Mädchen vermieten, das als Sekretärin bei einem Nachbarn arbeitete, der sein Büro genau über mir hatte. Sein Bürofenster ging zu unserem hinteren Patio hinaus, auf dem die Kinder oft spielten. Vicky schickte ihnen oft durch das Fenster Süßigkeiten hinunter und unterhielt sich mit ihnen. Vicky und mein Nachbar, Don Mario, ein sympathischer, untersetzter und etwas pummeliger Mittvierziger, der eine Versicherungsagentur betrieb, hatten ein Verhältnis, aber das störte mich nicht. Was mich störte war, daß sie die Miete nie pünktlich bezahlte. Hinzukam, daß ich ihretwegen häufig mit meinem Auto abends nicht aus der Garage herauskam. Diese war nicht sehr groß, und um die Wagen zu rangieren, war man auf die Rücksicht und Mithilfe der Nachbarn angewiesen. Wenn Don Mario nicht die Schlüssel hinterließ, mußte er zumindest erreichbar sein. Oft stellte er aber seinen Wagen hinter meinen. Von ihm aber war nichts zu sehen und zu hören. Natürlich wußte jeder im Haus, daß er bei seiner Geliebten im Zimmer war, aber es widersprach einfach den Regeln, daß ein verheirateter Mann offen dazu stand. Also verhielt er sich mucksmäuschenstill, während ich Sturm klingelte. Für mich war das ärgerlich, denn ich brauchte mein Auto vor allem, um zur Arbeit fahren. Eines Tages hatte ich genug und kündigte Vicky das Zimmer. Das verzieh sie mir nie! Von nun an war ich für sie eine der eingebildeten »Gringas«, die die armen Mexikaner schamlos ausnutzte. Sie zerkratzte nicht nur mein Auto, sondern erzählte Raúl, wenn sie ihn einmal allein erwischte, die unmöglichsten Geschichten über mich. Entweder kam ich jeden Abend betrunken nach Hause oder brachte verschiedene Männer mit.

Das Verhältnis zwischen Raúl und mir war dadurch sehr angespannt. Es war lächerlich, aber er wollte an die Geschichten glauben! Daß ich gar keine Zeit und schon gar nicht die Kraft zu so etwas gehabt hätte, ging in seinen Kopf nicht hinein.

Wie eh und je blieb ich morgens, wenn ich Laura zu Tante Gerda brachte, noch ein Weilchen bei ihr sitzen und plauderte. Auch ihre Tochter Renate gehörte nun zur Schar der alleinerziehenden Mütter. Wir unterhielten uns sehr oft über unsere Probleme als Frauen und Mütter und über unsere Träume. Als ihr Baby starb, tat sie mir unendlich leid. Sie wurde in bewunderungswürdiger Weise mit diesem Schicksalsschlag fertig und verlor nichts von ihrer Resolutheit und Beherrschtheit. Aus erster Ehe hatte sie eine Tochter von neun Jahren und noch einen weiteren Sohn. Öfter gab sie mir mal Sachen für Marlene. Sie war mir nicht unbedingt sympathisch, dazu war sie mir zu herb und zu resolut, aber ich empfand eine große Solidarität mit ihr. Als Frauen mußte man zusammenhalten, das war immer meine Philosophie gewesen, und da fragte ich oft nicht nach Sympathie.

Raúl hielt sich kaum an unsere Vereinbarung. Er holte die Kinder ab, wann er wollte. Manchmal vergingen vier bis sechs Wochen, bis er sich blicken ließ. Und wenn er dann anrief, um mir anzukündigen, daß er sie am Tag X zur Zeit Y abholen würde, dann konnte ich Stunden warten, oft sogar noch bis zum nächsten Tag. Er durchkreuzte mir sämtliche Pläne. Selten brachte er mir die Kinder zur vereinbarten Zeit zurück. Eines Tages rief er mich in der Zeitung an und trug mir auf, die Tasche der Kinder zu packen und sie bei Tante Gerda zu lassen. Er wolle Marlene und Laura dort zum Wochenende abholen.

Ich tat, worum er mich gebeten hatte, setzte aber ein Schreiben auf, in dem er sich verpflichten sollte, sich an die getroffenen Vereinbarungen zu halten, und das er unterschrieben bei Tante Gerda zurücklassen sollte. Ihr erklärte ich, daß die Kinder nicht mit Raúl mitfahren durften, solange er diese Verpflichtung nicht unterschrieben habe.

Ich rief abends bei Tante Gerda an und fragte nach dem Brief.

»Du, Raúl sitzt immer noch hier und ist stinksauer. Ich habe mich lange mit ihm unterhalten, und ich denke, ihr solltet miteinander reden. Komm her, wir sehen dann weiter!«

Mir blieb nichts anderes übrig, als zu Tante Gerda zu fahren. Sie ließ uns allein. Raúl war sehr böse: »Wie kommst du dazu, Tante Gerda in unsere Probleme hineinzuziehen? Bist du völlig übergeschnappt? Und was soll dieser Brief? Ich unterschreibe dir gar nichts. Und in welches Licht stellst du mich, wenn du von Renate Sachen für Marlene annimmst? Schämst du dich nicht?«

»Warum sollte ich mich deswegen schämen? Die Sachen, die Laura nicht mehr passen, gebe ich ja auch weiter. Was ist denn schon dabei?«

»Du spielst dich hier als Märtyrerin auf. Ich laß mich von dir nicht erpressen!«

»Ich will dich keineswegs erpressen, aber du hältst dich an keine Vereinbarung, verfügst über meine Zeit und machst mir alle Pläne kaputt. Ich kann mich nie auf dich verlassen!«

»Okay, okay, ich bringe dir die Kinder am Sonntagabend zurück. Aber den Brief unterschreibe ich nicht. Jetzt mach, was du willst!«

Ich war mir nicht sicher, was ich tun sollte. Schließlich gab ich nach und ließ die Kinder mit ihm gehen, nachdem Tante Gerda mir versicherte, daß er ihr sein Wort gegeben hatte, meine beiden Mädchen pünktlich wieder nach Hause zu bringen.

Natürlich brachte er sie mir nicht am Sonntagabend zurück. Ich saß den ganzen Abend am Fenster in meinem Wohnzimmer und schaute auf die Straße. Nichts tat sich. Ich traute mich nicht, ins Bett zu gehen, um die Klingel oder das Klopfen nicht zu überhören. Meine Wohnung war sehr laut, und mein Schlafzimmer im hinteren Teil ging zur Straße. Unter meinem Fenster lagen der Eingang zur Metrostation »Chapultepec« sowie die Endstation der Kollektivtaxis nach Cuitláhuac. Die Taxifahrer schrien die ganze Nacht die Route aus, um Gäste anzulocken. An den Ständen der ambulanten Händler und vor den Taco- und Saftbuden herrschte meistens Hochbetrieb. Sie hatten die ganze Nacht geöffnet. Oft spielten die Angestellten sogar Fußball, wenn wenig Kunden da waren. Am Anfang hatte mich der Lärm fast wahnsinnig gemacht, aber mit der Zeit hatte ich mich daran gewöhnt, so sehr, daß ich für Geräusche kein Ohr mehr hatte. Wenn es bei mir klopfte, hörte ich nichts.

Die ganze Nacht dämmerte ich im Wohnzimmer auf dem Sofa vor mich hin. Bei Morgenanbruch war klar, daß Raúl nicht mehr kommen würde. Beunruhigt ging ich zur Arbeit und rief Tante Gerda an. Ich fragte sie, ob Raúl sich vielleicht gemeldet hatte. Da ich kein eigenes Telefon hatte, konnte er mich ja nicht erreichen. Vielleicht war etwas passiert und er hatte wenigstens Gerda benachrichtigt. Aber sie wußte von nichts.

Am Montagabend — ich war mit den Nerven am Ende — brachte mir Raúl meine Kinder wieder. Vergnügt und lachend stürmten sie ins Zimmer, so wie sie immer zurückkamen. Was war bloß passiert?

Ich machte Raúl Vorhaltungen.

»Hattest du nicht versprochen, daß du pünktlich zurückkommst? Geht es denn in deinen Kopf nicht hinein, daß ich mir Sorgen mache?«

»Wir waren auf dem Land. Den Kindern gefiel es so gut. Also sind wir einen Tag länger geblieben.«

»Raúl, Marlene geht zur Schule, sie kann nicht einfach so wegbleiben. Und außerdem: Wie verträgt sich das denn mit deiner Ansicht, daß sich die Kinder frühzeitig an Disziplin gewöhnen müssen? Du willst mich wohl auf den Arm nehmen?«

»Reg dich ab! Du bist ja nicht mehr ganz dicht im Kopf.«
Er stellte die Tasche ab und verschwand.

Es kostete mich große Mühe, meine Wut zurückzuhalten und die Kinder nicht spüren zu lassen, wie mir zumute war. Sie erzählten mir vergnügt von ihrem Ausflug. Ich konnte ihnen doch nicht die Freude darüber verderben! Nachdem ich die Kinder zu Bett gebracht hatte, packte ich ihre Sachen aus und fand in der Tasche Raúls Pistole. Die Tatsache, daß er eine Waffe besaß, erschreckte mich nicht. Viele Männer in Mexiko sind bewaffnet, erst recht auf dem Lande. Aber daß er die Pistole in der Tasche der Kinder verwahrte und sie nicht mitnahm, das gefiel mir nicht. Ich machte mir jedoch keine weiteren Gedanken darüber, nahm sie und verstaute sie im Regal meines kleinen Ankleidezimmers.

Ich war zu sehr mit mir selbst beschäftigt, um mir noch weitere Gedanken um Raúl zu machen. Er sollte nicht mehr mit meinem Leben zu tun haben, als unbedingt notwendig war. Meine Welt waren der »Excélsior«, die »Austromex« – und Peter. Wenn er auf Geschäftsreisen war, fehlte er mir. Ich brauchte mir selbst nichts mehr vorzumachen: Ich liebte ihn. Warum sollte ich es noch leugnen? Aber ich war weit davon entfernt, ihm das zu sagen. Ich behielt es für mich, nahm mir aber vor, ihn für mich zu gewinnen. Durch positives Denken und Handeln, da war ich mir sicher, würde das Schicksal für mich entscheiden. Warum sollte ich dieses Glück nicht verdienen? Hatte ich nicht bewiesen, daß ich etwas taugte? War ich es etwa nicht wert, daß mich ein Mann wie Peter liebte? Ich wollte es auf jeden Fall versuchen.

Jeden Morgen, wenn ich zur Arbeit ging, mußte ich den großen Platz vor der Metrostation überqueren und ein Stück durch den Chapultepec-Park laufen, um dann durch eine Unterführung unser Bürohaus auf der anderen Seite der »Reforma« zu erreichen. Im langen Gang stand ein Im-

bißstand neben dem anderen, piksauber und immer appe-
titlich, dazwischen kleine Geschäfte und Zigarettenstände.
Kurz vor dem Ausgang, wo sich die Unterführung zur anderen Seite der »Reforma« gabelte, betrieb ein junger Mann
einen Blumenstand. Er verkaufte die herrlichsten Rosen,
die ich je gesehen habe. Rote, gelbe, weiße, rosa, lachsfar-
bene, orangefarbene. Es war eine Pracht!

Ich begann, regelmäßig einen bunten Strauß Rosen zu
kaufen und ihn Peter auf den Schreibtisch zu stellen. Dafür
hatte ich auf dem Basar »Sábado« in San Angel eine zauberhafte kleine Keramikvase gefunden, die eine Eule zierte
— das Weisheitssymbol der Mexikaner —, und passend dazu
einen Aschenbecher.

Er freute sich sehr darüber, auch wenn er außer einem
strahlenden Dankeschön nichts weiter dazu sagte. Die duf-
tenden Blumen bildeten einen heiteren Farbfleck in seinem
Zimmer und verbreiteten eine Atmosphäre, in der es unmöglich war, schlechte Laune zu haben. Der Kauf der Rosen, das Schneiden und Ordnen in der Vase entwickelten
sich zu einem Ritual, bei dem er mich zuweilen beobachtete. Wir verstanden uns ohne Worte. In Verhandlungen oder
bei Besuchen signalisierten wir uns mit den Augen, was davon zu halten war. Oft unterbrachen wir die Arbeit, um uns
zu unterhalten: über seine Heimat, seine Pläne, seine Wünsche und Hoffnungen, über den Glauben an Gott. Aber nie
gingen wir zusammen essen, und nie machte er den geringsten Annäherungsversuch.

Marina war furchtbar eifersüchtig. Als ich eines Morgens
ins Büro kam, ließen alle Rosen ihre Köpfchen hängen. Ich
verdächtigte sofort Marina, denn die Köpfe waren eindeutig
umgeknickt worden. Ich war sehr traurig und außer mir und
sagte das Peter auch.

»Und jetzt gehe ich erst recht neue Rosen holen!«

Es war ein Freitag, und der neue Strauß strahlte in seinen
bunten Farben. Ich war sicher, daß Peter die Blumen mit

200

nach Hause nehmen würde. Aber er tat es nicht. Als ich am Montag ins Büro zurückkehrte, stand der herrliche Strauß halb verblüht in der Vase. Der Anblick machte mich todunglücklich. Warum tat mir Peter das an? Immer, wenn er meinte, daß wir uns zu nahegekommen waren, zog er sich zurück und tat so, als interessiere ihn das alles gar nicht. Einen Tag war er sehr lieb und zuvorkommend, machte mir Komplimente und erkundigte sich, wie es mir ging und den Kindern und ob alles in Ordnung war. Dann schwebte ich im siebten Himmel. Aber wenn er merkte, daß er zu nett gewesen war, daß er sich vielleicht zu weit vorgewagt hatte, strafte er mich fast mit Überheblichkeit und Kälte. Dieses Auf und Ab machte mich völlig fertig.

Trotzdem wollte ich mich nicht beirren lassen: Ich glaubte an diese Liebe und wollte unbedingt und endlich einmal auf der Siegerseite stehen! Hatte ich es mir denn nicht verdient? Aber Mina holte mich wieder auf den Boden der Tatsachen zurück: »Du kannst nicht davon ausgehen, daß es dir gelingt, ihn für dich zu gewinnen. Woher soviel Sicherheit? Paß auf, daß du nicht tief fällst!«

»Ich spüre, daß auch er mich liebt! Ich bin fest davon überzeugt. Sicher, er gehört nicht zu den Mutigen. Vielleicht braucht er einfach noch Zeit. Ich tu ihm ja nichts, und ich nehme ihm auch nichts fort. Und wenn ich zehn Kinder hätte, ich bin es trotzdem wert, daß man, daß er mich liebt!«

Meine Liebe zu ihm gab mir ungeheuren Schwung und die Fähigkeit, alles, was ich erlebte, ganz tief zu empfinden. Was ich an Bildern sah und was mir die Künstler, die Schriftsteller und Poeten, die Musiker und Theaterleute erzählten, fiel dadurch auf einen noch fruchtbareren Boden. Ich konnte schreiben, was ich wollte – alles floß mir mit leichter Feder von der Hand und wurde gedruckt. Peter war meine Muse! Wie gerne hätte ich ihn einmal mitgenommen zu den Konzerten in die Universität oder ins Kabarett zu

Alejandro Aura und Carmen Boullosa, ins »Cuervo«, dieser herrlichen Bühne und Kneipe in Coyoacán! Er hätte noch viel mehr von jenem Mexiko gesehen und verstanden, das ich so liebte!

Ich war so glücklich und über alles so erhaben, daß mir Raúl nichts anhaben konnte. Er merkte das, und das machte ihn noch wütender auf mich. Aber ich setzte mich lachend darüber hinweg.

Kapitel XII
Der Countdown läuft

Das Lachen sollte mir jedoch sehr bald vergehen. Es war an einem ganz normalen Wochentag. Ich war mit den Kindern auf dem Heimweg vom Kindergarten. Wie gewohnt blickte ich beim Einbiegen in die »Avenida Veracruz« zu meinen Balkons hoch und merkte gleich, daß etwas nicht stimmte. Die Lampe auf der Truhe vor dem Wohnzimmerfenster war umgekippt und lehnte halb am Fenster. Hatte es etwa gebebt? Aber davon war den ganzen Tag über nichts zu spüren gewesen.

Kaum betrat ich die Küche, stürmte mir Sylvia entgegen: »Es ist eingebrochen worden! Alle Schubladen wurden durchwühlt. Sieh nur, was sie angerichtet haben!«

Tatsächlich: Alle meine Schubladen lagen herausgezogen auf dem Fußboden, im Schlafzimmer, im Wohnzimmer. Aus den Schränken war alles herausgerissen worden. Es herrschte ein fürchterliches Durcheinander. Einzig mein Schreibtisch war verschont worden. Warum?

Zunächst konnte ich es mir nicht erklären. Aber die Antwort war einfach: Durch das Innenfenster vom Treppenhaus konnte man direkt auf meinen Schreibtisch sehen, und die Vorhänge waren nicht zum Zuziehen. Hier hatte der Eindringling also Angst gehabt, beobachtet zu werden.

Aber wie war er hereingekommen? Die Schlösser der Haupteingangstür und zur Küche waren unversehrt, und ich hatte am Morgen wie immer abgeschlossen. Es schien mir unmöglich, daß jemand durch den Balkon zum Patio eingestiegen war, dessen Tür nicht abzuschließen war. Aber genau das hatten der oder die Einbrecher offenbar getan. Auf dem Fußboden des Balkons standen säuberlich aufgereiht die schweren Blumentöpfe, die sonst die Mauer des Balkons zierten. Wie war das möglich? Von außen war nur über eine Leiter auf meinen Balkon zu kommen, und dabei wäre unweigerlich mindestens ein Blumentopf heruntergefallen. Also blieb nur noch das Büro oben. Doch auch das schien unmöglich. Ganz offenbar simulierte hier jemand einen Einbruch und täuschte vor, über den Balkon eingestiegen zu sein. Das alles war mysteriös. Ich konnte mir keinen Reim darauf machen. Zumal nichts zu fehlen schien.

Ich bemühte mich, Ruhe zu bewahren. Noch einmal untersuchte ich Raum für Raum, ordnete die herausgewühlten Sachen wieder ein und stieß dabei in meinem Ankleideraum auf die Reisetasche, die Raúl das letzte Mal benutzt hatte, als er die Kinder zurückbrachte. Ich hatte sie damals vollständig ausgepackt, aber jetzt fiel mir sein Schlüsselbund entgegen. Hatte ich es vielleicht doch übersehen? Mir schossen die wildesten Gedanken und Spekulationen durch den Kopf. Konnte es sein, daß Raúl mir das antat? Ich verwarf den Gedanken gleich wieder, bis ich im Regal seine Pistole liegen sah — genau dort, wo ich selbst sie hingelegt hatte. Wenn die Einbrecher sonst nichts klauten, aber die Pistole hätten sie doch sicher nicht liegengelassen! Konnte es sein, daß Raúl einen Einbruch vortäuschte, um mich zu verwirren und mir die Sicherheit zu nehmen? Ich konnte, ich wollte es nicht glauben. Soweit konnte er unmöglich gegangen sein!

Ich stand unter Schock. Meine Gedanken überschlugen sich. Ich wies die Idee weit von mir, daß Raúl etwas damit zu tun haben könnte. Aber wer konnte es dann gewesen sein? War es jemand, der an mir wegen irgendwelcher Artikel, die ich geschrieben hatte, Rache üben wollte? Oder war es ein alter Mieter, den ich einmal hinausgeworfen hatte, weil er nicht mehr zahlte? Oder wollte mich die Regierung einschüchtern, weil ich als Reporterin arbeitete? War es vielleicht doch Raúl? Ich konnte mir das alles einfach nicht erklären.

Als erstes rief ich bei Raúls Eltern an und erzählte ihnen, was geschehen war. Ich weiß nicht, was ich erwartet hatte, aber erstaunlicherweise waren sie überhaupt nicht entsetzt. Sie versprachen mir, Raúl ausfindig zu machen, und ich sollte mich beruhigen. Schließlich war mir ja nichts gestohlen worden. Wie sollte ich mich beruhigen? Mir saß die Angst im Nacken!

Noch am selben Abend fuhr ich in die Zeitung und suchte gleich unsere juristische Abteilung auf. Einer der Anwälte, Roberto, fuhr sofort mit mir nach Hause zurück, um sich ein Bild von der Lage zu machen. Aus Sicherheitsgründen übergab ich ihm Raúls Pistole. Auch Roberto war klar, daß es sich hier nicht um einen gewöhnlichen Einbruch handelte. »Aber von Seiten der Regierung kann das nicht kommen. Wir sind die ersten, die erfahren, wenn einer unserer Reporter unliebsam geworden ist. Aber an einen persönlichen Racheakt von einem deiner früheren Untermieter glaube ich auch nicht, denn sie hatten keine Schlüssel zur Wohnung, sondern nur zum Dienstmädchenzimmer, wenn ich dich richtig verstanden habe. Wenn du mich fragst, mir riecht das nach deinem Ex-Mann«, erklärte er mir schließlich.

Raúl hatte zwar keinen Schlüssel mehr, aber ich hatte ihn seiner Cousine gegeben, die in unserer Nähe wohnte. Dennoch konnte ich mir einfach nicht vorstellen, daß er zu so einer gemeinen Tat fähig war und ihr den Schlüssel unter einem Vorwand abnahm, um bei mir einen Einbruch vorzutäuschen!

Nach ein paar Tagen meldete er sich endlich bei mir.

»Was hast du da meinen Eltern erzählt? Bei dir ist eingebrochen worden? Red doch keinen Unsinn! Wahrscheinlich war es irgendeiner deiner Freunde gewesen. Frag dich selbst! Sieh dich doch in deinem eigenen Umfeld um! Und was soll die Panik überhaupt!« fuhr er mich am Telefon an. Seine Reaktion traf mich wie ein Hammerschlag. — Wie konnte er nur so zynisch sein! Ich riß mich zusammen und blieb scheinbar gelassen. »Raúl, du verkennst die Lage völlig! Wenn ich als Vater erführe, daß bei meinen Kindern eingebrochen wurde, dann würde ich mir Sorgen machen. Statt dessen schimpfst du mich aus und machst dich noch lustig über meine Angst. Kannst du dir wirklich nicht vorstellen, daß ich Angst habe, um mich, um unsere Kinder?« antwortete ich ihm, wobei ich meine Sorgen nicht einmal vortäuschen mußte. Aber er ging nicht darauf ein.

Ich begriff die Welt nicht mehr. Wie sollte ich das alles verstehen? Ich wurde mißtrauisch. Ich ahnte, daß irgend etwas Böses gegen mich im Gange war. Ich ahnte auch, daß Raúl etwas damit zu tun haben könnte, aber ich weigerte mich beharrlich, dies zu glauben. Ich bemühte mich um Normalität. ›Laß dir keine Angst einjagen, und wenn du Angst hast, laß sie niemanden spüren!‹ hämmerte ich mir ein, immer und immer wieder.

Wir sahen Raúl wochenlang nicht. Es war, als ob es ihn gar nicht mehr geben würde. Einerseits war ich froh darum, andererseits ärgerte es mich, daß er sich nicht an unsere Abmachung hielt, die Kinder nicht regelmäßig holte und mir auch keinen Unterhalt zahlte.

Mit der Zeit verdrängte ich den Vorfall. Wie gewohnt ging ich meiner Arbeit nach, die mich für vieles entschädigte.

Aber inzwischen hatte ich Angst vor Raúl bekommen. Ich wurde vorsichtiger. So traf ich mich kaum noch mit Francisco, der sich darum bemühte, mir zu helfen. Doch ich wollte alles vermeiden, was Raúl Anlaß zu Eifersucht geben konnte, obwohl er kein Recht darauf hatte, sich in mein Leben einzumischen.

Jener Einbruch war nur ein erstes Warnzeichen. Eines Sonntags, ich schlief noch, stürzten meine Töchter in mein Schlafzimmer: »Mami, Mami, unsere Haustür ist völlig kaputtgeschlagen worden!«

In der Tat: Sie war nicht nur völlig demoliert, auch der Rahmen war aus seiner Verankerung gerissen worden. Warum hatten wir nichts gehört? Wir hatten alle einen gesunden Schlaf! Durch den Lärm auf der Straße, der die ganze Nacht durch anhielt, hörten wir tatsächlich nie, wenn jemand an die Tür klopfte. Einmal, als Raúl und die Kinder krank waren und sich in mein Schlafzimmer zurückgezogen hatten, war ich ausgesperrt. Ich war zum Einkaufen gefahren und hatte die Schlüssel vergessen. Ich schlug wie eine Besessene an die Tür, und Raúl hörte mich nicht. Ich mußte zu dem Nachbarn gehen und warten, bis einer von den dreien sich vielleicht mal in der Küche zu schaffen machte, damit ich auf mich aufmerksam machen konnte. Selbst da glaubte mir Raúl nicht, sondern meinte, ich hätte nur mit dem Nachbarn plauschen wollen . . . Ebensowenig glaubte er mir, daß ich an alles andere gedacht habe als an Münzen, als er mir die einmal an mein Fenster warf, weil er sich nicht an der Haustür bemerkbar machen konnte. Münzen an ein Fenster geworfen: Das hört sich an wie peitschende Schüsse. Es war Nacht, und ich hörte im Traum die Schüsse und war zutiefst erschrocken. Daß es Raúl gewesen sein könnte, auf die Idee kam ich nicht, selbst im Traum nicht. Er glaubte mir nicht, sondern war felsenfest davon überzeugt, ich hätte mit einem anderen Mann im Bett gelegen!

Aber jetzt – was war jetzt passiert? Wer konnte es gewesen sein? Warum hatte nicht wenigstens Sylvia den Krach gehört, wo sie doch direkt neben der Tür ihr Zimmer hatte?

Aber Sylvia war ebenso erschüttert und entsetzt wie wir, und sie hatte einen ebenso tiefen Schlaf, denn sie hatte sich an das nächtliche Höllenrattern der Wasserpumpe gewöhnt, die im Hinterhof unter ihrem Fenster angebracht war. Dennoch: Irgend jemand im Haus mußte doch den Lärm gehört haben!

Ich ging zu Don Mario, der sein Büro über uns hatte. Seine Geliebte machte auf. »Ach ja«, erzählte sie scheinheilig, »ich hab da schon was gehört, und ich habe drei Männer fortlaufen sehen!« Und warum hatte sie mich nicht gewarnt, warum nicht die Polizei gerufen? »Ich hatte Angst. Außerdem, Sie wissen, daß es nicht gut ist, sich in fremde Angelegenheiten zu mischen!«

Was sollte ich von ihr auch erwarten?

Dieses Mal blieb mir nichts anderes übrig, als die Polizei zu rufen. Zu uns kam ein junger Agent in Zivil, der die Tür untersuchte und mich vernahm. Ich erzählte ihm von dem anderen Einbruch Wochen zuvor. So wie damals nichts fehlte, hatten offenbar auch dieses Mal die Eindringlinge nicht danach getrachtet, etwas zu stehlen. Denn einmal die Tür aufgebrochen – was hielt sie auf? Wie hätten wir zwei Frauen und zwei kleine Mädchen uns wehren können? Sie hätten ein leichtes Spiel gehabt. Es sollte also auch dieses Mal nur eine Warnung sein. Aber von wem? »Wissen Sie, Señora, nach allem, was Sie mir erzählt haben, kann das nur von Ihrem Mann ausgegangen sein. Aber wir werden das nachprüfen, wenn Sie morgen in die Delegation kommen und offiziell eine Anzeige erstatten«, erklärte mir der sympathische Mann und verabschiedete sich. Wir sahen ihn in den nächsten Tagen häufiger »Runden ziehen« in der Nähe unseres Hauses.

Viele Handwerker arbeiteten auch sonntags. Ich war sicher, daß sich ein Tischler finden würde, der meine Tür wenigstens notdürftig reparieren würde. Aber das ganze Stadtviertel schien sich gegen mich verschworen zu haben. Ich fand nicht einen einzigen, selbst in den nächsten Tagen nicht, der bereit gewesen wäre, meine Tür zu reparieren.

Ich war in einem furchtbaren Dilemma und in panischer Angst. Mit dem Anwalt der Zeitung ging ich am nächsten

Tag in die zuständige Delegation und erstattete Anzeige. Eine Woche später sollte ich zu einer erneuten Vernehmung kommen und die Anzeige bestätigen.

Aber dazu fehlte mir der Mut. Ich konnte einfach nicht glauben, ich wollte nicht wahrhaben, daß Raúl hinter all dem steckte, obwohl alles darauf hinwies.

Ich schob meine schweren Möbel so vor die Tür, daß sie nur unter größter Mühe und gehörigem Zeitaufwand hätten verschoben werden können. Das war aber nur ein geringer Trost. Was sollte ich tun? Ich mußte arbeiten, denn ohne Arbeit kein Geld, und ohne Geld keine Basis mehr . . . Ich war auf Hilfe angewiesen, und die einzigen, die kamen, um bei den Kindern zu bleiben, wenn ich auf Terminen war, waren Mina und ihre Mutter. Aber das ging nicht auf Dauer.

Ein paar Tage später tauchte Raúl plötzlich auf und fiel scheinbar aus allen Wolken, als er die demolierte Tür sah. Er tat sehr besorgt: »Mein Gott, Blondchen, warum hast du nicht versucht, mich zu erreichen? Irgend jemand muß dahinterstecken. Paß mal auf: Wir treffen uns heute um 13.00 Uhr bei dir in der Zeitung und setzen einen Brief an den Chefredakteur auf, in dem du als Reporterin der Zeitung um Schutz bittest. Ich glaube, daß wohl doch die Regierung dahintersteckt, und die Zeitung ist dein größter Schutz.« Er brachte Marlene zur Schule und Laura zu Tante Gerda, während ich zu »Austromex« ging. Vielleicht hatte Raúl ja doch nichts mit der Sache zu tun?

Natürlich kam Raúl nicht um 13.00 Uhr zur Zeitung. Ich kannte ja seine Unpünktlichkeit. Statt dessen erreichten mich zwei mysteriöse Anrufe einer Frau, die ihren Namen nicht nannte. »Hallo, spreche ich mit Anne?« fragte sie mit relativ leiser Stimme. »Ja, was wollen Sie? Wer sind Sie?« entgegnete ich. »Ich spreche im Namen von Francisco . . .« — »Ja, und? Was ist mit Francisco?« meinte ich. Aber sie antwortete immer wieder stereotyp mit: »Ich spreche im

Namen von Francisco.« Entnervt legte ich auf. Dieser Anruf wiederholte sich ein paarmal. Mir kam die Stimme nicht unbekannt vor, aber ich konnte sie dennoch nicht einordnen.

Instinktiv rief ich bei Tante Gerda an. Raúl war noch oder wieder bei ihr. Sie holte ihn gleich an den Apparat. »Sag mal, wo bleibst du denn? Ich warte seit ein Uhr hier bei Tante Gerda auf dich!« fuhr er mich an. Das konnte doch wohl nicht wahr sein! »Raúl, wir waren um 13.00 Uhr hier in der Zeitung verabredet! Bei Gerda haben wir keine Schreibmaschine, und du weißt sehr wohl, daß ich um diese Zeit in der Zeitung sein muß!« wehrte ich mich gegen seinen Vorwurf. »Ach, dann habe ich das wohl falsch verstanden. Wie dem auch sei, ich muß jetzt nach Toluca zurück. Wenn du niemanden für die Kinder hast zum Aufpassen, bringe ich sie zu meiner Tante und meiner Cousine. Und wenn es gar nicht anders geht, dann nehme ich Laura eben ein paar Tage mit nach Toluca, bis du deine Probleme gelöst hast«, sagte er in aller Ruhe. Ich wußte nicht, was ich von seinem Hilfsangebot halten sollte, und ich war mir nicht sicher, ob ich ihm von den mysteriösen Anrufen erzählen sollte, und zögerte.

Ich folgte dann einem Instinkt, als ich ihm von den anonymen Anrufen erzählte, aber ich sagte ihm bewußt eine Lüge: »Raúl, ich bin vorhin mehrmals von einem Mann angerufen worden, der mir seinen Namen nicht nennen wollte und der mir gedroht hat, uns würde etwas passieren, wenn ich nicht abhaue.«

Wenn nun Raúl mit einer Reaktion gezögert hätte, nicht sofort losgesprudelt hätte, dann wäre ich weiter im Unklaren gewesen. »Du spinnst ja wohl total! Du bist ja nicht mehr dicht im Kopf! Deine Nerven spielen verrückt. Erzähl mir doch keine Märchen! Jetzt beruhige dich. Wir sprechen uns in den nächsten Tagen!«

Wer, wenn nicht er, konnte wissen, ob ich die Wahrheit

sagte oder nicht? Warum war er sich so sicher, daß ich log? Und die Stimme: War es nicht die von Renate, Gerdas Tochter, gewesen?

Nun spielten meine Nerven wirklich nicht mehr mit. Das konnte doch nicht wahr sein! Und ich hatte nichts, gar nichts in den Händen, um auch nur irgend etwas beweisen zu können! Oh, was war er für ein Machiavelli! Das war teuflisch, was er da ausgeheckt hatte! Was bezweckte er damit?

Er hatte keine Macht mehr über mich als Frau. Auch intellektuell war ich ihm inzwischen gewachsen und konnte ihn in jeder Diskussion mit seinen eigenen Argumenten entwaffnen. Wie konnte er mich noch treffen? Indem er mir die Lebensgrundlage entzog, nämlich die Sicherheit zu Hause! Wollte ich ihm das zugestehen? O nein! Das Leben ging weiter! Den Gefallen, klein beizugeben, wollte ich ihm nicht tun. Ich war nicht allein. Ich hatte Freunde, die mich schützen und mir weiterhelfen würden!

Am selben Abend jenes fatalen Tages fand eine Hommage zum einjährigen Todestag eines großen Literaturkritikers statt, der auch Kolumnist des »Excélsior« gewesen war. Ich war gut mit seinem Sohn befreundet, der die Kulturredaktion während der Umstrukturierung mit betreut hatte. Ihm hatte ich viele Kontakte zu verdanken. Als sein Vater starb (er litt an Krebs, und sein Tod war vorauszusehen), schickte man mich zu seiner Frau nach San Angel, die während der letzten Stunden ihres Mannes an einer Hommage für ihn schrieb. Als ich zu Alicia kam, lebte er noch. Ich blieb die ganzen Stunden bei ihr, während sie auf den Anruf ihres Sohnes aus dem Krankenhaus wartete. Jene Stunden waren für mich tief beeindruckend. Ich bewunderte die Stärke dieser Frau, die wußte, daß ihr Mann im Sterben lag, und sie hielt sein Lebenswerk in jenen Stunden in einer schriftlichen Hommage fest, die ich in die Zeitung bringen sollte. Diese Stunden waren der Beginn einer engen Freundschaft, und so war es nur natürlich, daß ich über die Hommage zu seinem Todestag berichtete.

Ich nahm Raúls Angebot wahr, Laura zu seiner Tante zu bringen, bei der ich sie am nächsten Morgen wieder abholen sollte. Hatte ich denn eine andere Wahl? Marlene verbrachte die Nacht bei ihrer Freundin und Klassenkameradin, bei der sie häufig zu Gast war. So konnte ich den Termin wahrnehmen und mußte nicht zu Hause bleiben.

Nach der Hommage in einem kleinen Theater in Coyoacán lud Alicia zu einem Abendessen bei sich zu Hause ein. Nur ein kleiner Kreis, aber dafür um so größeren Kalibers. Daß ich dazu eingeladen wurde, war für mich eine große Ehre und Herausforderung, handelte es sich doch fast ausschließlich um Literaten, Literaturkritiker und Philosophen, darunter Guillermo Rousset Banda, einer der wirklich großen Übersetzer der Gedichte Rainer Maria Rilkes ins Spanische und ein Kenner der europäischen und besonders der deutschen Literatur. Ein sehr beeindruckender und geheimnisvoller Mann, um den sich viele Geschichten und Legenden rankten.

Es war einer jener unvergeßlichen Abende, die mich in Sphären katapultierten, zu denen man so selten Zugang hat. So wie an jenem Abend die Diskussionen abliefen über Philosophie und Dichtung, über den Schmerz als Auslöser von Kreativität und Schaffensdrang, so stellte ich mir die Debatten zwischen Schriftstellern in Paris vor, wie ich es bei Henry Miller, in den Tagebüchern von Anaïs Nin oder bei Simone de Beauvoir gelesen hatte. Es wurde spät nachts, als sich die Runde auflöste. So spät, daß mich Alicia nicht mehr nach Hause fahren ließ und mich aufforderte, die Nacht in ihrem Haus zu verbringen.

Ich war dankbar dafür. Zu Hause wartete niemand auf mich. Sylvia war zwei Tage nach dem letzten Einbruch geflüchtet. Konnte ich ihr das verdenken? Der Gedanke, in der Wohnung alleine bei kaputter Tür schlafen zu müssen, machte mir angst. So blieb ich – und verschlief, wie alle an jenem Morgen.

Um 9.00 Uhr wachte ich auf, und mein Blick auf die Uhr versetzte mir einen Riesenschreck. Um diese Zeit sollte ich längst bei »Austromex« sein! Von Panik besessen stand ich auf und machte mich in Windeseile fertig. Alicias Sohn versuchte mich zu beruhigen: »Nun ist es eh zu spät. Warte, bis sich der Verkehr auf der Stadtautobahn aufgelöst hat. Du kommst jetzt sowieso nicht voran!« Aber mich trieb es zu Laura, als ahnte ich etwas. Ich brauchte über eine Stunde, um zu Raúls Tante zu gelangen. Ich konnte sie nicht anrufen, weil ich die Telefonnummer vom Geschäft nicht dabei hatte, und bei ihnen zu Hause meldete sich niemand mehr. Im Telefonbuch fand ich die Nummer ihres kleinen Krämerladens nicht.

Oh, wie war seine Tante böse auf mich, zu Recht! »Verdammt noch mal, wir haben uns Sorgen gemacht! Was war denn los?« fragte sie mich in ernstem und tief vorwurfsvollem Ton. Mir tat es unendlich leid. Ich bat sie um Verzeihung und klärte sie auf. Ich beeilte mich, mit Laura ins Büro zu fahren. Peter war nicht da, und so hatte ich Zeit, dort meinen Bericht für die Zeitung zu schreiben, wo ich ihn dann, nachdem ich Marlene von der Schule abgeholt hatte, einfach nur ablieferte. Sämtliche weiteren Termine für den Tag sagte ich ab. Ich hatte niemanden, der auf die Kinder hätte aufpassen können. Und selbst wenn ich jemanden gehabt hätte, irgend etwas hielt mich an jenem Tag zurück.

Im Laufe des Nachmittags beruhigte ich mich. Ich brachte meine Wohnung in Ordnung, spielte mit den Kindern und brachte sie wie gewohnt um 19.00 Uhr ins Bett.

Es war 21.00 Uhr, als es an der Wohnungstür klingelte. Ich war zufällig in der Küche und noch nicht in meinem Zimmer. »Wer ist da?« fragte ich in dem sicheren Gefühl, daß es nur eine Nachbarin sein konnte. Aber niemand antwortete. ›Komisch‹, dachte ich, ›da ist doch wer!‹ Es vergingen ein paar Minuten, bis es wieder klingelte. »Wer ist da?« fragte ich nun mit pochendem Herzen. Wieder Schweigen. Erst nach nochmaligem Klingeln und meiner verzweifelten Frage »Wer ist da?« erhielt ich eine Antwort: »Hier ist Raúl Castelar. Bitte öffne die Tür!«

Ein eiskalter Strom durchfuhr meinen Körper. Ich wollte ihm nicht öffnen, aber ich mußte es tun.

Wütend stürmte er herein, packte mich brutal am Arm und erklärte: »Dies ist das letzte Mal, daß wir uns sprechen. Ich nehme Laura mit nach Toluca. Du packst sofort ihre Sachen zusammen!«

Ich mußte mich zusammenreißen, um jetzt nicht alles zu verlieren!

»Raúl, bitte, laß mich los. Beruhige dich! Laß uns reden. Bitte, bitte, laß uns reden und nicht alles kaputtmachen!« Ich redete mit größter Eindringlichkeit auf ihn ein, aber es nützte nichts. Er sagte: »Und wenn wir noch so reden, was ändert das an der Lage? Du bist nicht fähig, für Lauras Sicherheit zu sorgen. Das ist eine Tatsache. Du kannst sie jederzeit besuchen, wenn du wieder bei Verstand bist. Aber solange du mit deinen Nerven nicht klarkommst, siehst du sie nicht. Also los, pack ihre Sachen!«

Ich war doch nicht verrückt im Kopf! Was fiel ihm nur ein? ›Lieber Gott, sag mir, was ich tun soll!‹ betete ich im stillen, während sich meine Gedanken überschlugen. Aber ich war wie gelähmt. Wie hypnotisiert ging ich ins Kinderzimmer und packte die Sachen. Beide Mädchen schliefen tief und fest. Sie wachten auch nicht auf, als ich das Licht anmachen mußte.

Raúl schleppte Lauras Koffer, in den ich ihre Kleider und ihre Kuscheltiere gepackt hatte, ins Auto. Dann holte er unser schlafendes Kind.

Unten auf der Straße (Laura schlief im Auto weiter; sie war nicht einmal aufgewacht) umarmte mich Raúl. Ich stand unter Schock. Ich konnte nichts mehr sagen. Ich hätte schreien mögen und brachte nicht einen Laut aus mir hervor. Ich konnte mich nicht wehren und fühlte mich schrecklich hilflos und ohnmächtig.

Es war der 20. Mai 1986. Laura war gerade fünf Jahre alt.

Kapitel XIII
Ein falscher Schritt

Erst als ich wieder in meine Wohnung zurückkam und auf das leere Bett meiner kleinen Tochter schaute, löste sich meine Starre. Ich begann zu weinen, wie ich noch nie im Leben geweint hatte. Ich konnte nicht mehr aufhören. Es brach mit monumentaler Gewalt wie ein Vulkan aus mir heraus, so daß Marlene davon wach wurde.

»Mami, was hast du? Was ist passiert?« fragte sie mich, noch ganz verschlafen. »Papa hat uns Laura weggenommen«, sagte ich tonlos. Sie blickte mich mit ihren großen Augen an, die sich langsam mit Tränen füllten. Ihre Mundwinkel begannen zu zittern. »Aber Mami, das kann nicht sein. Sie kommt doch wieder!« brach es dann aus ihr heraus. »Nein, er wird sie nicht mehr zu mir lassen. Er hat alles mitgenommen, selbst ihre Spielsachen.«

Ich hatte nicht die Kraft, meine Tränen zurückzuhalten und Marlene zu besänftigen. Wir konnten uns beide nicht beruhigen und gingen zusammen in mein Bett. Ich nahm sie fest in meine Arme, in denen sie schließlich einschlief. Ich konnte die ganze Nacht keinen Schlaf finden. Am Morgen hatte ich mich soweit wieder unter Kontrolle, daß ich aufstehen und Marlene zur Schule bringen konnte.

Was sollte ich machen? Wie sollte es weitergehen? Wo sollte ich mit Marlene hin, wenn sie aus der Schule kam? Verzweifelt fuhr ich ins Büro. Ich durfte jetzt nicht alleine sein. Ich brauchte Menschen um mich, die mich auffingen.

Als mich Gabriela, die Frau eines Kaufmanns, der bei

»Austromex« einen Büroraum gemietet hatte, sah, nahm sie mich nur in den Arm, ohne zu wissen, was passiert war. Ich konnte nicht reden; ich konnte nur weinen, weinen, weinen. Es dauerte eine gute Weile, bis ich meine Fassung wiedererlangte und Gabriela erzählen konnte, was passiert war.

»Er kann sie dir doch nicht einfach wegnehmen! Du mußt dir einen Anwalt nehmen. Geh zum Familiengericht. Das Gesetz ist auf deiner Seite! Beruhige dich, du mußt die Situation jetzt ganz kalt analysieren, um eine Lösung zu finden. Laß dich von deiner Verzweiflung nicht überwältigen und von Raúl nicht einschüchtern!« erklärte sie mir energisch, während sie mich die ganze Zeit fest im Arm hielt.

Ich erzählte ihr von einem Traum, den ich ein paar Tage zuvor gehabt, aber nicht zu interpretieren gewußt hatte. Ich ging mit Laura auf einer einsamen Landstraße in der Nacht. Es war stockfinster, und ich verlor ihre Hand. Dann wachte ich auf. Warum konnte ich nie meine Träume als Warnungen verstehen? Warum wurde mir immer erst hinterher klar, daß ich im Grunde voraussah, was auf mich zukommen würde? Und wieder träumte ich von Flugzeugabstürzen und Bruchlandungen, aus denen ich aber körperlich unversehrt herausging. Wovor wollten mich diese Träume warnen?

Ich war froh, daß Peter von seiner Geschäftsreise noch nicht zurück war, obwohl ich ihn gleichzeitig herbeisehnte.

Mir blieb nichts anderes übrig, als Marlene wieder zu Tante Gerda zu bringen. Was sollte ich sonst tun? Ich mußte arbeiten. Ich konnte nicht alles stehen und liegen lassen. Raúl wußte das, denn kaum war ich bei Gerda, klingelte das Telefon, und Raúl war am Apparat. »Ich erwarte von dir, daß du mir mit einer Spedition Lauras Bett und Möbel schickst!« erklärte er mir ohne Umschweife. Ich begriff erst nicht, was er da eigentlich von mir verlangte. Das konnte doch unmöglich sein Ernst sein! Aber ihm war es so ernst, daß er mir drohte: »Wenn du das nicht tust, dann werde ich dir Marlene auch noch wegnehmen!«

Erst da regte sich bei mir Widerstand. »Du wirst mir niemanden mehr wegnehmen, und ich werde solange um Laura kämpfen, bis ich sie wiederhabe! Mit dem, was du uns angetan hast, kommst du nicht durch. Ich schwöre es dir! Versuche es, du wirst es bereuen, und Lauras Möbel schicke ich dir nicht!«, schrie ich in den Hörer und legte auf.

Gerda konnte mich nicht beruhigen, und ich verfluche heute noch meine damalige Unfähigkeit, auf Signale zu hören. Gerda meinte nur, daß wir miteinander reden müßten. Was nützte das Reden noch? Ich konnte Raúl sagen, was immer ich wollte, er drehte mir jedes Wort im Munde um und stellte mich von vornherein in Frage. Wenn er keine Argumente mehr hatte, dann war ich eben »nicht richtig im Kopf«. Das brachte mich fast um und machte mich noch hilfloser. Und das Schlimmste war, daß ich Hilfe brauchte. Wo sollte ich mit Marlene hin, wenn nicht zu Tante Gerda?

Am Nachmittag ging ich wie gewohnt in die Zeitung, meldete mich aber für Termine ab. In der Rechtsabteilung gab man mir den Rat, mir einen Familienanwalt zu nehmen und mit Marlene bei Freunden unterzukommen, die Raúl nicht kannte. In meine Wohnung sollte ich besser nicht zurückkehren.

Ich hoffte auf Beistand aus der Botschaft, bekam aber eine niederschmetternde Antwort. »Wir sind hier auf mexikanischem Boden. Hier gilt das mexikanische Gesetz. Wir können Ihnen von dieser Seite her nicht helfen und als Deutsche auf Herausgabe des Kindes klagen! Er ist der Vater des Kindes, und nach dem mexikanischen Recht gibt es den Tatbestand der Entführung nicht, wenn es sich um das eigene Kind handelt. Anders wäre es, wenn das in Deutschland passiert wäre: Da könnten wir ihn wegen Kindesentzuges belangen. Aber nicht hier«, beschied man mir im Konsulat. »Das einzige, wobei wir Ihnen helfen können, ist bei der Frage der Unterkunft. Ihr Mann kennt ja niemanden von uns. Ich werde eine Kollegin fragen, ob sie Sie aufnehmen kann mit Ihrer Tochter«, erklärte mir der Beamte mitfühlend.

So kamen wir zu Heidi. Sie arbeitete in der Kulturabteilung der Botschaft, war um die fünfzig Jahre alt, sehr burschikos in ihrem Auftreten, aber auch sehr distanziertdeutsch. Das stand fast im Widerspruch zu ihrem spontanen Hilfsangebot. Am Anfang wußte ich nicht recht, wie ich mit ihr umgehen sollte. Heidi hatte eine große, luxuriöse Wohnung direkt am Polanco-Park und ein zuverlässiges Dienstmädchen. Ich packte Marlenes Spielsachen und unsere Kleidung zusammen und zog bei Heidi ein. Um Marlene nicht ganz aus ihrem gewohnten Umfeld herauszunehmen, brachte ich sie wie gewohnt nach der Schule zu Tante Gerda, wo ich sie abends abholte und nach Polanco brachte. So konnte ich meiner Arbeit nachgehen und mußte keine finanziellen Einbußen erleiden. Meinen Verdacht gegen Tante Gerda und ihre Tochter Renate verdrängte ich.

Der Anwalt, den man mir in der Zeitung empfahl, hatte seine Kanzlei in der Nähe der Metrostation »Insurgentes«. Er war ein junger, sympathischer Mann, der mir geduldig zuhörte, um mir dann zu erzählen, daß er schon einmal einen solchen Fall gehabt hatte. Er wies mich daraufhin, daß ich laut Gesetz das Aufenthaltsbestimmungsrecht meiner Tochter hatte und Raúl mir infolgedessen Laura nicht wegnehmen durfte. »Aber«, erklärte er mir, »eine Seite ist das Recht, das auf Ihrer Seite steht, und die andere ist die, ob es sich auch umsetzen läßt! Wenn er Ihre Tochter versteckt, dann brauchen wir Detektive, um herauszufinden, wo sie ist. Und wenn wir wissen, wo sie ist, heißt das noch nicht, an sie auch herankommen zu können. Denn sicher wird er dafür sorgen, daß sie nie alleine ist. Das alles kann sehr lange dauern, unter Umständen nicht nur Wochen oder Monate, sondern Jahre. Wollen Sie das auf sich nehmen? Und noch etwas: Selbst wenn Sie ihr Kind wiederbekommen, ohne Paß können

Sie es nicht mit nach Deutschland nehmen. Sie wissen, daß Sie dafür die Genehmigung des Vaters brauchen!«

Ich erinnerte mich an eine Deutsche, die ich einmal mit Imke in Tepoztlán kennengelernt hatte und die mit einem Mexikaner verheiratet war. Als sie sich trennten, entbrannte ein erbitterter Streit um ihren gemeinsamen kleinen Sohn. Der Mann raubte ihn aus dem Kindergarten. Sie hatte alles versucht, ihren Sohn wiederzubekommen, und gab ihr ganzes Geld für Anwälte und Detektive aus. Jedesmal, wenn sie auf seine Spur stieß, flüchtete ihr Mann mit dem Kind erneut. Sie sah ihren Sohn erst als Sechzehnjährigen wieder. Als ich sie kennenlernte, konnte ich mir nicht vorstellen, daß mir genau dasselbe passieren könnte. Ich fragte sie damals, wie sie die Jahre denn habe durchstehen können. »Es kommt der Moment, wo du loslassen mußt und daran glauben mußt, daß eines Tages dein Kind zu dir kommt. Denn es wird Fragen stellen nach seinen Wurzeln, nach seiner Mutter, und das ist spätestens dann der Fall, wenn es volljährig ist. Die ersten Jahre war ich verzweifelt. Ich reiste jeder Spur nach, bis ich begriff, daß ich warten mußte. Und letztlich hatte ich Glück. Zufällig erfuhr ich eines Tages, wo sie waren, und fuhr hin. Er hatte inzwischen eine andere Frau — und die verstand mich! Ihr habe ich es zu verdanken, daß mein Sohn wieder Kontakt zu mir hat, auch wenn er nicht mehr bei mir leben wird. Ich brauche es heute auch nicht mehr. Ich könnte mich nach all den Jahren nicht mehr um ihn kümmern.«

Ich bewunderte diese Frau und fragte mich, während ich dem Anwalt gegenübersaß, was ich tun sollte. Mein Kind loslassen? Nein, das konnte ich nicht. »Was raten Sie mir?« fragte ich ihn schließlich. »Machen Sie dasselbe wie er! Holen Sie sich das Kind so, wie er es Ihnen weggenommen hat! Eine Ausreise läßt sich irgendwie organisieren. Das sehen wir dann später.«

Wie sollte ich das nur anstellen? Um Zugang zu Laura zu bekommen, mußte ich erst einmal wieder Kontakt zu Raúl haben, wieder mit ihm reden können und ihm beweisen, daß ich nicht verrückt war, damit er mich zu ihr ließ. Und um herauszufinden, in welchen Kindergarten sie ging, brauchte ich Leute, die ihn und sie beobachteten. Er mußte ja auch arbeiten, und als einer der einflußreichen Oppositionsführer befand er sich mitten im Wahlkampf für den anstehenden Regierungswechsel im Bundesstaat Mexiko. Das hieß, daß auch er jemanden brauchte, der sich um Laura kümmerte.

Und ich hatte kein Geld für Detektive oder Anwälte. »Machen Sie sich darum keine Sorgen. Ich gebe Ihnen die Adresse eines Anwaltes in Toluca, der auch für die Regierung tätig ist. Ich werde mit ihm reden. Er wird Ihnen weiterhelfen«, versprach mir der nette Anwalt und verabschiedete sich von mir.

Verunsichert verließ ich seine Kanzlei. Gab es denn wirklich keinen anderen Weg als diesen? Ich erinnerte mich an den Anwalt der Deutschen Botschaft, für den ich manchmal vertretungsweise gearbeitet hatte. Er würde mir sicher einen anderen Rat geben, hatte er doch schon häufiger Familienfälle bearbeitet. Er war ein sehr liebenswürdiger älterer Herr, ein hervorragender und ruhmreicher Jurist, der allseits als Autorität geachtet wurde. Ich mochte ihn sehr, und er war auch sehr hilfsbereit, aber einen anderen Rat als den, den sein junger mexikanischer Kollege mir gegeben hatte, konnte er mir auch nicht erteilen. »Wir können es natürlich versuchen, über eine Klage beim Familiengericht Ihre Tochter wiederzubekommen. Das Recht ist auf Ihrer Seite. Aber Sie wissen, wie das hier ist. Da hat mein Kollege Ihnen die Wahrheit gesagt. Gewinnen Sie Raúls Vertrauen und handeln Sie, wenn der Moment günstig ist! Nehmen Sie die Hilfe des Anwaltes in Toluca ruhig an. Schaden kann das nicht!«

Klopfenden Herzens betrat ich wenige Tage später die elegante Kanzlei, in der ich schon erwartet wurde.

Der Mann war um die vierzig Jahre alt, untersetzt, sehr streng zu seinen Angestellten und mir gegenüber sehr distanziert. Ich kam nicht so leicht mit ihm ins Gespräch wie mit jenem netten, sympathischen jungen Anwalt in der Hauptstadt. Stockend erzählte ich ihm meine Geschichte. »Das tut mir alles sehr leid für Sie! Ich werde Ihnen helfen, soweit das in meiner Macht steht. Um mein Honorar machen Sie sich keine Sorgen. Aber lassen Sie mich Ihnen zuerst einen Rat geben: Tun Sie Ihrem Mann gegenüber so, als seien Sie mit seiner Entscheidung einverstanden. Sie müssen das tun, um Zugang zu Ihrem Kind zu bekommen. Wenn es dann soweit ist, wenn Ihr Mann dann wieder Vertrauen zu Ihnen gefaßt hat, dann schnappen Sie sich Ihr Kind und hauen ab! Glauben Sie mir, das ist der einfachste Weg. Natürlich kann ich auch versuchen, Ihnen auf dem offiziellen Weg zu helfen, aber dann müssen Sie sich auf eine längere Zeit einstellen. Es kann Monate, wenn nicht Jahre dauern. Auf jede Verfügung, die wir durchsetzen, wird er mit Einlassungen antworten, und die Sache wird dann jedes Mal stagnieren. Dann ist niemand der Sieger, und Ihre Tochter schon gar nicht. Wollen Sie das?« fragte er mich mit brutaler Offenheit. »Ich mache Ihnen einen Vorschlag«, fuhr er fort, ohne meine Antwort abzuwarten, »ich rufe jetzt Ihren Mann an und bitte ihn, hierherzukommen. Wir wollen den Versuch machen, mit ihm zu reden, ihn aus der Reserve zu locken.«

Was sollte ich anderes tun, als zuzustimmen? Er erreichte Raúl, und solange mußte ich im Vorraum warten. Mir war elend zumute. Ich fühlte mich alles andere als stark. Ich fühlte mich verlassen, weil ich nicht wußte, was ich von diesem Anwalt halten sollte.

Nach anderthalb Stunden Wartezeit kam Raúl. Schon sein Anblick verursachte bei mir Magenkrämpfe vor Angst. Er begrüßte mich kühl. Der Anwalt versuchte, zwischen uns zu vermitteln, aber unser Gespräch war eine einzige Litanei an Vorwürfen und Schuldzuweisungen, die damit endete, daß Raúl zum Anwalt sagte: »Sehen Sie, die Frau ist doch nicht mehr normal. Die hat es doch nicht richtig im Kopf!« Statt daß dieser mir half, sagte er zu mir: »Beruhigen Sie sich! Fahren Sie jetzt mit Ihrem Mann nach Hause, und besuchen Sie Ihre Tochter! Sie müssen mich jetzt entschuldigen, aber ich habe noch einen weiteren Termin«, erklärte er höflich, aber bestimmt, während er uns zur Tür hinaus begleitete und uns verabschiedete.

Ich hatte mir vorgenommen, für dieses Gespräch stark zu sein und souverän zu bleiben, aber es war mir nicht gelungen. Ich war völlig fertig und so verwirrt, daß ich keinen klaren Gedanken fassen konnte.

Schweigsam fuhren wir zu Raúl nach Hause. Laura begrüßte mich stürmisch: »Mami, Mami! Mamita, bleibst du? Wo ist Marlene? Mami, wann fahren wir nach Hause?« Mir brach es das Herz. Raúl ließ mich nicht einen Moment alleine mit ihr. Seine Freundin Olivia ging mir auf Schritt und Tritt nach. Es war erniedrigend, es war furchtbar, und zu allem mußte ich eine gute Miene machen, damit Laura nicht unglücklich wurde, die mir ihr Zimmer zeigte und sich ansonsten nur an mich schmiegte. Als ich gehen mußte, weinte sie. Sie klammerte sich an mich und flehte: »Mamita, Mamita, geh nicht weg, geh nicht weg, Mamita!« Ich bemühte mich, ruhig zu bleiben: »Mäuschen, ich muß jetzt gehen. Marlene wartet auf mich, und ich muß morgen wieder arbeiten. Aber ich verspreche dir, ich komme wieder!«

Ich nahm mir fest vor, nicht die Nerven zu verlieren, stark zu bleiben und dem Rat des Anwaltes zu folgen. Aber wie haßte ich Raúl! Und diese Frau an seiner Seite, die mich als Mutter ersetzen sollte und mich obendrein im Aussehen zu kopieren versuchte! Der Gedanke, daß Raúl mich als Mutter einfach annullierte, daß er mich einfach austauschte, war unerträglich. »Du bist ja nicht normal. Du bist ja krank im Kopf« waren Worte, die schlimmer und grausamer nicht sein konnten, weil ich ihnen so hilflos ausgeliefert war.

»Du bist ja noch nicht einmal in der Lage, für die Sicherheit deiner Tochter zu sorgen! Und du wirst schon wissen, wer bei dir eingebrochen hat. Warum treibst du dich auch so herum?« hallten seine Worte in meiner Erinnerung. Nun, ich trieb mich nicht herum, sondern arbeitete. Aber ich wußte nicht, wer bei mir eingebrochen hatte, und damit hatte er recht: Ich konnte den Kindern keine Sicherheit mehr bieten! Meine Ohnmacht war schrecklich. Raúl ließ kein Argument gelten, wenn ich versuchte, ihm klarzumachen, daß ich seine Hilfe gebraucht hätte: Mit ein bißchen mehr Hilfe und Zuverlässigkeit von seiner Seite hätte ich nicht so hart arbeiten müssen und mehr Zeit gehabt für die Kinder. Aber er hatte tausend Gegenargumente, die es rechtfertigten, mir nicht zu helfen. Ich war eine »Bourgeoise«, eine »Egoistin«, eine »Verrückte«, eine »Emanze«.

Ich lehnte mich gegen meine Hilflosigkeit auf und versuchte mit aller Macht, so normal wie möglich weiterzuleben und zu arbeiten. Immer wieder prägte ich mir den esoterischen Grundsatz ein: »Positiv denken!« Ich gab mich mehr denn je meiner Arbeit bei der Zeitung hin, und eines stimmte: Mein Unglück machte mich noch kreativer! Ich schrieb wie eine Besessene und hatte Erfolge damit, die ich mir in meinen kühnsten Träumen nicht auszumalen gewagt hätte. Und ich gab mich meiner Liebe zu Peter hin.

Er war erschüttert, als ich ihm endlich berichten konnte, was geschehen war. Mir war so oft zum Weinen zumute, und ich wünschte mir nichts sehnlicher, als daß er mich in den Arm genommen hätte, damit ich mich bei ihm ausweinen konnte. Aber ich brachte es niemals fertig, vor ihm auch nur eine Träne zu verlieren, selbst in meinen verzweifeltsten Momenten nicht. Er erzählte mir viel von sich, von seinem Sohn, den er der Mutter wegnahm, als er noch ein Baby war — mit denselben Argumenten, wie Raúl jetzt mir mein Kind wegnahm. Mir kam nie der Gedanke, daß Peter nur hilflos war und möglicherweise sogar erschüttert über sich selbst und das, was er seinem Kind und dessen Mutter angetan hatte. Und vielleicht waren es gerade mein eigenes Unglück mit Laura und meine Aussage, daß niemand das Recht hat, über einen anderen zu richten — so schwere Fehler er auch begangen haben mag —, daß er sich mir nicht öffnen konnte. Dabei spürte ich, daß ich ihm nicht gleichgültig war. Und das brachte ihn erst recht dazu, mich mit Gleichgültigkeit zu strafen. Diese Wechselbäder konnte ich einfach nicht ertragen: Es gab Nächte, in denen ich nur noch weinte, um Laura, um das schöne Zuhause, in das ich nicht zurückkonnte, und um Peter.

Ich klammerte mich regelrecht an diese Liebe, die ich nicht auch noch verlieren wollte. Ich dachte, daß diese Liebe, zu der ich fähig war, mich irgendwie schützen würde. Dabei gab es sie ja eigentlich gar nicht. Ich glaubte aber daran, mit der ganzen Kraft meines Herzens, daß sie sich eines Tages erfüllen würde, wenn ich nur stark blieb, wenn ich nur den Glauben und die Hoffnung nicht verlor! Wenn Peter einmal besonders liebenswürdig zu mir war, wenn ich feststellte, daß er mich vermißte, wenn ich nicht da war, und litt, wenn ich ihn meinerseits mit Gleichgültigkeit strafte, dann verfiel ich in eine fast wahnsinnige Euphorie, um dann in tiefste Trauer und Verzweiflung zurückzufallen, wenn er mich zurückwies.

Es geschahen absurde Dinge, die mich letztlich in meinem Glauben bestärkten: Oft erhielten wir Einladungen zu Empfängen. Er als Geschäftsführer der »Austromex«, und ich als Journalistin oder Mitglied der deutschen Gemeinschaft.

»Gehst du heute abend zu dem Empfang?« fragte ich ihn einmal, als wieder ein Empfang anstand. »Nein, ich gehe da nicht hin. Ich muß morgen früh wieder nach Dallas und darum früh aufstehen«, erklärte er mir, um mich dann zu fragen: »Wieso? Gehst du hin?« Ich durchschaute das Spiel nicht, obwohl ich genau nach denselben Regeln antwortete: »Nein, ich glaube nicht. Wahrscheinlich ist es zu spät, wenn ich von der Zeitung komme.«

Im stillen dachte ich: ›Wenn ich ganz absage, glaubt er, daß ich es seinetwegen tue.‹ Und das wäre ja nicht falsch gewesen. Schließlich hatte ich auch keine Lust hinzugehen, wenn er nicht da war. Aber um mir keine Blöße zu geben, mußte ich es offenlassen.

Natürlich ging ich zu dem Empfang, aber ich nahm eine Bekannte mit. So hatte ich zumindest ein Alibi. Diese Bekannte las mir vor dem Empfang die Karten. »Nein«, beruhigte sie mich, »er kommt nicht.«

Als ich ihn in der Menge sah, traf mich fast der Schlag. Ich wurde verlegen und rot wie eine Fünfzehnjährige. Und er reagierte nicht minder verlegen! Er kam auf mich zu, strahlte wie ein Honigkuchenpferd und sagte: »Wie gut, daß ich dich noch sehe. Mein Pumuckl ist krank und muß morgen zum Tierarzt. Bitte fahr morgen zu mir nach Hause und begleite Nana zum Arzt!«

Hatte er also doch gewußt, daß ich kommen würde! Telefonisch konnte er mich ja nicht erreichen, also mußte er doch mit mir gerechnet haben! Ich hätte alles darum gegeben, wenn ich den Abend mit ihm hätte verbringen können. Aber nun war ich mit dieser Bekannten da, und die konnte ich ja nicht einfach abschieben.

Unter den Gästen befand sich auch ein gemeinsamer Freund von Peter und mir, den ich aus meiner Anfangszeit bei Señora Salcedo kannte. Ebenso wie ich war er damals gerade nach Mexiko gekommen, um seine Herzensdame, die er als Hosteß bei den Olympischen Spielen in München kennengelernt hatte, zu heiraten. Inzwischen war er ein seit langem verheirateter Mann, aber seinem Charme und seiner Unternehmungslust hatte das keinen Abbruch getan. Ich faßte mir ein Herz und ging zu ihm. »Heinz! Ich weiß, die Clique trifft sich nachher noch bei euch. Bitte sag mir, ob Peter dabeisein wird!« Er grinste mich an und sagte augenzwinkernd: »Ja, und wenn du magst, bist du auch dabei!«

Klopfenden Herzens ging ich zu Peter zurück und fragte ihn scheinheilig: »Gehst du nachher noch mit zu Heinz?« Er betrachtete mich amüsiert, während er mir nur zögernd antworte: »Vielleicht, wenn ich nicht zu müde bin!«

In dem Moment setzte ich alles auf eine Karte: »Bitte, Peter, komm mit! Ich bring eben meine Bekannte nach Hause, einverstanden? Und dann komme ich schnell zurück.« Er war einverstanden. Peter entschuldigte sich für ein Weilchen, während ich mich mit Heinz und meiner Bekannten unterhielt. Kurze Zeit später kam Peter zurück. »Du, mir wird das zu spät. Wenn du magst, gehen wir noch einen Drink in der Lobby-Bar trinken.« ›Dieser Schurke‹, dachte ich, ›nun weicht er mir doch aus!‹ Mir blieb keine Chance mehr, meine Bekannte elegant loszuwerden. Sie begleitete uns in die Bar. Es war einfach peinlich und absurd: Das Gespräch drehte sich um seinen Pumuckl, darum, daß seine vorherige Katze an Gebärmutterkrebs gestorben war und was sein Pumuckl nicht alles anstellte. Und wir verhielten uns nicht anders als Katzen, die um den heißen Brei herumschlichen! Ich wäre am liebsten im Erdboden versunken und ärgerte mich über mich selbst, daß ich nicht den Mut gehabt hatte, alleine zu dem Empfang zu gehen.

So wie bei dem Empfang sollte es noch viele andere kuriose Begegnungen und »fast«-Begegnungen geben, die mich zutiefst verwirrten. Seine Blicke und seine Körpersprache verrieten ihn so viele Male. Ich glaubte mit aller Macht an diese Liebe! Ich war so sicher, daß ich sie nicht nur verdiente, sondern daß auch der liebe Gott nicht so ungerecht sein konnte, mir ihre Erfüllung vorzuenthalten. Wenn er nicht da war, wenn er sich wieder abgrenzte, dann sehnte ich mich so sehr nach ihm, daß es mir fast körperliche Schmerzen bereitete. Aber ich nahm mir vor, Geduld zu haben, mich nicht mehr selbst zu belügen und zu dieser Liebe zu stehen. Den Mut indes, ihm dies auch zu gestehen, hatte ich nicht.

Der Glaube an diese Liebe gab mir Kraft und das Gefühl, daß ich siegen würde. Er bewahrte mir den Glauben an das Leben. Er befähigte mich dazu, positiv zu denken und trotz all meines Kummers zu lachen — auch wenn ich oft lachte, nur um nicht zu weinen.

Ich nahm den Kampf um Laura auf und ertrug alle Demütigungen, denen mich Raúl aussetzte, wenn ich Laura bei ihm besuchen durfte. Ich konnte mit ihr nicht einmal alleine in Richtung Tür gehen, ohne von ihm, seiner Freundin oder seinen Eltern bewacht zu werden. Ich wollte mit ihr einmal in einen kleinen Laden um die Ecke gehen, um Getränke zu holen: Selbst das verweigerte er mir. Jedesmal, wenn ich wieder gehen mußte, schrie Laura fürchterlich und klammerte sich an mich.

Ich habe ihr Weinen mehrmals auf Kassette aufgenommen, und was sie mir sagte. Den Rekorder hatte ich in meiner Handtasche versteckt. So nahm ich auch die Gespräche auf, die ich mit Raúl hatte, um notfalls Beweise gegen ihn zu haben. Einmal drohte er mir, mich zu erschießen, wenn ich es wagte, Laura zu holen. »Mir wird es dann egal sein, wenn ich im Gefängnis lande, aber du kriegst sie nicht wieder!« warnte er mich. Und immer mußte ich, wenn ich mit Marlene bei Laura war, gute Miene zum bösen Spiel machen, mit ihnen spielen und lachen, als sei das normal und richtig, was wir taten!

Mit der Kassette ging ich zum Anwalt, der sie entgegennahm und verwahrte: »Wir können nichts mit ihr anfangen. Sie ist als Beweismittel nicht zugelassen. Warum befolgen Sie nicht meinen Rat und tun so, als ob Sie mit allem einverstanden wären? Sie schaden sich und Ihrer Sache nur, wenn Sie ihm weiterhin das Gefühl vermitteln, daß Sie kämpfen wollen!«

Aber ich konnte einfach nicht über meinen Schatten springen. Es ging in meinen Kopf nicht hinein, daß ein so hochgebildeter Mann wie Raúl, obendrein Sozialist, der sich für die Rechte der Frauen einsetzte und das in einer internationalistischen Partei, es wagen konnte, sich über alle Gesetze und moralischen Spielregeln hinwegzusetzen.

In meiner Not wandte ich mich an das Institut für die Familie »DIF« (»Desarrollo Integral de la Familia«), eine staat-

228

liche Einrichtung, die sich für die Rechte der Kinder einsetzte. Ich drang bis ins Büro der Präsidentin vor, der Frau des Gouverneurs. Als ich ihrem Referenten meine Geschichte erzählte, sagte er mir Hilfe zu. Doch kaum hatte ich ihm den Namen von Raúl genannt, wiegelte er ab. »Nein, Señora, da können wir Ihnen nicht helfen. Nehmen Sie sich einen Anwalt.«

Erst viel später, zu spät, begriff ich, daß ich zwischen die Mühlen der mexikanischen Politik geraten war: Es war Wahlkampf. Raúls Partei war offiziell zugelassen und damit legal und Empfänger öffentlicher Subventionen. »Eine Hand wäscht die andere« — das galt selbst zwischen Regierungspartei und Opposition. »Hältst du hier still, halte ich da still«. Und wer einmal korrumpiert, läßt sich auch korrumpieren.

Ich konnte nichts tun. Was nützte mir das Recht auf meiner Seite, wenn ich keine Macht und kein Geld hatte, um es umsetzen zu lassen? Oder wenn es Jahre dauerte, bis die Gerechtigkeit siegte? Was würde dann mit uns geschehen sein? Sollten diese demütigenden Besuche ewig weitergehen?

Es gab Tage, da hatte ich nicht mehr die Kraft, mich aufzulehnen gegen meine Hilflosigkeit und Ohnmacht und verfiel in eine so tiefe Depression, daß ich nicht arbeiten konnte. Dann hatte ich nur noch geweint und sah so schrecklich aus, daß ich mich nirgendwo blicken lassen mochte. Am liebsten wäre ich gestorben, wenn Marlene nicht gewesen wäre! Sie brauchte mich. Sie durfte ich nicht auch einfach gehen lassen! An einem solcher Tage konnte ich sie nicht bei Tante Gerda abholen und bat sie, sie eine Nacht dort schlafen zu lassen.

Erst am nächsten Tag war ich wieder soweit bei Kräften, daß ich Marlene holen konnte. Aber welcher Schlag traf mich, als Marlene mir erzählte, daß Laura dagewesen war und auch die Nacht bei Gerda verbracht hatte! Und sie hatte mir kein Wort davon gesagt, als ich mit ihr sprach! Es wäre die Chance für mich gewesen, mein Kind wiederzubekommen! Meine Freunde von der Zeitung hätten mir geholfen, aber so? Erst da war mir klar, daß Gerda und Renate Verrat an mir geübt hatten, daß mein Verdacht, daß Renate mit Raúl unter einer Decke steckte, richtig war. Wie konnte ich nur so dumm sein! Warum hatte ich nicht auf meine Intuition gehört?

Ich brachte Marlene nie wieder zu Tante Gerda. Bei ihr war selbst Marlene nicht mehr sicher. Nun war ich vollkommen auf die Hilfe meiner Freundin von der Botschaft angewiesen. Ein unangenehmer Zustand, denn wir waren Eindringlinge in ihrem Leben, die ihren Rhythmus völlig auf den Kopf stellten und ihr Dienstmädchen überstrapazierten. Es waren Sommerferien. Marlene konnte nicht mehr zur Schule gehen, mußte aber beschäftigt werden. Ich wußte keinen Ausweg mehr.

In meiner grenzenlosen Verzweiflung ging ich zu Raúls Partei, um die Vertreterinnen der Frauenkommission und die Kommission für Moral und Ethik — ja, die gab es in seiner Partei! — um Hilfe zu bitten. Aber die hatten keinen anderen Rat als den, daß wir, Raúl und ich, unser Problem doch auf »zivilisierte Weise« regeln sollten! Erst später gestand mir eine seiner Parteifreundinnen, daß sie mir nicht helfen konnten, weil einmal in einem ähnlichen Fall die Frau eines Parteigenossen ihr Kind aus Mexiko entführt hatte. Ich kannte diese Frau, eine Amerikanerin, die bei unserer Frauengruppe eine ganze Weile mitgemacht hatte und dann ausschied. Raúls Parteigenossin erzählte mir, daß Pamelas Lebensgefährte, als sie sich trennten, ihr die gemeinsame Tochter wegnahm. Auch sie kämpfte und bat die Frauenkommission der Partei um Hilfe. Dank der Vermittlung der Frauen gelang es Pamela, daß sie regelmäßig mit ihrem Kind für ein paar Stunden alleine sein durfte. Als ihr Mann ihr wieder vertraute, nutzte sie die Gelegenheit aus und verschwand mit ihrer Tochter auf Nimmerwiedersehen in die USA.

Die einzige, die mir noch helfen konnte, war Rosario Ibarra de Piedra, die Präsidentschaftskandidatin von Raúls Partei. Sie war eine beeindruckende Frau, klein, quirlig, unglaublich eloquent und kämpferisch. Während der Studentenunruhen in den späten sechziger Jahren war ihr Sohn verschwunden. Mit bewundernswerter Stärke kämpfte sie, die Protagonistin von Elena Poniatowskas Buch »Jesús, hijo mío« (»Jesus, mein Sohn«), um ihren nie wieder aufgetauchten Sohn und um die Aufklärung seines Schicksals und vieler seiner Mitkämpfer. Als Führerin des mexikanischen Komitees für die Rechte der politischen Gefangenen und Mitglied des mexikanischen Komitees für Menschenrechte war sie mehrmals Kandidatin für den Friedensnobelpreis. Sie war eine absolute Autorität und selbst von der Regierung hoch respektiert. Wer, wenn nicht sie, konnte noch Einfluß auf Raúl ausüben?

Aber selbst sie war machtlos. »Die Angelegenheit mit meiner Tochter ist eine Privatsache, die niemanden etwas angeht«, beschied Raúl jedem, der ihn in meiner Sache ansprach.

Ich hatte nur noch eine Chance: Mehr Geld zu verdienen als Raúl. Geld ist in Mexiko Macht. Aber ich wußte nicht, wieviel ich brauchen würde und nach welchem Plan ich überhaupt vorgehen sollte. Wohin und an wen ich mich auch wandte, ich stieß auf Mauern und bestenfalls auf wohlwollende Hilflosigkeit.

Dann erfuhr ich, daß Peter zum Ende des Jahres nach Österreich zurückkehren wollte. ›O Gott,‹ dachte ich, ›auch das noch!‹ Diese Nachricht stürzte mich in ein noch tieferes Dilemma, bedeutete sie doch, daß Peter keine ernsten Absichten mit mir hatte. Ich hatte mein Kind verloren, mein schönes Zuhause, und nun sollte ich auch Peter verlieren. Wie sollte ich das durchstehen ohne ihn? Wie sollte ich bei »Austromex« weiterarbeiten unter einem neuen Chef, von dem ich nicht wußte, wie er war?

Eines Tages nahm ich meinen ganzen Mut zusammen und ging zu Peter. »Peter, ich kündige. Ich werde mit Marlene nach Deutschland gehen. Hier komme ich nicht weiter. Es hat keinen Sinn mehr! Ich kann nicht mehr«, stürzte es aus mir heraus, während mir das erste Mal in seinem Beisein die Tränen über die Wangen liefen.

Er sah mich bestürzt an und schwieg zunächst. »Bitte geh nicht, laß mich die letzten Monate hier nicht allein! Laß uns dann gemeinsam weggehen!« sagte er dann leise, ohne sich von seinem Schreibtisch zu bewegen. Mir taten seine Worte so gut, und wie sehnte ich mich danach, daß er mich nur ein einziges Mal in seine Arme nahm und mir Kraft gab! Statt dessen versprach er, mir mein Ausharren zu honorieren und mir finanziell zu helfen, wenn ich wegen Laura Hilfe brauchte.

›Gut,‹ dachte ich, ›wenn ich also mit ihm bis zum Schluß ausharre, dann habe ich vielleicht doch noch eine kleine Chance, und vielleicht schaffe ich es in den noch verbleibenden Monaten, Laura zurückzuholen.‹ Aber was sollte in der Zeit mit Marlene geschehen? Ich konnte nicht ewig bei der Bekannten von der Botschaft bleiben, und wenn ich den Kampf um Laura aufnahm mit all seinen Konsequenzen, dann mußte ich freie Hand haben und ohne Sorge um Marlene sein.

Am sichersten wäre Marlene bei meiner Familie in Deutschland aufgehoben − wenn sie bereit dazu war, sie aufzunehmen! Bis dahin wußte niemand, was mir in Mexiko passiert war, und als ich meine Mutter anrief, sagte sie nur: »O mein Gott, mein armes Kind!« Sie wußte auch keine Lösung, aber mit ihrem praktischen Sinn erklärte sie mir: »Komm erst einmal nach Hause, dann sehen wir weiter! Es wird sich schon ein Weg finden.« Am liebsten hätte ich Marlene bei meiner Mutter gelassen, aber sie hatte gerade wieder geheiratet und pendelte zwischen Bonn und dem Bodensee hin und her. Es blieb nur meine älteste Schwester Ruth, deren Rolle in dem ganzen Unglück ich nicht durchschaut hatte. Aber darum machte ich mir zunächst weniger Gedanken als um die Frage, woher ich das Geld für die Reise nach Deutschland nehmen sollte. Soviel hätte ich gar nicht arbeiten können, um das bei Peter abbezahlen zu können.

Doch wie schon zwei Jahre zuvor hatte ich unbeschreibliches Glück: Mein Schutzengel von der Deutschen Botschaft, die gute Gesa Weber, bescherte mir das Team einer deutschen privaten Rundfunkgesellschaft, das für die kurz bevorstehende Fußballweltmeisterschaft eine Reporterin suchte für die Berichterstattung rund um das große Ereignis. Ich konnte es nicht fassen! Nicht nur, daß das beruflich eine Chance bedeutete, ich bekam ein Honorar, das mich von der finanziellen Sorge befreite. Der Auftrag sollte mir obendrein ungemein viel Freude und Spaß bereiten!

Die Fußballweltmeisterschaft war ein einmaliges Erlebnis. Diese überbordende Fröhlichkeit in den Stadien, die Feststimmung und die Ausgelassenheit auf den Straßen waren so berauschend nach den Schrecken des Erdbebens und den schweren Monaten danach, daß ich zwar meinen Kummer und meine Traurigkeit nicht wegstecken konnte, aber wieder Mut und Kraft schöpfte.

Kurz nach der Weltmeisterschaft Anfang August 1986 reiste ich mit Marlene nach Deutschland. Wie anders empfand ich dieses Mal meine Rückkehr! Der Gedanke, daß ich wieder in diesem Land leben sollte, bedrückte mich. Ich hatte Angst davor. Doch im Verdrängen war ich schon immer meisterhaft, und so konzentrierte ich mich auf das, was ich tun mußte, und auf mein Ziel: Ich wollte Laura wiederhaben, und ich wollte Peter gewinnen. ›Alles andere,‹ dachte ich, ›wird sich dann ergeben.‹

Marlene konnte auch bei meiner Schwester nicht bleiben, da Ruth wieder arbeitete und eine mehrmonatige Umschulung irgendwo im Schwarzwald absolvieren sollte. So schlug sie eine Pflegestelle vor, bei einer Psychologin, die sich vorwiegend um autistische Kinder kümmerte und dabei erstaunliche Erfolge ausweisen konnte. Sie hatte ein großes Landhaus in der schwäbischen Alb, wo sie regelmäßig sogenannte »Marathon-Seminare« abhielt. Mich machte das mißtrauisch: Ich kannte die Vorliebe meiner Schwester für solche Sitzungen, von denen ich nichts hielt! Aber Brunhilde Schmidt machte einen ganz patenten Eindruck, und warum sollte es Marlene inmitten der Natur, wo sie mit Kühen und Pferden und allen möglichen anderen Tieren zu tun haben würde, nicht wohl fühlen? Ich wurde schnell einig mit Frau Brunhilde. Der Name paßte zu ihr: Sie glich einer wahren Walküre. Sobald ich wieder nach Mexiko flog, sollte Marlene zu ihr. Während ich meine Bewerbungstour durch Deutschland antrat, konnte Marlene noch bei meiner Schwester bleiben.

Ich war in Bonn, Düsseldorf, Köln, Berlin und Hamburg und knüpfte meine Kontakte. Einige waren aussichtsreich, andere bedeuteten eine Enttäuschung, besonders in Düsseldorf, wo ich gerne wieder hingegangen wäre. In Hamburg sah ich Hans wieder. Aber dieses Mal war unser Treffen nicht erfreulich. Er war alles andere als angetan von meiner Bitte, mir zu helfen. Er wich mir aus, sagte weder zu noch ab und ließ sich schließlich ganz verleugnen, auch wenn er mir weiterhin brav das Geld überwies, zu dem er sich freiwillig bereiterklärt hatte.

Als ich wieder am Bodensee bei meiner Schwester eintraf, eröffnete sie mir, daß Frau Brunhilde von mir verlange, an einem »Marathon-Seminar« teilzunehmen, um mich näher kennenzulernen. Das sei die Bedingung, die ich erfüllen müsse, um Marlene bei ihr unterzubringen.

Ich ärgerte mich darüber, und im Seminar vor Ort geriet ich dann außer mir vor Empörung, als über eine laufende Videokamera jeder Teilnehmer aufgezeichnet und auf einen großen Bildschirm projiziert wurde. Ich fühlte mich vergewaltigt. Wie kam diese Frau Brunhilde dazu! — »Ja, das machen wir so, damit jeder Teilnehmer am Ende des Seminars seine Körpersprache beobachten und schließlich seine Entwicklung deuten kann«, tönte Frau Brunhilde.

Das war zuviel des Guten: Ich war noch nie so wütend gewesen! Es fehlte nicht viel, und ich hätte alles um mich herum kurz- und kleingeschlagen. Und meine Schwester hätte ich am liebsten windelweich geprügelt. Sie war es, die mich dazu erpreßt hatte! Sie wollte mich als Mittel zum Zweck, zur Lösung ihrer eigenen Probleme benutzen, und sie wollte wieder die »Retterin« und »Märtyrerin« sein. Marlene war nicht dabei. Sie spielte draußen mit anderen Pflegekindern. Ich blieb in dem Seminar, aber nur, um meine Schwester kleinzukriegen, was mir auch gelang, zumindest an jenem Wochenende.

Den Gipfel schoß Frau Brunhilde ab, als sie meine Tochter dazu zwang, Hafersuppe ohne Zucker zu essen. Ich hatte Marlene auf dem Schoß, und ich kriegte nichts anderes von Frau Brunhilde für sie außer diesem verfluchten Haferschleim. »Hier wird gegessen, was auf den Tisch kommt! Deine Tochter muß das lernen. Disziplin hat noch nie geschadet!« Marlene, meine kleine geduldige, liebe Marlene, die nie so leicht aus der Fassung zu bringen war, schrie wie am Spieß. Es war gräßlich, und mir war klar: Hier konnte ich Marlene unmöglich lassen! »Liebe Frau Brunhilde, danke für Ihr Angebot, aber ich nehme mein Kind wieder mit!«

Daraufhin grinste Frau Brunhilde: »Sehen Sie, das wollte ich. Ihr Kind braucht Sie! Das wollte ich, daß Sie das begreifen!«

Als ob ich das nicht wußte! Natürlich brauchte mich Marlene, aber Laura brauchte mich auch! Und ich brauchte Hilfe, und zwar ganz konkrete!

Nach diesem Fiasko nahm ich Marlene wieder nach Mexiko zurück, getragen von der Hoffnung, daß sich ein Weg zu Laura finden würde, ohne daß ich untertauchen mußte, und daß sich Peters Herz für mich öffnete. Unser Rückflug nach Deutschland war für den 12. Dezember geplant. Ich hatte kein Geld für ein offenes Ticket und war an die von der Fluggesellschaft vorgegebene Frist gebunden, um den günstigsten Tarif zu bekommen.

Mir blieben noch genau drei Monate.

Marlene war froh, daß sie wieder mit mir nach Mexiko zurückfliegen konnte, auch wenn sie sich darauf eingestellt hatte, nicht mehr in die Deutsche Schule zu müssen. Sie hatte große Angst vor ihrer strengen Lehrerin, und als ich sie morgens wieder in die Klasse brachte, von der sie sich ein paar Wochen zuvor verabschiedet hatte, weinte sie.

Mich stellte die Tatsache, daß Marlene bei mir blieb, vor neue Probleme. Ich konnte nicht bei Heidi bleiben. Mir blieb keine andere Wahl, als in unsere Wohnung zurückzukehren und das Leben so weiterzuführen, wie ich es zuvor getan hatte, das hieß, weiter bei »Austromex« und der Zeitung zu arbeiten. An Untertauchen war mit Marlene nicht zu denken. Wo hätte ich sie unterbringen können? Peter hatte mir oft geholfen, aber in dieser Situation war es unmöglich, Marlene zu seinem Dienstmädchen zu bringen. Ebenso undenkbar war es, daß ich bei ihm untertauchen konnte. Auch Peter hatte Angst, zumal an einem Abend, an dem er nicht zu Hause war, vier Unbekannte in einem dunklen Wagen auftauchten und ihn sprechen wollten. Aber Nana hatte sie nicht hineingelassen und sich auch geweigert, irgend etwas entgegenzunehmen.

Nach Toluca zu Laura fuhr ich kaum noch, es war jedes Mal ein Drama und entwürdigend. Ich war dem nicht mehr gewachsen, und ich wußte nicht, wie ich jemals mein Kind wiederbekommen sollte. Aber ich hielt Kontakt zu einer Nachbarin von Raúl, einer Landsmännin von mir, mit der ich mich angefreundet hatte. Am Anfang stand ich ihr sehr mißtrauisch gegenüber, weil Raúl es war, der mich mit ihr in Kontakt gebracht hatte. Irgendwann einmal war er bei mir mit deutschen Büchern für mich angekommen und erzählte mir von Vera, die jemanden suchte, der bereit war, mit ihr Bücher zu tauschen. Sie war etwa so alt wie ich, im Typ etwas herbe und sehr verschlossen. Erst nach und nach öffnete sie sich und erzählte mir, daß sie ihr Baby, ein kleines Mädchen, nur wenige Monate zuvor verloren hatte. Sie hatte sich einfach von den Menschen zurückgezogen, um ihren Kummer bewältigen zu können. Wenn ich bei Raúl in Toluca war, hatte ich jemanden, zu dem ich gehen konnte, wenn er von Parteifreunden Besuch bekam. Vera hielt mich immer auf dem laufenden. Ich wußte auf diesem Weg immer, ob Laura in Toluca war und wer bei ihr war.

Ich zog nach wie vor an allen möglichen Hebeln, ging zu Frauenorganisationen und zu Zeitungen. Ich drang bis zum persönlichen Referenten des Gouverneurs vor. Überall bekam ich viel Mitgefühl und Verständnis entgegengebracht und hörte immer wieder den einen Rat: »Machen Sie es wie er!«

Wo und bei welcher Gelegenheit auch immer ich auf einflußreiche Leute traf, erzählte ich von meinem Schicksal. Mir war Raúls Ruf gleichgültig. Ich klagte ihn nur noch an. Wenn er schon über mich gesiegt hatte, dann wollte ich wenigstens seine politische Glaubwürdigkeit zerstören. Ich war zu verzweifelt, um gelassen und eiskalt überlegen zu können, was zu unternehmen war. Immer wieder warnte mich die Botschaft: »Frau Christen, bleiben Sie ruhig. Je lauter Sie kämpfen, desto weniger Aussichten haben Sie!« Aber ich schlug alle Ratschläge in den Wind, weil ich so sehr hoffte, irgendwann einmal einem Menschen zu begegnen, der die Macht hatte, mir zu helfen. Der Anwalt in Toluca hatte keine Zeit mehr für mich. Jedes Mal, wenn ich ihn anrief, hatte er eine andere Ausrede, weshalb er mich nicht empfangen konnte, und schließlich ließ er sich verleugnen.

Ein mit mir befreundeter Maler brachte mich schließlich mit einem ehemaligen Agenten der Bundespolizei zusammen. Für eine Million Pesos wollte der mir helfen, meine Tochter zurückzuholen. Ich hatte keine Ahnung, woher ich soviel Geld nehmen sollte: Es waren vier Monatsgehälter von »Excélsior« und »Austromex« zusammen. Ich stimmte einem Treffen mit diesem Agenten zu. Wir trafen uns im »Parnasso«, jener legendären Buchhandlung mit Café in Coyoacán. Der Mann war noch jung. Ich schätzte ihn so um die dreißig, schlank, attraktiv, aber gehbehindert. Er erzählte mir, daß er einmal so schwer zusammengeschlagen worden sei, daß er davon ein verkürztes Bein behalten habe. Warum er bei der Polizei ausgeschieden war, sagte er nicht. Ich fragte ihn aber auch nicht danach.

Er wollte alles von Raúl wissen: wo er arbeitete und wie seine politischen Aktivitäten aussahen. Er verlangte eine genaue Beschreibung seines Hauses, Fotos von Laura und ihm sowie die Adresse seiner Partei. Mit seinen Nachforschungen wollte er beginnen, sobald ich ihm die erste Hälfte seines Honorars gezahlt hatte.

Soviel Geld konnte ich mir unmöglich von Peter leihen. An einen Vorschuß war auch nicht zu denken, und mein Auto brauchte ich vorläufig noch. Was nun? Die rettende Idee kam von einer Malerin, mit der ich einen sehr engen und guten Kontakt pflegte. Kennengelernt hatte ich sie anläßlich einer großen Ausstellung im »Salon der Mexikanischen Plastik« (»Salón de la Plástica Mexicana«), bei der sie einen Preis verliehen bekam. Sie war Jüdin amerikanischer Abstammung, um die fünfzig Jahre alt, groß, schlank, mit kurzem, graumeliertem, dunklem Haar. Am auffallendsten waren ihre tiefe Stimme und ihr energisches Auftreten. Obwohl ich Deutsche war und sie stets gesagt hatte, daß sie niemals Deutschland besuchen würde, ging sie sehr offen mit mir um, und im Laufe der Zeit entwickelte sich eine großartige Freundschaft zwischen uns. Auch zu ihren beiden Töchtern Andrea und Aline, die beide mit dem avantgardistischen Theater in Mexiko zu tun hatten, hatte ich regen Kontakt.

»La maestra« (»Die Meisterin«), wie ich sie hier nennen möchte, schenkte mir zwanzig Originalgraphiken. »Organisiere damit eine Ausstellung unter Freunden und verkaufe sie. Damit müßte zumindest ein Teil des Geldes, das du brauchst, hereinkommen.« Ich war überrascht und unendlich dankbar für diese spontane Hilfe!

Bei Freunden von der Botschaft gelang es mir, eine Art Versteigerung auf die Beine zu stellen, bei der genau 575.000 Pesos zusammenkamen. Über den Rest der Summe, die mir noch fehlte, machte ich mir nicht mehr so viele Gedanken. Für mein Auto würde ich noch mindestens 400.000 Pesos bekommen: Es würde also reichen.

Solche Erfolgserlebnisse lösten in mir eine Euphorie aus, die mir den Blick für die Realität völlig nahm. Zwischen Peter und mir wurden die Gespräche und der Kontakt außerhalb des Büros intensiver. Manchmal lud er mich zu sich nach Hause ein, wo wir zu Mittag aßen und arbeiteten oder uns einfach ausruhten. »Genieß den Garten! Geh schwimmen. Mach, was du willst«, sagte er dann zu mir und zog sich zur Siesta zurück. Ich wagte es nie, ihm nachzugehen, zu groß war meine Angst vor einer Zurückweisung. Sehnsüchtig erwartete ich das große Fest, das anläßlich eines Außenbüroleiter-Treffens der Firma in Mexiko ausgerichtet werden sollte. Ich setzte große Hoffnungen auf diesen Ball in einer ehemaligen Hazienda in Tlalpan, einem südlichen Vorort von Mexiko-Stadt. Eingebettet in einen zauberhaften Garten mit Pfauen und anderen exotischen Vögeln, bildete sie eine zauberhafte Oase. Eine verglaste Kuppel im Jugendstil wölbte sich über das romantische Restaurant, und eine Mariachi-Kapelle spielte im Hintergrund Walzer und Polka. Es war genau das richtige Ambiente für Liebende, ein »Garten der Glückseligkeit«.

Peter blieb die Sprache weg, als er mich sah: Ich trug eine bildschöne romantische schwarze Spitzenbluse mit Puffär-

meln aus Tüll, dazu einen mit mexikanischen Motiven gold-
bedruckten, wadenlangen Wickelrock, den einst mein Vater
meiner Mutter von einer Reise mitgebracht und den sie mir
vererbt hatte. Ich konnte mich sehen lassen und genoß die bewundernden Blicke! Wir fuhren gemeinsam zur Hazienda
und hatten abgemacht, daß wir auch gemeinsam auftreten
würden. Ich schwebte wie auf Wolken!

Aber Peter tanzte nicht ein einziges Mal mit mir. Wieder
wich er mir aus, mit dem Vorwand, sich um seine anderen
Gäste kümmern zu müssen. Ich saß lange mit unserem gemeinsamen Freund Heinz zusammen und klagte ihm mein
Liebesleid. »Wenn er doch nur einmal ein wenig Mut zeigte!«
seufzte ich. »Ich weiß, er mag dich sehr, aber ob er sich auf eine gemeinsame Zukunft mit dir einläßt, bezweifle ich! Dennoch muß das ja nicht heißen, daß man die Momente, die einem zusammen vergönnt sind, nicht genießt. Nachher gehen
wir zu mir nach Hause. Ergreife die Chance! Ich helfe dir, so
gut ich kann«, tröstete er mich.

Peter hielt sich an sein Versprechen: Ich durfte ihn zu unserem Freund begleiten. Heinz zeigte uns Fotos aus seinen Hip-
pie-Jahren und erzählte uns unzählige Anekdoten. Ich saß
wie auf Kohlen, als er auf einmal sagte: »Peter, warum
nimmst du Anne nicht mit nach Österreich?« Peter betrachtete uns lange − und schwieg. Mir blieb die Sprache weg. Ich
wurde puterrot und mußte mich zusammenreißen, um nicht
zu weinen. Am liebsten wäre ich im Erdboden versunken.
Warum sagte er nichts? Wenn er wenigstens »Nein!« gesagt
hätte, aber er schien die Frage völlig zu ignorieren. Erst als
Heinz ihn nach mir endlos erscheinenden Minuten ein zweites
Mal fragte, erklärte er nur, daß er selber noch nicht wüßte,
was er nach seiner Rückkehr nach Österreich tun würde.

Das war weder ein klares »Ja«, aber es war auch kein klares »Nein«. Vor Gästen glänzte er mit mir, der Journalistin
und »mutigen Mutter, die um ihr Kind kämpft«. Er nahm
mich mit zu Kongressen, ob ich eine Einladung dazu hatte

oder nicht. Er schleppte mich einfach durch, wenn man mich nicht passieren lassen wollte, und sagte dann im Tone tiefster Entrüstung: »Aber das ist doch meine Sekretärin . . .« So, als wenn er sagte: »Wieso, das ist meine Frau!« Er brachte mir von jeder Reise Geschenke mit. Einmal kam er mit einer ganzen Handvoll Kosmetika und Parfüms aus den USA an. Ja, er war ein guter Beobachter und wußte, daß ich mich gerne schmückte. Und er sparte auch nie mit Komplimenten, wenn ich etwas anhatte, was ihm besonders gut gefiel. Als seine Mutter ihn in Mexiko besuchte und zum obligaten »Bürotermin« erschien, bestand sie auf einem Foto. Und Peter zog mich an sich heran und nahm meinen Arm, nicht den seiner Mutter! Wie sollte ich da keine Hoffnungen hegen? Aber sobald ich ihn fragte, ob er mich zu einem Konzert oder zu irgendeiner Veranstaltung begleitete, sagte er stets nein. Wie gerne hätte ich ihm »mein« Mexiko gezeigt, dieses wunderbare Mexiko mit seiner tiefen Seele! Immer zeigte er mir voller Stolz, was er sich gekauft hatte auf seinen Reisen. Er teilte seine Freude mit mir, aber niemals kam es zu irgendeinem gemeinsamen Ausflug. Nie wagte er es, mit mir zusammen etwas zu entdecken, obwohl ich wußte, daß er die Dinge auch mit meinen Augen betrachten konnte. Die Liebe zu den schönen Dingen, das Gefühl für dieses Land und seine Leute teilten wir. Er entdeckte vieles, was ich auch entdeckte — aber nie gemeinsam. Das tat mir bitter weh.

Die Zeit verstrich, es wurde November, und ich war noch keinen Schritt weitergekommen. Der Polizeiagent fuhr einmal mit mir nach Toluca, wo ich ihm Raúls Siedlung zeigte. Ich malte ihm einen Plan von seinem Haus und gab ihm alle Daten, die ich hatte. Er meinte, es wäre besser, wenn ich nun untertauchen würde, und bot mir mit Marlene ein Versteck in einem Vorort von Mexiko-Stadt an. Dort wohnte ein Kollege von ihm, der selbst zwei Töchter im Alter meiner Kinder hatte. Doch dieses Haus war so gräßlich und der Mann war mir so unsympathisch, daß ich auf das Angebot nicht einging. Ich traute ihm nicht und war auch nicht damit einverstanden, daß er bei der Rückhol-Aktion von Laura dabeisein sollte. Aber der Agent bestand darauf. Dann wies er mich darauf hin, daß der 12. Dezember der Tag der Schutzpatronin Mexikos war, von Guadalupe, der »schwarzen Madonna«. Ich hatte völlig vergessen, daß dieser Tag (auch wenn kirchliche Feiertage in Mexiko nicht gesetzlich waren) doch fast überall gefeiert wurde. »Sie müssen warten bis zum 25. Dezember. Es geht nicht anders«, warnte mich der Agent. Wie sollte ich das können? Das bedeutete nicht nur, neue Tickets zu kaufen, es bedeutete auch, die ganze Zeit in diesem gräßlichen Haus versteckt bleiben zu müssen. Wie sollte ich das mit Marlene durchstehen? Nein, das war nicht möglich! »Wir müssen es versuchen! Vielleicht hat Lauras Kindergarten an dem Tag ja doch nicht geschlossen«, beschwor ich den Mann, der nur noch den Kopf schüttelte und meinte: »Okay, Sie sind der Boss.«

Bekannte hatten mir in Toluca die Adresse eines Anwalts gegeben, der eine einflußreiche Gewerkschaft beriet. »Es schadet nichts, wenn du mal mit ihm sprichst. Vielleicht kann er dir helfen und dir ein gefälschtes Touristenvisum besorgen, das du für Laura brauchst«, sagten sie mir. Um mit Laura ausreisen zu können — ich hatte mir in der Botschaft einen Familienpaß besorgt — mußte ich ein solches Visum haben, um so tun zu können, als sei ich mit ihr damit auch eingereist.

So fuhr ich eines Tages zu diesem Anwalt. Sein Büro war schmutzig und heruntergekommen. Er war klein, dick, hatte Schmiere im Haar und schmutzige Fingernägel. Ich wußte nicht, was ich von diesem Mann undefinierbaren Alters halten sollte. Er war aber sehr freundlich und mitfühlend und sprach sehr negativ von Raúls politischen Machenschaften. Das war der Schlüssel zu meinem Vertrauen, und so gab ich ihm alle gewünschten Informationen: die Daten unseres Fluges, die Fluggesellschaft und meine Paßnummer. Er untersuchte meine Dokumente einschließlich Lauras beglaubigter

Geburtsurkunde und machte sich Notizen. »Señora, ich werde mein Bestes tun! Rufen Sie mich eine Woche vor Ihrem Heimflug an«, verabschiedete er sich von mir.

Ende November war der Zeitpunkt gekommen, um bei der Zeitung zu kündigen. Nie war mir ein Schritt so schwergefallen. Ich war todunglücklich und konnte die Tränen nicht zurückhalten, als mein Chef mir sagte: »Anne! Schade! Jetzt, wo du an Höhe gewonnen hast, gehst du. Aber wir verstehen dich und wünschen dir Glück! Du hast es verdient. Verliere den Kontakt zu uns nicht. Bleibe uns treu, auch wenn du wieder in deiner Heimat bist. Und du weißt: Hier bist du zu Hause, jederzeit bist du uns willkommen!« Es war ein trauriger Abschied.

Ich verkaufte die Möbel, die ich nicht mit nach Deutschland nehmen konnte, und packte alles zusammen, was in den Umzug mit hineinmußte. Peter versprach mir, meine Sachen mit seinem Umzugsgut nach Europa zu verschicken. Ich zog mich mit Marlene in das Zimmer zurück, das ich früher untervermietet hatte, und gab die Wohnung an eine Bekannte ab, die mit ihrem Mann und ihrem Kind einzog.

Es war nicht mehr meine Wohnung. Innerhalb kürzester Zeit herrschte ein fürchterliches Chaos: Adriana war unfähig, die Wohnung heimelig zu machen oder sie sauberzuhalten. Der einzig gemütliche Raum war Marlenes und mein Zimmer. Es waren fürchterliche Tage. Zum Glück half mir meine Freundin Mina! Gemeinsam bauten wir in dem kleinen Zimmer einen Altar auf, auf dem ständig eine Ölkerze brannte, ein sogenanntes »ewiges Licht«, das mich schützen und das mir Glück bringen sollte. Ich betete jeden Abend: Ich ergriff jedes Gebet, jeden geistigen Spruch, um um Hilfe zu bitten.

Der 12. Dezember nahte. Zwar hatte ich von der Zeitung eine sehr großzügige Ablösesumme als Prämie für meine Treue und meine Dienste erhalten, aber es reichte nicht, um den Agenten zu bezahlen, der seine Forderungen immer höher schraubte. Ich überschrieb ihm mein Auto, gab ihm die

Vollmacht zum Rückkauf meiner Lebensversicherung und blieb ihm noch zweihundert Dollar schuldig, die ich ihm an dem Tag geben sollte, an dem wir Laura holen wollten.

Ich mußte selbst in die Höhle des Löwen gehen. Die beiden Agenten konnten mich nur begleiten. Sie durften Laura nicht alleine holen, denn dann wäre es eine Entführung gewesen. Und das Risiko war zu groß, das sah ich ein.

Mein Hohentengener Freund Werner versprach mir, mir für die Aktion sein Auto zu leihen. Am Flughafen sollten wir es abstellen. Auch Peter wollte zum Flughafen in das Büro der Lufthansa kommen. Ich hatte mir so sehr gewünscht, daß Peter und ich gemeinsam zurückfliegen würden. Aber er buchte um, von der Lufthansa zur KLM, und wollte erst einen Tag später reisen. Meine Schwester Birthe hatte für Lauras Ticket gesorgt, das ich nur abzuholen brauchte. Das einzige, was mir fehlte, war Lauras Touristenvisum. Aber der schmierige Anwalt, der mir zugesagt hatte, es zu besorgen, war unauffindbar. Er war nicht mehr zu erreichen. Ich geriet in Panik. Nun brauchte ich auch noch Geld, um die Beamten an der Paßkontrolle schmieren zu können! Und was, wenn es mir nicht gelang? Aber ich verwarf den Gedanken gleich wieder. Immer und immer wieder hämmerte ich mir ein: ›Du wirst siegen! Denk positiv. Dann kann nichts schiefgehen!‹

Der 10. Dezember war mein letzter Arbeitstag bei »Austromex«. An dem Nachmittag sollte eine große Party zur Hochzeit eines deutschen Geschäftsmannes gegeben werden, zu der Peter eingeladen war. Peter war an jenem Tag in Dallas, wollte aber am frühen Abend zurück sein. »Du, da gehen wir gemeinsam hin! Das heißt, du kannst schon am Nachmittag hingehen, nimmst halt meine Einladung mit, schließlich steht ja drauf: ›und Frau‹«, sagte er etwas verlegen und zu meiner großen Überraschung zu mir. »Und dann gehen wir danach ins ›Restaurant del Lago‹. Du kennst es doch, dieses schöne Lokal im Chapultepec-Park, wo man auch tanzen kann!« Oh, wie freute ich mich! Diese Einladung sah ich als kleinen Hoffnungsschimmer, als Lichtblick inmitten meines traurigen Abschieds von meinem geliebten Mexiko.

Der 10. Dezember war einer jener kühlen und nebligen Tage, wie sie selten vorkamen. Der trübe Dunst senkte sich wie eine schwere Glocke über die Stadt und stimmte mich auf Deutschland ein. Bei all der Freude auf das Fest fühlte ich mich bedrückt. Meine Angst vor Raúl, die Zweifel, ob ich es schaffen würde, Laura zurückzubekommen, die Angst vor dem Neuanfang in Deutschland: Das alles lastete schwer auf mir. Ich hoffte, daß Peter rechtzeitig aus Dallas zurückkam, daß seine Maschine sich nicht verspätete. Wenigstens den Abschied von ihm wollte ich mir nicht kaputtmachen lassen.

Das Haus des Gastgebers war phantastisch mit exotischen Blumen geschmückt, die zu dem deutschen Buffet einen komischen Kontrast bildeten. Mariachi-Kapellen spielten abwechselnd mexikanische und deutsche Volksmusik. Die gesamte Creme der deutschen und österreichischen Gesellschaft war versammelt. Auch Strietzel und seine Frau waren da.

Nun hatte ich vor einiger Zeit eine Kritik veröffentlicht anläßlich einer Ausstellung von in Mexiko ansässigen deutschen Künstlern, die in der Botschaft stattfand. Die Künstler hatten auf der Ausstellung bestanden, nachdem die Botschaft für Strietzels Frau, die sehr gut malen konnte, eine Einzelausstellung organisiert hatte. Das wurde als Affront und große Ungerechtigkeit empfunden. In meinem Artikel hatte ich die Öffentlichkeit über die Hintergründe der Ausstellung und über so manches Detail aufgeklärt. Alles war sachlich korrekt, doch es hatte mir natürlich auch Genugtuung bereitet, Strietzels die Demütigungen, die sie mir angetan hatten, heimzuzahlen.

Als Strietzel mich sah, kam er lächelnd auf mich zu und sagte: »Na, Frau Christen, mit Ihrem Bericht über die Ausstellung haben Sie uns ja ganz schön eins ausgewischt! Das mußte doch nicht sein, oder?«

Natürlich mußte das sein, und ich sagte ihm das auch: »Ich

habe das geschrieben, was mir meine Ansichten von Moral und Wahrheit diktierten, und ich lag richtig damit. Was das Auswischen anbelangt, da haben Sie recht: Auf die Gelegenheit hatte ich lange gewartet. Sie sind mit mir weit weniger zimperlich umgegangen und haben mich sehr verletzt. Wenn es mir aber nur um Rache gegangen wäre, so glauben Sie mir: An anderen Gelegenheiten hätte es mir nicht gefehlt!«

»Sie haben recht«, entgegnete er mir, während seine Frau hinzukam. »Ich war nicht fair, das gebe ich zu, und es tut mir aufrichtig leid. Es ist alles eine Frage von Reife ...« Da sprach dieser Mann doch tatsächlich von Reife! »Lieber Herr Strietzel«, antwortete ich schließlich leicht ironisch, »mich wundert, daß Sie als erwachsener Mann, der Sie ja damals schon waren, erst so spät Reife erlangen! Aber es freut mich, es ist ja nie zu spät!« Ich war überrascht, daß er dennoch bei mir stehen blieb und offenbar die Unterhaltung nicht abbrechen wollte. So unterhielten wir uns noch sehr lange, über die Wirtschaftsvereinigung, über meine Arbeit bei der Zeitung, die ich ja nun aufgeben mußte, und über meinen unglücklichen Abschied aus Mexiko. Mir taten seine Worte der aufrichtigen Entschuldigung und sein Bedauern über den Verlust von Laura gut. »Aber Sie werden es schon schaffen. Nur Mut! Und wenn Sie Hilfe brauchen: Wir sind immer für Sie da!« tröstete er mich. »Unsere Türen stehen Ihnen offen. Noch heute machen wir die Zeitschrift so, wie Sie sie konzipiert haben. Das ist Ihr Erfolg!« rief er mir noch zu, bevor er sich verabschiedete.

Es war früher Abend geworden. Ich wollte längst wieder im Büro bei Peter sein, der inzwischen aus Dallas mit seinem Nachfolger eingetroffen sein mußte. Ich erwischte ihn gerade noch in der Tiefgarage, wo er mich fast böse erwartete, weil ich so spät kam. Ich erzählte ihm von meiner Begegnung mit Strietzel und wie gut es war, daß mir doch noch Genugtuung gegeben wurde: Wenigstens das Kapitel konnte ich unter »positiv« abhaken.

Um in das schöne Restaurant zu fahren, war es zu spät geworden. Insgeheim ärgerte ich mich darüber, daß ich der Begegnung mit Strietzel soviel Bedeutung beigemessen hatte, daß ich dafür einen möglicherweise entscheidenden und wunderschönen Abend mit Peter geopfert hatte. Wir gingen woandershin essen: in ein typisch mexikanisches Restaurant in La Herradura. Noch einmal hörte ich die Mariachis, die mich sentimental stimmten. Auch an diesem Abend kamen Peter und ich uns nicht wesentlich näher. Ich entdeckte viele Gemeinsamkeiten: Er war ebenso ehrgeizig wie ich, und auch sein Ehrgeiz war durch gedemütigten Stolz angetrieben worden. Er wußte, wie mir zumute war, aber keiner von uns wagte es, darüber zu reden. Und er wußte genau, daß ich ihn liebte, auch wenn ich es niemals aussprach.

Den 11. Dezember verbrachte ich mit Packen. Am Abend holten mich die beiden Agenten zu Hause ab und brachten mich in ein kleines Hotel in einer Nebenstraße der »Reforma«. Ich schloß mich noch einmal mit Vera kurz, die wie ich am 12. Dezember nach Deutschland fliegen wollte. Durch sie wußte ich, daß Laura in Toluca bei Raúl war und daß auch seine Eltern angekommen waren. Mir war übel vor Angst, und mir schwante nichts Gutes.

Am nächsten Morgen ging ich ins Büro, um mich von Peter zu verabschieden, der mir noch zweihundert Dollar gab. In dem Moment erreichte mich der Anruf von Werner: »Du, ich kann euch mein Auto nicht geben. Es ist kaputtgegangen. Sieh zu, wie du nach Toluca kommst. Es tut mir leid, ich muß gleich wieder in eine Sitzung!« Sprach's und legte auf.

Das war kein gutes Omen! Notgedrungen fuhren wir mit meinem kleinen Auto nach Toluca. Marlene hatte ich bei Freunden untergebracht, wo ich sie am Nachmittag mit Laura zusammen abholten wollte.

Es kam so, wie es anders nicht hatte kommen können: Lauras Kindergarten hatte an dem Tag geschlossen. Jetzt war guter Rat teuer! Ich schwankte zwischen Panik und Hoffnung, zwischen Resignation und Mut. Und so fuhren wir zu Raúls Haus.

Das Tor zu seiner Wohnsiedlung stand offen. Ich kam ungehindert hinein. Veras Haus lag verlassen da. Alle Vorhänge waren zugezogen, ihre Pflanzen waren weg. Wie gerne hätte ich sie bei mir gehabt in diesem Moment! Die beiden Agenten blieben draußen im Auto. Hieß es nicht, daß ich alleine in die Höhle des Löwen gehen sollte?

Raúl öffnete mir die Tür und ließ mich herein. Er war überhaupt nicht überrascht. Es schien, als habe er auf mich gewartet.

Raúl war schwer erkältet. Er trug einen langen schwarzen Kaftan aus Indien. Darin sah er lächerlich und gleichzeitig bedrohlich aus. Olivia saß zusammengesunken, eine »Ruana« (dicker Poncho) um ihre Schultern gewunden, auf dem Boden, an einen Kleiderschrank gelehnt, und sah nicht auf. Laura war nicht da, auch Raúls Eltern konnte ich nirgendwo entdecken. Raúl bot mir höflich einen Kaffee an und sagte: »Was willst du?«

»Ich möchte Laura sehen. Das kannst du mir nicht verweigern,« antwortete ich, wobei es mich fast übermenschliche Kraft kostete, meine Ruhe zu bewahren und meine Angst nicht zu zeigen. »Du wirst Laura nicht sehen! Nicht, solange du in diesem Zustand bist und deine Nerven nicht unter Kontrolle hast!«

Das war der Moment, in dem all meine Wut, mein ganzer Haß auf ihn losbrach. Ich schrie ihn an, »Du Schwein, du elendes Schwein! Du hast kein Recht dazu, mir das anzutun! Du hast kein Recht dazu, mir mein Kind zu nehmen und mich einfach als Mutter zu annullieren. Ich bin Lauras Mutter, und sie hat ein Recht auf ihre Mutter und auf ihre Schwester!«

Raúl packte mich unsanft am Arm und stieß mich aus seinem Haus hinaus, schleppte mich zum Tor und brüllte: »Du bist eine Lügnerin! Du wolltest Laura nur, damit ich dich heirate. Du verdammte, miese Manipulantin, verschwinde aus unserem Leben und laß dich nie wieder blicken! Hau ab nach Deutschland, ich will dich nie wiedersehen!«

Ich meinte, Laura irgendwo nach mir rufen zu hören. Ich wollte schreien, aber ich brachte keinen Laut mehr aus mir hervor. Ich war am Ende.

Raúl stieß mich zum Tor hinaus und knallte es hinter mir zu. Die beiden Agenten hatten alles beobachtet, und sie waren nicht einmal ausgestiegen, um mir zu helfen.

Selbst in dem Moment war mir noch nicht klar geworden, daß sie mich verraten hatten! Ich lief weinend zum Auto. Wir fuhren fort, und ich sagte nur: »Laßt uns Marlene holen und bringt uns zum Flughafen.«

»Anne, mach dir keine Gedanken! Wir sorgen schon dafür, daß er dafür bezahlen muß. Wir werden ihm eine Lektion erteilen«, erklärten sie mir heroisch.

Am Flughafen nahmen sie mir mein Auto ab und die zweihundert Dollar, die Peter mir gegeben hatte. Es war das letzte Geld, das ich hatte. »Daß es nicht geklappt hat, ist nicht unsere Schuld. Wir haben wegen deiner Sache viele Ausgaben gehabt, und du bist uns das schuldig. Basta!« sagte der junge Behinderte. Vielleicht war das seine Rache dafür, daß ich auf seine Avancen nicht eingegangen war. Vielleicht aber nutzten sie meine Verzweiflung und Hilflosigkeit auch nur aus. Ich verdrängte jeden Gedanken daran und übergab ihnen das Geld.

Es war schon spät geworden. Wir mußten uns beeilen, um die Maschine noch zu erreichen. Peter sah ich nicht mehr.

Von Dallas aus rief ich ihn an. Weinend, schluchzend erzählte ich ihm, daß ich gescheitert war, daß alles schiefgegangen war. Den Flug erlebte ich wie in Trance, und wenn mir Vera in Frankfurt nicht hundert Mark in die Hand gedrückt hätte, wäre ich nicht einmal mehr mit Marlene am Bodensee angekommen.

Nach einer endlosen Reise im Zug erreichten Marlene und ich am späten Abend des 13. Dezembers 1987 Radolfzell.

Kein Zug oder Bus ging mehr ab nach Uhldingen-Mühlhofen. Wir konnten nur ein Taxi nehmen. Es war kalt. Es regnete, der See lag dunkel da, während wir den langen Weg von Radolfzell nach Uhldingen fuhren, wo meine Mutter ein kleines Apartment neben meiner Schwester Ruth bewohnte. Aber Ruth war an jenem Abend nicht zu Hause. Meine Mutter bezahlte das Taxi. Sie nahm mich in den Arm, und praktisch und beherrscht, wie sie nun einmal war, ließ sie gar keine Sentimentalitäten aufkommen: »Nun kommt schon rein! Ihr müßt was zu essen haben. Ihr werdet ja ganz naß!«

Erst nachdem ich Marlene zu Bett gebracht hatte und nachdem mir meine Mutter ein Glas Wein ausschenkte, löste sich meine Starre. »O Mami, ich wünschte, Raúl würde sterben!« brach es aus mir heraus. Ich hatte alles verloren: meine Laura, mein Zuhause, meine Zeitung, Peter. Ich war da, wo ich nie wieder sein wollte: Ich war nichts, ich hatte nichts, ich hatte mich selbst verloren.

Sie stand auf, stellte sich vor mich hin und sah mich ernst mit ihren großen, grauen Augen an, die sie wie stets, wenn sie mit uns Kindern schimpfte, weit aufriß. Dann erhob sie den Zeigefinger und sagte: »Kind, versündige dich nicht!«

Kapitel XV
Stunde Null

Herbstblatt
Manchmal denke ich
ich bin ein Blatt im Herbst
ich hänge am Baum
bemalt mit den Farben des Lebens.

Sanft wiege ich mich
zur Musik des Windes
Erst zart und leise
fordert er mich zum heiteren Tank.

Er wirbelt mich
durch die Lüfte
trägt mich fort.
Ich tanze um mein Leben

Ich konnte die tröstende Umarmung meiner Schwester Ruth nicht ertragen, die mich am nächsten Morgen begrüßte. Wie nicht anders zu erwarten, übernahm sie sofort das Zepter. Schon vor meiner Rückkehr hatte sie für meine Kinder Doppelbetten gekauft: gebraucht, aus Metall, zum stolzen Preis von vierhundert Mark, die sie von mir bekommen hatte, um sie für mich aufzubewahren. Ohne mich zu fragen, entschied sie über mich und über Marlene. Sie schrieb Raúls Eltern zu Weihnachten. Sie begriff nicht, daß der Brief an Guadalupe und Ramón Raúl doch nur signalisierte, wie recht er getan hatte. Loyalität — das war ihr ein

Fremdwort. Wir fünf Geschwister hatten so lange gebraucht, um wieder zueinanderzufinden und uns aufeinander einzuschwören, uns immer zu helfen, aber unsere Schwester Ruth verwechselte Hilfe mit Macht! Sie ließ kaum eine Gelegenheit aus, einen Keil zwischen Birthe und ihre Kinder zu treiben, und so wie sie es bei Birthe tat, versuchte sie es auch bei mir. Sie wollte immer bestimmen, was wir mit unseren Kindern zu tun hatten. Wir machten alles falsch, und sie kam dann als die Retterin der armen Kinder daher. Dem Brief, den ich an Laura schrieb, damit Vera ihn mitnahm nach Mexiko mit ein paar Spielsachen, die ich Laura zu Weihnachten schenken wollte, fügte Ruth einen Clown bei und einen gutgemeinten, aber unsinnigen Brief an Vera. Sie war unfähig, sich aus der Geschichte herauszuhalten. Für Birthe und mich war es schlimm, daß wir so oft auf die Hilfe von Ruth angewiesen waren, wenn Schulferien waren und wir arbeiten mußten. Das verlieh ihr eine Machtposition, die wir lange, lange nicht durchschauten.

Ich war unendlich froh, als dieses Weihnachten vorbei war. Von meiner Sehnsucht nach deutscher Weihnacht, nach Familie und Romantik war ich gründlich geheilt. Später habe ich immer versucht, es meinen Kindern schön zu machen, aber wenn es nach mir gegangen wäre, dann hätte es Weihnachten nicht mehr geben müssen. Es ist für mich ein traumatisches Fest, vor dem ich flüchte, wenn ich kann.

Es dauerte gottlob nicht lange, bis ich mich aus den Klauen meiner Schwester befreien und Anfang Januar 1988 nach Hamburg gehen konnte. Marlene blieb bei meiner Mutter, die sich in unglaublich liebevoller Weise um mein kleines Mädchen kümmerte und dadurch Marlene die Eingliederung in Deutschland erleichtert hat. Bei ihr hat sie Deutsch gelernt. Sie kam in die Schule und wurde ins kalte Wasser geworfen. Nach drei Monaten hatte sie den Anschluß an ihre Mitschüler gefunden. Sie hatte den Wechsel von Mexiko nach Deutschland offenbar gut verkraftet. Sie spielte, sang und tanzte den lieben langen Tag herum, als wäre nie etwas geschehen.

Ich hatte das große Glück, sofort eine Arbeit als Redakteurin bei einem großen Verlag zu finden. Für mich war meine Arbeit immer eine Strickleiter, an der ich mich nicht nur festklammerte, sondern auch hochzog. Hamburg war nicht mein Traumziel. Meine Erinnerungen an diese Stadt waren nicht die besten. Aber ich nahm mir fest vor, positiv zu denken und die Herausforderungen anzunehmen. Ich wollte die Heimatstadt meines Vaters entdecken, um mich mit ihr identifizieren zu können. Und eines war mir klar: Laura mußte ich loslassen.

Ich tat mich schwer mit meinem neuen Leben. Die Erkenntnis, daß alles, was ich in Mexiko erreicht hatte, hier nicht gefragt war, machte mir schwer zu schaffen. Die Kälte, der ewige Regen, die nackten Bäume im Winter deprimierten mich sehr. Ich kam mit den Menschen in Deutschland nicht mehr zurecht. Ich empfand sie als kalt und abweisend. Ich fühlte mich sehr allein und klammerte mich an meine Liebe zu Peter, den ich mit Briefen überschüttete, ohne jemals zum Ausdruck zu bringen, wie sehr ich ihn liebte und wie sehr ich ihn vermißte. Meine Briefe strotzten vor Optimismus. Ich war wieder einmal unfähig, eine Schwäche und die Wahrheit zuzugeben. Ich hörte sehr selten von ihm. Manchmal rief er mich an. Aber er bewahrte stets Distanz. Allein meine Freundin Mina wußte, wie mir zumute war. Ich vertelefonierte in jenen ersten Wochen Hunderte von Mark.

Sechs Wochen lang hauste ich in Pensionen, bis ich eine Wohnung fand – und Nachbarn, die mir mit ihrer Herzensbildung zur Seite standen! Für sie waren Menschlichkeit und Solidarität kein Fremdwort. Tisch, Bett, Stuhl, Geschirr: sie gaben mir alles, was ich brauchte, halfen mir beim Renovieren und wurden meine wertvollsten Freunde in Hamburg, dieser wunderschönen Stadt, die es einem aber sehr schwer macht, Anschluß zu finden.

Nach einem halben Jahr konnte ich Marlene zu mir holen. Ich hatte viel Glück: Sie bekam sofort einen Platz in einem Kindertagesheim um die Ecke. Sie ging zur Schule, fand Freundinnen und lebte sich sehr schnell ein. Als dann unser Umzugsgut aus Mexiko eintraf: War das ein Fest! Marlene tanzte um den Container auf der Straße herum, und jeder Gegenstand, den wir auspackten, wurde mit Jubel begrüßt. Endlich, endlich hatten wir wieder ein richtiges Zuhause!

Wie sehr Muttersein in Deutschland ein privates Problem ist, bekam ich nun zu spüren. Ich arbeitete im Schichtdienst: nachmittags, nachts, früh morgens. Arme Marlene! Sie war oft allein, denn meine Nachbarn konnten sich nicht immer um sie kümmern. Sie war tapfer und stolz darauf, daß sie so selbständig war: mein großes Mädchen!

Kapitel XVI

Kampf der Giganten

Unsere Wohnung war eine Oase: Hier war unser Mexiko. Aber hier waren auch die Erinnerungen, und je mehr Monate ins Land gingen, desto lauter rief in mir eine Stimme »Laura, Laura, Laura . . .!«

Eines Tages hielt ich meine Sehnsucht nach Laura nicht mehr aus und rief bei Raúl an. Er gab sie mir, und das erste, was sie sagte, war: »Mami, wann kommst du?« Mir brach es fast das Herz, als sie mir mit ihrer dunklen Stimme erzählte, daß sie nun in die Schule gehen sollte und ihr Papa ihr bereits beigebracht hatte, ihren Namen zu schreiben. Ruths Paket mit den Spielsachen hatte sie nicht bekommen. Ich fragte Raúl warum, und er erklärte mir kurz: »Wenn Vera etwas von Laura will, muß sie zu mir kommen!« Da ahnte ich, daß Laura nicht zu Vera durfte. Und ein Brief von Vera bestätigte meine schlimmsten Befürchtungen:

Toluca, den 15. August 1988

Liebe Anne,
ich hatte schon ein paarmal zum Schreiben angesetzt und es dann doch immer wieder gelassen. Du solltest Dich erst einmal in Ruhe drüben einleben können. Und wie ich sehe, ist Dir das prima gelungen. Glückwunsch! Daß Du um Peter weinst — ich kann es verstehen. Aber woher sollte er die Kraft

haben, es mit Dir aufzunehmen? Du bist eine harte Nuß, und Männer mögen keine starken Frauen!

Nun zu Laura: Es geht ihr »den Umständen entsprechend« gut. Nach der ersten Zeit, in der sie meistens bei ihren Großeltern war und bei ihren Besuchen in Toluca mal bei diesen, mal bei jenen Freunden stundenweise untergebracht wurde, wohnt sie jetzt offensichtlich dauernd hier. Mit Vater und Tochter lebt diese Olivia: Wie ich höre, wollen sie heiraten.

Ob sie die richtige Ersatzmutter für Laura ist, mag man bezweifeln; scheinbar wird sie mit der Situation nicht recht fertig. Laura darf mal hinaus zum Spielen, und mal nicht. Sie darf mit Nachbarskindern in deren Häuser gehen, aber mitbringen darf sie sie auf keinen Fall. In Abwesenheit von Raúl wird sie wohl oft ausgeschimpft. Das berichten mir gelegentlich Lidia und Carlitos, die Kinder von Elvira. Du erinnerst Dich sicherlich: Sie sind meistens mit Laura zusammen und haben Verstand genug, um die Problematik zu erkennen.

Daß Laura ihre Sachen nicht bei mir abholen darf, kannst Du Dir denken. Ich hatte gleich nach meiner Rückkehr im Januar die Kinder zum Pizzaessen eingeladen — auch Laura, die nach anfänglichem Zögern (»Mein Papa wird aber mit mir schimpfen . . .«) bereit war, zu Hause um Erlaubnis zu bitten. Bei dieser Gelegenheit wollte ich sie unauffällig beiseite nehmen und ihr Deinen Brief vorlesen. Von den Geschenken wußte sie schon; die Kinder haben sie ihr in allen Einzelheiten geschildert. Als es dann abends soweit war und die Kinder auf die Tür zugesprungen kamen, kam Laura zuerst lachend mitgesprungen, stoppte dann aber plötzlich kurz vor der Haustür, machte ein unbeschreibliches Gesicht und lief wie von Furien gehetzt davon.

Die Kinder haben mir dann erzählt, daß ihr Vater ihr nicht nur verboten hat, mit zu mir zu kommen, es ist ihr auch untersagt worden, überhaupt mit mir zu sprechen, beziehungsweise sich von mir ansprechen zu lassen: »Und wenn sie dich anspricht, dann ignoriere sie«, soll er ihr gesagt haben. Ich würde ihr nämlich einen Haufen Lügen über ihre Mutter erzählen, und ich würde mich in private Dinge einmischen, die mich nichts angingen. Wenn ich sie einlade, dann solle ich auch ihn einladen, und die Geschenke hätte ich ihm und nicht direkt ihr auszuhändigen!

Als ich das hörte, war ich drauf und dran, zu ihm zu gehen und ihn zur Rede zu stellen. Ich habe gekocht vor Wut! Dann habe ich es aber doch gelassen: Ich wäre zwar meinen Kropf losgeworden, aber Laura und nur Laura hätte darunter gelitten. Der große Politiker und Psychologe selbst hat bis heute allerdings auch nicht den Mut gehabt, zu mir zu kommen, um meine angebliche Einmischung in seine Familienangelegenheiten zu monieren. Er besaß sogar die Frechheit — eher wohl auch Feigheit —, nach wie vor beim Vorbeigehen freundlich zu grüßen.

Lauras Seelenfrieden zuliebe ignoriere ich sie, solange Raúl oder Olivia in der Nähe sind. Ich beschränke mich dann auf ein kurzes »Hallo Laura!«. Aus der früher so lebhaften Laura, die mir bei Euren gelegentlichen Besuchen so spontan um den Hals fiel, ist ein scheues Kind geworden, das mir regelrecht aus dem Weg geht. Aber wir beide haben ein kleines Geheimabkommen: Hinter dem Rücken ihres Vaters blinzle ich ihr zu, und wenn sich die Gelegenheit bietet, nehme ich sie schnell mal in den Arm. Sie hat das Spiel schnell begriffen, und ich hoffe sehr, daß es ihr ein bißchen Zuversicht gibt. Von Lidia und Carlitos weiß sie auch, daß ihr Geschenkpaket vollständig und unangetastet bei mir steht und auf sie wartet (Raúl hat ihr nämlich vor kurzem eingeredet — und das in Gegenwart von Lidia und Carlitos: so dumm ist er —, daß die Sachen ja ohnehin längst verschwunden seien).

Elviras Kinder sind meine unersetzlichen Helfer in diesem Sch . . .spiel: Was ich Laura erzählen möchte, sage ich ihnen im zwanglosen Gespräch, und ich kann sicher sein, *daß Laura am nächsten Tag beim Spielen alles haargenau erfährt . . .*

Dieser erste Brief von Vera erschütterte mich zutiefst. Seit meiner Rückkehr aus Mexiko hatte ich versucht, Laura loszulassen, um sie nicht innerlich zu zerreißen und um ihr ein friedliches Aufwachsen bei ihrem Vater zu ermöglichen. Daß er zu mir so böse, so brutal war, hieß ja nicht auch, daß er sein Kind nicht liebte. Ich wußte, daß er Laura liebte. Aber wie sollte ich Laura nun helfen? Ich wußte, sie brauchte mich, aber ich wußte auch, daß Raúl mir mein Kind niemals freiwillig geben würde, selbst wenn ich versprochen hätte, Marlene und Laura regelmäßig in die Ferien zu ihm zu schicken. Ich verdiente ja genug Geld, um das zu bewerkstelligen.

Wenn ich Laura wiederhaben wollte, dann durfte ich mich nicht von Trauer und Verzweiflung leiten lassen, die mich erneut zu überwältigen drohten, als Marlene einen Brief von Raúl mit ein paar darunter gekraxelten Worten von Laura bekam, der an Ruths Adresse gerichtet war. Mir gab das einen sehr schmerzhaften Stich, aber das Schreiben war auch ein Signal dafür, daß ich noch einen Versuch frei hatte, um mit Raúl zu einer Einigung zu kommen. Also schrieb ich ihm einen Brief:

Hamburg, den 25. August 1988

Lieber Raúl,
ich freue mich wirklich darüber, daß Du geschrieben hast, wenn auch nicht an mich. Auch mir fällt das Schreiben schwer, glaube mir, und das liegt nicht daran, daß mir etwa dazu der Wille fehlte. Die erste Zeit war ich zu gefangen in meinem Schock und meinem Unglück, und später dachte

ich, daß die Dinge Zeit bräuchten, bis ich Dir schreiben oder mit Dir reden könnte.

Marlene und mir geht es gut. Wir leben in Hamburg, wo ich sofort nach meiner Rückkehr aus Mexiko Arbeit gefunden habe. Bis zur Beendigung ihres Schuljahres war Marlene bei meiner Mutter, seit Juli ist sie bei mir. Sie hat sich gut eingelebt. Sie ist sehr gewachsen und hübscher denn je. Wir vermissen Laura sehr. Als unser Umzugsgut kam, haben wir uns sehr gefreut, wurden dann aber sehr traurig, als wir all unsere Sachen und die Fotos wiedersahen, die so viele Erinnerungen wecken. Das tut uns auch jetzt immer noch sehr weh. Natürlich vermissen wir Mexiko, Mina und ihre Kinder, unsere Freunde, meine Arbeit bei »Excélsior«, die ich so sehr liebte und mit der meine Stellung hier nicht zu vergleichen ist. Dennoch war meine Entscheidung, Mexiko zu verlassen — wenn auch besiegt und unter unsagbarem Schmerz —, richtig, aber ich gäbe eine Welt dafür, Laura bei mir zu haben. Das Leben hier ist in mancher Hinsicht leichter für mich als in Mexiko, muß ich hier doch nicht annähernd so hart arbeiten und mich zwischen zwei Jobs zerreißen, und habe doch wesentlich mehr Geld zur Verfügung als jemals in Mexiko. Das Leben ist allgemein sicherer, und auch wenn hier die Lebensfreude und die Spontaneität der Menschen nicht überbordend ist wie bei Euch, habe ich doch Menschen gefunden, die mir ihre Zuneigung, Wärme und Hilfe geben.

Natürlich gibt es hier Menschen, die in ihrer Frustration völlig unsensibel für die Probleme und die Nöte ihrer Mitmenschen geworden sind, und manche brauchen auch etwas lange, um aus sich herauszugehen, aber das ist wohl eine Mentalitätsfrage. Ich kenne ja meine Landsleute, und ich weiß schon, warum es mich aus Deutschland fortgetrieben hatte! Der Kontakt zu meiner Familie ist heute viel besser. Vorbei das Buhlen und Kämpfen um die Liebe der Eltern! Die Eifersucht unter den Geschwistern scheint endlich ausgestanden zu sein. Nur mit Ruth halte ich wenig Kontakt. Ich muß zugeben, daß ich froh war, von ihr fortzukommen. Ich mag Hamburg, auch wenn ich am Anfang sehr negativ eingestellt war. Es ist eine wunderschöne Stadt, mit einem See mitten im Zentrum, zahlreichen Kanälen und mehr Brücken als Venedig. Die Hamburger sind sehr distanziert und sehr kühl. Es dauert sehr lange, bis man zu ihnen Zugang bekommt. Aber dann erweisen sie sich als sehr liebenswürdig, und was mir am meisten gefällt, ist ihr Sinn für Humor. Auch in dieser Hinsicht haben die Engländer die Stadt sicherlich geprägt.

Bitte, Raúl, schreibe mir bald! Verletze mich bitte nicht mehr! Ich bin und war nicht die Böse, als die Du mich immer hingestellt hast. Und selbst wenn ich es gewesen wäre: Was Du mir angetan hast, das habe ich nicht verdient! Ich möchte Dich nicht mehr anklagen oder mich an Dir rächen. Ich will nicht, daß die Dinge so bleiben, wie sie jetzt sind. Ich habe Dir doch niemals verweigert, mit Deinen Kindern zusammenzusein. Ich habe Dich Vater sein lassen, und ich werde immer dabei bleiben. Du wirst immer ihr Vater sein, wie ich ihre Mutter bin, selbst wenn Du eine neue Beziehung hättest oder ich. Du erntest, was du säst, und wenn du Liebe in deine Kinder gesät hast, dann wirst du immer auch Liebe von ihnen ernten. Indem wir uns verletzen, erreichen wir nichts. Wir schaden damit nur unseren Mädchen, denen unsere ganze Liebe und unser Leben gehört: Daran müssen wir doch denken! Ich wünsche mir so sehr, daß Laura hier bei mir und Marlene wäre. Sie könnten zusammen in dieselbe Schule und Kindertagesstätte gehen. Ich habe mehr Zeit und weniger Nöte als in Mexiko. Auch Du hast ein sehr hektisches Leben, so wie ich es hatte. Ich bin sicher, daß Du mit genau denselben Problemen konfrontiert bist, mit denen ich so zu kämpfen hatte und die Du mir nie hast glauben wollen. Und Du hast eine Familie in Mexiko, die ich nicht hatte!

Bitte, laß Laura zu uns! Du weißt, mein Angebot ist ehrlich gemeint. Wenn Du sie zu uns läßt, verspreche ich dir, die

Kinder jedes Jahr in den großen Ferien nach Mexiko zu Dir zu schicken, und Du könntest auch hierherkommen: Ich würde Dir helfen! Glaubst Du nicht, daß wir mit ein bißchen gutem Willen unsere Probleme lösen können? Die Kinder brauchen sich! Sie gehören zusammen, und ich bin so traurig ohne meine kleine Laura, die ich so liebe wie ihre Schwester. Sei nicht mehr so ungerecht! Wer sind wir, daß wir uns gegenseitig so richten und damit auch unsere Kinder verurteilen? Bitte, denke nach. Dein Schlag gegen mich hat gesessen, wie Du es gewollt hast. Du hast Deine Befriedigung bekommen. Bitte, laß jetzt Frieden einkehren und erlaube uns wieder, glücklich zu sein! Du wirst deshalb Deine Kinder nicht verlieren, das weißt Du. Laß uns zu einer Einigung kommen, ohne uns von Egoismus leiten zu lassen! Bitte schreibe mir bald und schicke mir ein Foto von Laura. Ich lege Dir eins von Marlene bei.

Es ist ja nicht so, daß ich mich nur an die negativen Dinge erinnere. Wenn ich Dich habe Vater sein lassen — mit all Deinen typisch männlichen Schwächen, die alle Frauen dieser Welt ihren Männern vorhalten —, wenn ich eines immer dabei bedacht habe, ist es Deine stets liebevolle Haltung den Kindern gegenüber. Es ist leichter, nur ein Wochenend- und Ferienvater zu sein, ohne sich um all die Probleme des täglichen Lebens kümmern zu müssen. Ein Wochenendvater schimpft selten, und er teilt mit den Kindern nur die schönen Stunden. Vielleicht hast Du ja heute begriffen, worum es geht. Ich habe meinen Kindern genausoviel Liebe gegeben wie Du, und wenn sie mich lieben, dann weil ich es verdiene. Ich weiß, daß Laura mich liebt, eben weil sie weiß, daß auch ich sie liebe — selbst wenn sie glaubt, ich hätte sie verlassen. Im Grunde ihres Herzens weiß sie, daß ich sie nicht verlassen habe! Bedenke Raúl, es geht nicht um die Masse an Zeit, die Du Deinen Kindern schenkst oder widmest, es geht um die Qualität, die Du der Zeit, die Du mit ihnen verbringst, verleihst!

Denke und handle auch Du positiv! Wenn wir etwas Gutes im Leben erreichen wollen, dann können wir das nur, wenn wir positiv und konstruktiv sind, aber niemals, wenn wir negativ oder destruktiv sind. Manchmal braucht man sehr lange, um diese Lektion zu lernen, und daß, wer nicht zu sich selbst ehrlich ist, zu niemandem ehrlich sein kann. Ich weiß, wie schwer das ist . . .

Ich war sicher, daß Raúl auf meinen Brief reagieren würde. Wenn er ehrlich war, dann mußte eine Reaktion kommen. Ich konnte Vera nicht schreiben. Die Gefahr, daß die Briefe verlorengingen oder sogar abgefangen würden, war zu groß. Aber am 2. September erhielt ich von Vera einen weiteren Brief, der mich entsetzte:

. . . Raúl lieferte Laura bei verschiedenen Gelegenheiten bei Elvira ab. »Ich werde mich nicht verspäten«, erklärte er ihr jedes Mal. Regelmäßiges Ergebnis: Er kam spät nachts zurück. Laura übernachtete ein paarmal bei ihr, weil es schon so spät geworden war. Elvira war das gar nicht recht, einmal Lauras wegen, aber auch deswegen, weil sie ins Bett macht. Jedenfalls hat Elvira mit Raúl gesprochen und ihm eine Grenze gesetzt: Sie sei gerne bereit, Laura gelegentlich bei sich aufzunehmen, dafür müßten aber klare Absprachen getroffen und auch eingehalten werden! Es sollte eine wechselseitige Hilfe sein: Sie lebe ja schließlich auch alleine und habe nicht nur ein Kind, sondern zwei Kinder zu versorgen. Warum sollten ihre Kinder nicht mal einen Abend in der Woche bei Raúl und Olivia verbringen?

Raúl hat sich aber bisher nicht an die Abmachung gehalten. Laura wurde nach wie vor abgeliefert und irgendwann nachts abgeholt. Sobald Elvira Raúl bat, einmal ihre Kinder zu übernehmen, kamen bloß Ausflüchte. Als sich das häufte, lehnte Elvira es für die Zukunft ab, sich um Laura zu kümmern.

Vor ein paar Wochen hat Elvira mal wieder eins ihrer sporadischen Feste veranstaltet. Ich konnte an dem Abend nicht, aber wenn ich geahnt hätte, daß sie auch Raúl und Olivia eingeladen hatte, hätte ich egal welche Verabredung abgesagt, um zu ihr zu gehen! Immerhin hatte Elvira mir zu dem Zeitpunkt schon mindestens zweimal erklärt, daß sie ihre Freundschaft mit Raúl abgebrochen habe. Der Abend muß nett gewesen sein. Irgendwann wurde ein Tango gespielt, und keiner der Anwesenden konnte ihn tanzen, außer Raúl, und der saß recht steif mit seiner Olivia auf dem Sofa. »Mensch komm schon, du bist der einzige, der Tango tanzen kann«, forderte Elvira ihn auf. Er lehnte ab mit der Begründung, daß Olivia eifersüchtig werde, wenn er mit anderen Frauen tanze, und erst recht mit ihr, Elvira! Es folgte dann, wie sie mir anderntags erzählte, eine recht rege Diskussion mit Raúl, von wegen »bisher total liberal« und »Verfechter des Frauenrechtes« und jetzt plötzlich »wie jeder Idiot unter dem Pantoffel« etc.! Olivia wurde immer steifer, und der Abschied der beiden war mehr als frostig.

Kurze Zeit danach, vielleicht ein bis zwei Tage später, klopfte Laura an Elviras Tür: Olivia habe sie geschickt, ob sie den Abend über bleiben könne, weil Raúl und Olivia ausgehen wollten. Elvira schickte sie wieder zurück mit der Erklärung, sie habe selbst eine Verabredung, und es ginge nicht. Das möge sie ihrem Papa bitte ausrichten! Eine Weile später — Elvira war gerade fertig zum Weggehen — klopfte es wieder: »Ich soll hier bei dir bleiben, bis mein Papa und Olivia zurück sind. Sie sind gerade fortgefahren.«

Elvira, meine geduldige und tolerante Elvira, hat gekocht vor Zorn, als sie mir diesen Vorfall Tage später erzählte. Und ich auch!

Vergiß aber nicht, meine liebe Anne, daß ein Großteil dessen, was ich Dir hier so berichte, keine eigenen Beobachtun-

gen sind. Wenn auch zuverlässige, nach meinem Dafürhalten . . .

Als ich Veras Brief zu Ende gelesen hatte, war mir klar, daß ich Laura holen mußte. Ich hatte inzwischen begriffen, warum ich bei meinem ersten Versuch in Mexiko, Laura zurückzubekommen, gescheitert war, daß Wut, Haß, Trauer und Verzweiflung ein schlechter Berater sind. Ich hatte Laura loslassen müssen, ich hatte mit mir gekämpft und schließlich Frieden geschlossen, um einzusehen, daß wenn es denn so sein sollte, sie bei ihrem Vater bleiben mochte!

Aber so, wie die Dinge jetzt lagen, konnte ich das nicht mehr zulassen! Ich war inzwischen ruhig genug und hatte meine Stabilität wiedergewonnen, auch wenn ich nicht glücklich war in Hamburg und um meine Liebe zu Peter weinte.

Ich rief Vera an und sagte ihr, daß ich vorhatte, Laura zu holen. Wie ich das anstellen sollte, wußte ich noch nicht. Aber wenn mir jemand helfen konnte, dann Vera, und sie bestärkte mich in meinem Plan: »Raúl wiegt sich ganz bestimmt in Sicherheit, was für dein Vorhaben nur nützlich sein kann. Du kannst voll mit meiner Unterstützung rechnen, ebenso wie mit meiner Verschwiegenheit. Aber was auch immer du tust, gehe mit Ruhe und Überlegung daran. Ich helfe dir unter einer Voraussetzung: Ich muß so früh und so genau wie möglich wissen, was geplant ist, wer dabei ist! Mit der Botschaft bin ich ständig in Kontakt! Mein Kollege Reinhard ist Vertrauensmann für die Stadt Toluca und regelmäßig in der Hauptstadt. Dieser Kontakt und die Tatsache, daß ich als Nachbarin an Ort und Stelle alles beobachten kann, könnten sehr wertvoll sein!«

Ich wollte gerade auflegen, als Vera mir noch ein entscheidendes Stichwort gab: »Ich mag mich ja irren, aber irgendwie habe ich das Gefühl, daß Raúl sich nicht mehr allzusehr dagegen stemmen wird, solange ihm die Möglichkeit bleibt, das Gesicht zu wahren. Die Umstellung vom völlig unabhängigen Junggesellen, der kam und ging, wann er wollte, und für den sein Haus eher ein Lagerplatz für Bücher und Bett war, zum treusorgenden Vater, der plötzlich feste Zeiten einzuhalten und für die Bedürfnisse eines kleinen Kindes zu sorgen hat, war sicherlich härter als erwartet. Und daß er plötzlich heiraten will, liegt bestimmt nicht nur an der überwältigend großen Liebe zu Olivia. Ich meine, du solltest diesen Punkt in deine Überlegungen einbeziehen! Was auch immer du planst, Raúl kann hier in der Nachbarschaft mit wenig oder gar keiner Unterstützung rechnen! Er hat sich zu viele Sympathien verscherzt, und das schon vor der Sache mit Laura.«

Ab diesem Telefonat nahm ich Lauras und mein Schicksal wieder in die Hand. Und es bestätigte sich, wie schon oft in meinem Leben, daß es keine Zufälle gibt, daß alles seinen Grund hat und daß alles so kommt, wie es kommen muß: so oder so.

Ich ging zu unserem Betriebsrat. Eine Kollegin hatte mir erzählt, daß der Verlag einen Sozialfonds für Notfälle hatte. Ich bekam sechstausend Mark. Das reichte für mein und Lauras Ticket. Aber für Schmiergelder und meinen Aufenthalt, von dem ich nicht wußte, wie lange er dauern würde, hatte ich noch keinen Pfennig. Ich bat um einen Vorschuß, den man mir sofort bewilligte. Dabei hatte es das in der Firma noch nie gegeben, daß Vorschüsse aufs Gehalt gezahlt wurden! Bei meiner Bank konnte ich noch keinen Kredit bekommen: Ich war noch nicht lange genug wieder in Deutschland.

Auf dem Paßamt ließ ich mir einen Familienpaß ausstellen, in den nur Laura als meine Tochter eingetragen wurde. Erst hatte es geheißen, daß das nicht gehe, weil Familienpässe nicht mehr ausgestellt würden. Ich ließ mich aber nicht abwimmeln, drang bis ins Büro des Paßamtleiters und trug mein Anliegen und die Gründe dafür vor. Ich bekam meinen Paß noch am selben Tag! Damit ging ich zum mexikanischen Konsulat und holte mir ein Touristenvisum. Bei der Lufthansa erkundigte ich mich, ob mein Paß ausreichte, um mit Laura ausreisen zu können. »Wenn Ihre Papiere in Ordnung sind, besteht kein Grund für uns, Sie mit Ihrem Kind nicht mitzunehmen!« beruhigte man mich dort. Und ich rief Peter an, der mir die Telefonnummer eines Freundes gab, der einflußreich genug war, um mir zu helfen, sollte ich in eine brenzlige Lage kommen.

Ich hatte alles zusammen, was ich brauchte: die Tickets und noch zweitausend Mark. Ich mußte nur noch abwarten, und da war ich an Marlenes Herbstferien gebunden. Ich mußte sie irgendwo unterbringen, und zwar bei jemandem, bei dem sie, wenn ich nicht zurückkommen würde, bleiben könnte.

Nun war der Zeitpunkt gekommen, an dem ich meine Familie einweihen mußte. Ruth kam nicht in Frage, meine Mutter erst recht nicht. Die Angst um mich hätte sie nicht überstanden. Birthe, meine praktische, solidarische ältere Schwester: Sie war die einzige, die mir helfen und den Mut aufbringen konnte, das mit mir durchzustehen, nicht nur, weil sie mich verstand. Sie war selbst immer mutig gewesen, und immer hatte ich sie um ihre Schlagfertigkeit, ihre Kodderschnauze beneidet, auch wenn sie damit nur ihre eigene Sensibilität und Verletzlichkeit kaschierte. In diesem Punkt waren wir uns sehr ähnlich. Wenn jemand mir jetzt zur Seite stehen konnte, dann nur sie! Wir sprachen -zig Male, sprachen alle Unwägbarkeiten durch, und immer wieder warnte sie mich: »Wenn es nicht klappt, dann darfst du nicht nochmal zusammenbrechen! Dann mußt du Laura wirklich loslassen, Marlene braucht dich auch, und das Leben wird weitergehen. Und es wird der Tag kommen, an dem Laura zu dir kommen wird. Wenn du dir darüber im klaren bist, dann fliege!« Ich wußte, auf welches Risiko ich mich einließ, und ich war bereit dazu.

Wir vereinbarten, daß ich Marlene im Flugzeug nach Stuttgart schicken sollte. Hier wollte Birthe sie abholen und zu meiner Mutter bringen. Ihr wollten wir sagen, ich sei von meiner Firma aus zu einem Seminar nach Brüssel entsandt worden, von wo aus es mir unmöglich sein würde, mich zu melden. Am 2. Oktober wollte ich nach Mexiko abfliegen. Ich rief Vera an und teilte ihr das mit. »Gut, verkleide dich schon auf dem Hinflug. Wie es der Teufel will, begegnet dir in Frankfurt jemand und erkennt dich. Du weißt, spätestens am Abflug-Gate für Mexiko ist die Welt klein! Also sieh dich vor! Sobald du angekommen bist, gehst du sofort zur Lufthansa im Flughafen. Dort erwartet dich Helen Burmeister. Sie ist informiert von mir und wird dir weiterhelfen! Sie hatte dir ja damals schon bei deinem ersten Versuch versprochen, dir zu helfen! Ruf mich an, sobald du im Hotel bist.«

Am ersten Oktober flog Marlene nach Stuttgart. Es schnürte mir fast die Kehle zu, als ich sie der Stewardeß übergab und mich von ihr verabschieden mußte. Ich wußte nicht, ob ich sie wiedersehen würde. Und ich durfte mir nichts anmerken lassen!

Am 2. Oktober war der Himmel über Hamburg blaugewaschen. Es war ein herrlicher Morgen, wie man ihn in dieser schönen Stadt viel zu selten hat. Für mich war das ein gutes Zeichen. Ich befolgte Veras Rat und kleidete mich auf eine Art, die man an mir nicht kannte: Ich verzichtete auf einen weiten Rock oder Jeans und zog mir ein elegantes Kostüm an, ein dunkelblauer Rock mit einem grau-blau melierten Blazer, den mir Joachims Frau einmal geschenkt hatte. Dazu trug ich einen blauen Filzhut. So konnte mich keiner erkennen — glaubte ich!

Klopfenden Herzens ging ich in Frankfurt zu meinem Abflug-Gate. Wie oft war ich hier angekommen und wieder abgeflogen — und Peter: Alle naselang passierte er dieselbe Halle, sah dieselben Dinge, die ich jetzt auch sah. Wie schön wäre es, ihm jetzt zu begegnen!

Statt dessen begegnete ich jenem Industriellen, für den ich einst einen Vortrag als Ghostwriterin geschrieben hatte, und er erkannte mich! »Mensch, Frau Christen, das finde ich ja toll, Sie zu treffen! Was ist denn aus Ihnen geworden?«

Er hatte mich doch tatsächlich erkannt! Im ersten Moment war ich völlig verunsichert. Er war mir immer sehr wohlwollend entgegengekommen, und wir konnten sehr gut miteinander. Die Zeit, die wir an seinem Vortrag arbeiteten, hatte mir sehr viel eingebracht. Nicht allein wegen des Honorars, sondern wegen der vielen und langen Gespräche, die wir über alle möglichen Themen führten. Ich schätzte ihn so um die Mitte Fünfzig. Er sah dabei recht gut aus, schlank, agil, war sehr beredt und gewandt. Dennoch verkörperte er in meinen Augen nicht den typischen Manager, den ich mir immer arrogant und unnahbar vorstellte. Er wußte, daß Raúl mir Laura weggenommen hatte und daß ich eines Tages plötzlich verschwunden war; ob mit ihr oder ohne sie, das wußte er nicht. Während wir am Gate saßen und auf den Abflug warteten, erzählte ich ihm, was passiert war. Er flog erster Klasse, und so mußten wir uns beim Einstieg in die Maschine verabschieden. Er nahm mich am Arm und sagte: »Rufen Sie mich an! Wenn Sie Hilfe brauchen, lassen Sie es mich wissen!« Er würde mich nicht verraten, das wußte ich, und so versprach ich es ihm.

Wir kamen zu einer Stunde an, zu der die Sonne die Stadt in ein magisches Licht tauchte, so wie ich es unzählige Male vom Fenster unseres »Austromex«-Büros aus beobachtet hatte, wenn ich mit meinem Walkman auf der Fensterbank saß und die Lufthansa-Maschine ankommen sah. Es herrschte eine ungewöhnlich klare Luft. Kein Partikelchen Smog vernebelte die Sicht. Da war der »Paseo de la Reforma«, unser Bürohaus neben der Diana, und da, im achten Stock — ich konnte die Etagen zählen — »Austro-mex«! Das Chapultepec-Schloß lag majestätisch da. Gleich gegenüber — meine Augen mußten nicht weit suchen — sah ich mein altes Haus mit der etwas verblaßten rosa Fassade und den grünen Balkons, meine Wohnung im ersten Stock! Davor die »Colectivos«! Ich hörte im Geiste die Fahrer schreien: »Mariano Escobedo — Cuitláhuac ... Mariano Escobedo — Cuitláhuac!« Ich sah Minas altes Haus, und schließlich sogar Raúls Siedlung. War auch sein Auto da? Nein, ich konnte es nicht entdecken. Da setzten wir zur Landung an.

Kaum war ich angekommen, begab ich mich sofort zu Helen Burmeister. Ich konnte mich gut an diese etwas korpulente, aber dennoch sehr hübsche brünette Frau erinnern, die am Flughafen arbeitete. Sie war in Mexiko geboren und hatte nichts mehr mit einer Deutschen gemein, außer vielleicht ihr energisches, manchmal autoritäres Auftreten. Im ersten Moment erinnerte sie sich nicht an mich, aber als ich ihr sagte, wer ich sei, stand sie spontan auf, umarmte mich und leitete mich sofort in ein separates Büro.

»Gehe ich richtig in der Annahme, daß du es dieses Mal richtig geplant hast?« fragte sie mich als erstes. »Ja, ich habe alles zusammen, was ich brauche«, erklärte ich ihr nicht ohne Stolz, »den Familienpaß, das Touristenvisum, Lauras Ticket. Du kennst ja Vera: Sie hält Kontakt mit mir und sagt mir sofort Bescheid, wenn Raúl nicht da ist und Laura im Garten spielt.« »Gut, zeig mir trotzdem mal deine Dokumente«, bat sie mich. Sie betrachtete sich eingehend meinen Paß und das Touristenvisum. »Liebe Anne, das reicht nicht. Du hast nur ein Touristenvisum!« Ich war verwirrt: »Wieso, es ist ja auch ein gemeinsamer Paß! Ich gehe davon aus, daß es jeweils ein Visum für einen Paß gibt.« Sie sah mich ernst an und sagte: »Wenn der Paß auf zwei Personen ausgestellt ist, brauchst du zwei Visa!«

In dem Moment brach für mich fast eine Welt zusammen. Es wäre das Einfachste von der Welt gewesen, mir zwei Visa geben zu lassen, wenn ich es nur gewußt hätte! O verdammt! Blitzschnell überlegte ich: »Ich kann doch mit den Tickets und meinem Touristenvisum zum Innenministerium gehen und sagen, ich hätte das Visum für Laura verloren! Dann geben sie mir sicher eines!«

Helen hörte mir ruhig zu, nahm den Telefonhörer und wählte eine lange Nummer. »Hallo Freunde, hier ist Mexiko. Könnt ihr mir mit der nächsten Maschine ein Touristenvisum auf den Namen Laura Christen schicken? Ich übermittle euch gleich per Fax die Paßdaten! Alles okay? Danke und bye-bye!« Sie hatte einfach in Dallas angerufen!

Ich war so überrascht, daß ich gar nichts sagen konnte. Soviel Solidarität hatte ich nicht erwartet. Helen kopierte meinen Paß, mein Visum, unsere Tickets. »Paß auf, hier ist meine Telefonnummer und meine Pieper-Nummer, unter der du mich jederzeit erreichen kannst. Solltest du Laura an einem Tag holen, an dem wir nicht fliegen, dann kanalisiere ich dich auf eine andere Maschine. Gib mir sofort Bescheid, wenn es soweit ist! Ich setze euch dann unter einem anderen Namen auf die Passagierliste, damit — für den Fall, daß jemand am Schalter erscheint und nach euch fragt — nichts passieren kann. Dein Gepäck gibst du mir mindestens einen Tag vor der Aktion ab, damit du deine Hände frei hast. Und was ganz wichtig ist: Wenn ihr zum Flughafen kommt, dann bitte erst ganz kurz vor Abflug der Maschine! Ich werde ja wissen, ob ihr kommt. Du darfst nicht zum Schalter gehen und auch nicht in der Abflughalle erscheinen. Du gehst in die Ankunftshalle: Dort sind seitlich vom Zoll Treppen. Da gehst du hinauf und dann rechts den Gang hinunter bis zum Schluß, und dann kommst du genau hier im Büro raus. Verstanden? Hier erwartet euch eine Stewardeß, die euch durch die Paßkontrolle begleitet. Erst wenn die Maschine in der Luft ist und nicht mehr zurückgeholt werden kann, werde ich die Passagierliste aktualisieren —

deswegen habe ich mir Kopien deiner Tickets und Dokumente gemacht, denn die Bordkarten . . . — alles muß vorbereitet sein! Um Lauras Visum, das ja keinen Einreisestempel trägt, mach dir keine Gedanken. Normalerweise stempeln die Beamten blind drauflos, und da es schon spät sein wird, ihr kein Spanisch sprecht — hämmere das deiner Tochter ein: sie darf nicht den Mund aufmachen, am besten tut sie so, als sei sie totmüde! — und die Stewardeß euch begleitet, wird er euch durchlassen. So, nun nimm deine Sachen und fahr ins Hotel. Geh sowenig raus wie möglich und gib dich nie zu erkennen! Kontaktiere nur die, die absolut für die Aktion notwendig sind! Viel Glück!« sagte sie und verabschiedete sich mit einer Umarmung.

Im Taxi hatte mich mein Mexiko wieder: Der Fahrer fuhr in halsbrecherischem Tempo die Stadtautobahn entlang. Er wollte so schnell wie möglich eine neue Tour. Auf meine Bitten, doch etwas moderater zu fahren, legte er erst richtig zu — ja, das war Mexiko! Und wie sehr hatte ich mich schon entwöhnt!

Wir fuhren an meiner Zeitung vorbei. Ich schaute hoch zum fünften Stock und stellte mir vor, wie alle dort arbeiteten und dabei ihre Späße machten. In Gedanken stieg ich in den Lift: »Hallo Blondchen, zum fünften?« begrüßt mich wie immer Don Manuel. Ich hörte das Klapp-Klapp-Klapp der Schreibmaschinen, das Klingeln der Telefone, roch das Papier und die Druckerschwärze. Ich kannte jeden Winkel dieses alten, ehrwürdigen Gebäudes, das vom Erdbeben noch schiefer geworden war. Ich sah mich an meinem Schreibtisch unterm Dach sitzen, Termine machend, schreibend, telefonierend . . .

Ich hatte ein Zimmer in einem kleinen, romantischen Hotel im Kolonialstil in der Colonia Cuauhtémoc, nicht weit vom »Paseo de la Reforma«, gebucht. Hier hatte ich mit Marlene auch meine letzte Nacht in Mexiko verbracht. Ich liebte dieses Hotel, das einen wunderbaren Garten mit einem Springbrunnen hatte. Es war eine Oase inmitten der Stadt. Hier kamen hauptsächlich Touristen aus Spanien an. Es schien mir ein gutes Versteck!

Durch mein Gespräch am Flughafen war es spät geworden. Dennoch setzte ich mich sofort mit Vera in Verbindung. Sie hatte bereits einen phantastischen Plan:

»Wie du weißt, habe ich am 11. Oktober Geburtstag: eine gute Gelegenheit, eine Gartenparty zu veranstalten! Olivia kommt ja sowieso nie aus dem Haus, Raúl ist fast immer auf Reisen, und wenn Gott will, ist er an dem Tag nicht da. Und Laura darf doch im Garten spielen. Es wird unmöglich sein, sie den ganzen Nachmittag einzusperren. Also merke dir den Tag vor! Melde dich jeden Tag bei mir, damit wir uns austauschen können. Viel Glück!«

Der Plan war wirklich gut, aber er stellte mich vor ein anderes Problem: So viele Tage konnte ich im Hotel nicht bleiben. Ich rief meine »Meisterin« an, die mir schon mal geholfen hatte. Bei ihr selbst konnte ich zwar nicht wohnen, aber sie schickte mich zu einem befreundeten, älteren Maler, der eine traumhaft schöne Öko-Ranch im Süden der Stadt betrieb. Er war ein Unikum, der die Umweltproblematik auch zum Thema seiner Bilder und eigenwilligen Skulpturen machte. Er lebte mit seinem Lebensgefährten und seinem Sohn sowie einer Schar Indio-Frauen, die er mit ihren Kindern unterstützte, in einem rustikalen, selbst entworfenen und gebauten Haus, in dessen verschachtelten Gängen man sich verlaufen konnte. Ein herrlicher Garten, in dessen Mitte er sich ein römisches Amphitheater gebaut hatte, sowie ein riesiges Atelier waren Orte der Musen und der Muße — Balsam für die Seele. Bei ihm verlebte ich wunderbare, beruhigende Tage. Aber ich konnte nicht nur abwarten: Das Wichtigste mußte ich noch organisieren! Ich brauchte einen zuverlässigen Fahrer und ein Auto.

So rief ich jenen Mann an, dessen Adresse mir Peter gegeben hatte. Ich kannte ihn nur flüchtig. Er war ein paarmal bei uns im Büro gewesen. Jeder verneigte sich ehrfürchtig vor ihm, hatte er doch engste Verbindungen zu den höchsten mexikanischen Kreisen. Er war mir nie sonderlich sympathisch gewesen, sondern machte auf mich immer den Eindruck eines Lebemannes. Aber das spielte jetzt keine Rolle mehr. Er bat mich zu sich ins Büro in Lomas, und ich wurde angenehm überrascht.

»Na servus, Anne. Du bist ja mutig!« begrüßte er mich. »Jetzt erzähl mir mal, wie dein Plan aussieht, damit ich weiß, wobei ich dir konkret helfen kann.« Hemdsärmelig und gar nicht dandyhaft saß er an seinem Schreibtisch, und unterbrochen von zahlreichen Anrufen erzählte ich ihm von Veras Plan, wo ich untergekommen war und wie mir eine Frau der deutschen Fluggesellschaft helfen wollte.

»Ich habe einen sehr guten Freund im Innenministerium, dem mehrere Agenten unterstehen,« erklärte mir Peters Bekannter bereitwillig. »Ich weiß, du hast schlechte Erfahrungen gemacht, aber hier handelt es sich um ein ganz anderes Kaliber: Mach dir also darum keine Gedanken! Ich werde diesen Freund anrufen und ein Treffen mit ihm vereinbaren. Er ist sehr nett. Wenn er dich einlädt, dann nimm die Einladung an — sei nett zu ihm!« sagte er allen Ernstes und mit einem Pokerface, das nichts verriet. Sollte ich mich nun auch prostituieren? Tausende von Gedanken schossen mir durch den Kopf, die Vorstellung, mit einem wildfremden Mann ins Bett zu müssen, um Laura wiederzubekommen, schien mir schrecklich. Aber für Laura wäre ich dazu bereit gewesen. Ich holte tief Luft und ging.

Zwei Tage später traf ich mich mit Peters Freund und dessen Freund im »Hotel Presidente« zum Frühstück. Dieser Mann war nicht unsympathisch. Er war sehr elegant, attraktiv und machte nicht den Eindruck, als wolle er eine Frau gleich ins Bett ziehen. »Ich werde Ihnen einen Agenten besorgen, der mit Ihnen mit einem Zivilwagen der Polizei nach Toluca fährt und dessen Auftrag erledigt sein wird,

sobald er Sie am Flughafen abliefert. Es wird Sie ein bißchen Geld kosten, aber ich gehe davon aus, daß Sie das in
Betracht gezogen haben? Dieser Agent wird sich mit Ihnen
telefonisch in Verbindung setzen und einen Treffpunkt ab-
machen«, erklärte er mir.

Ich wartete immer darauf, daß er mir irgendwelche
Avancen machte, aber er blieb stets höflich und zurückhaltend und verabschiedete sich von mir mit den Worten: »Sie
sind sehr mutig und bewunderungswürdig. Es wird alles
klappen! Bewahren Sie Ruhe. Viel Glück!«

Zwei Tage später meldete sich der Agent bei mir. Noch
am selben Abend kam er zu mir ins Hotel. Er hatte einen bi-
blischen Namen: Jesús Angel. Sollte das nicht ein gutes
Omen sein? Er war um die dreißig Jahre alt, untersetzt, hatte
ein rundes, glattes Gesicht mit einem spärlichen Schnauzbart. Jesús benahm sich immer höflich und zuvorkommend
und in jeder Hinsicht wie ein Untergebener. Er hatte einen
Auftrag zu erfüllen, und das Wort seines Chefs war ihm Gesetz.

Es fiel mir schwer in jenen Tagen, niemanden meiner
Freunde anzurufen. Manches Mal juckte es mir in den Fin-
gern, und ich hätte beinahe Mina angerufen. Aber sie durfte
ich unter gar keinen Umständen einweihen! Sie wäre die erste, auf die sich Raúl stürzen würde, wenn meine Aktion
klappen sollte. Es war eigenartig, in »meine« Stadt zu kommen und unerkannt zu bleiben. Ich mußte die Plätze meines
alten Lebens meiden, konnte nicht in unser Büro, nicht in
meine Redaktion gehen. Das war hart!

Ich ging für Laura eine zauberhafte kleine Babypuppe
und Playmobil einkaufen: Ich mußte sie ja mit irgend etwas
ablenken. Kleidung für sie hatte ich ausreichend aus
Deutschland mitgebracht, um sie umziehen und notfalls
»verkleiden« zu können.

Mit Vera sprach ich noch einmal alles durch: »So wie es
aussieht, ist hier alles okay! Laura ist da, und soweit ich ge-

hört habe, will Raúl morgen zu irgendeiner Veranstaltung. Wir können jetzt nur noch hoffen, daß er sie nicht mitnimmt! Sobald ihr in Toluca seid, ruf mich vom ›Hotel Mansión de Milled‹ an! Ich sage dir dann, ob die Luft rein ist. Notfalls mußt du im Hotel warten, bis meine Party beginnt.«

Ich brachte meinen Koffer zum Flughafen und behielt nur eine kleine Tasche zurück, in der ich Lauras Sachen hatte.

Pünktlich um 10.00 Uhr am 11. Oktober holte mich Jesús Angel in meinem Hotel ab. Ich war ruhig, fast stoisch gelassen. Jetzt gab es kein Zurück mehr.

Um 12.00 Uhr waren wir im Hotel in Toluca. Vera nahm ihr Telefon nicht ab. Was war passiert? Ich versuchte es noch einige Male, und endlich erreichte ich sie. »Mensch, ihr seid ja schon so früh da! Ich war noch unter der Dusche. Paß auf, kommt jetzt sofort: Das Tor steht sperrangelweit offen, Laura spielt mit Lidia und Carlitos im Garten, Raúl ist heute sehr früh weggefahren, und von Elvira weiß ich, daß er den ganzen Tag nicht dasein wird. Olivia ist im Haus, aber sie kommt sowieso nie raus. Also los!«

Nun war die Stunde der Wahrheit gekommen! Wir brauchten keine fünfzehn Minuten zu Raúls Wohnsiedlung. Wir bogen um die Ecke, und ich erlitt fast einen Schock, als ich Raúls Auto sah. »Bitte, Jesús, halte einen Block vor der Siedlung auf dem Parkplatz an und geh vor! Bring Vera diese Bücher. Kundschafte erst einmal aus, ob die Luft wirklich rein ist!«

Jesús nahm die Bücher und ging zu Vera, deren Haus ich ihm beschrieben hatte. Es schien eine Ewigkeit zu vergehen, bis er zurückkam. Dabei waren es nur wenige Minuten. »Es ist alles in Ordnung. Das Auto, das Sie gesehen haben, ist zwar von Raúl, aber es steht seit Wochen kaputt da. Er ist heute morgen mit einem anderen Wagen fortgefahren. Das Tor ist offen. Ich habe Ihre Tochter gesehen!«

Wir näherten uns dem Tor, vor dem eine Imbißbude stand, die es zu meiner Zeit noch nicht gegeben hatte. Das hatte mir gerade noch gefehlt! Ich brauchte keine Zeugen! Aber da mußte ich nun durch. Ich setzte meine Sonnenbrille auf, zog mir meinen Trenchcoat an, setzte meinen Hut auf, stieg aus und passierte das Tor — und da sah ich Laura: schmal, mit eingefallen Wangen und Shorts und T-Shirt, die ihr viel zu klein geworden waren.

Ich rief sie, nahm zugleich meine Brille ab und lief auf sie zu. »Mami?« rief sie ungläubig und sah mich mit ihren großen, wunderbaren honigbraunen Augen an. Mein Herz klopfte wie wild, ich breitete meine Arme aus, schnappte sie mir und sprang mit ihr ins Auto.

Sie bekam einen fürchterlichen Schreck und schrie und strampelte wie verrückt. »Nein, nein, ich darf das nicht! Mein Papa, mein Papa, der schimpft mit mir, mein Zimmer, meine Sachen, nein, nein!« schrie sie, während Jesús mit quietschenden Reifen mit uns davonfuhr.

Es waren die furchtbarsten Momente meines Lebens. »Laura, meine kleine Laura, beruhige dich. Niemand wird mit dir schimpfen. Ich bringe dich zurück, wenn du willst, aber deine Schwester will dich sehen! Sie hat so große Sehnsucht nach dir, und deine Großmutter in Deutschland möchte dich so gerne kennenlernen! Es ist nicht wahr, daß es in Deutschland nur Monster gibt. Es sind ganz liebe Menschen, die dort auf dich warten! Bitte, mein kleines Mädchen, beruhige dich!« redete ich auf sie ein, während ich sie ganz fest im Arm hielt. Mir war übel vor Angst. Mein Herz klopfte wie wild. Panische Gedanken schossen mir durch den Kopf: Was wäre, wenn ich sie zurückbringen mußte? Aber es gab kein Zurück. Ich mußte mein Kind beruhigen. Nach einer Viertelstunde gelang es mir endlich. Sie betrachtete die Spielsachen und fing tatsächlich mit ihnen an zu spielen. Ich beschäftigte sie damit und erzählte ihr dabei von Deutschland: Wie sehr wir sie vermißten und wie

276

sehr wir sie wiederhaben wollten. Ich versprach ihr, daß sie jederzeit wieder nach Mexiko zu ihrem Papa und ihren Großeltern dürfe.

Die Fahrt nach Mexiko-Stadt zurück verlief ruhig. Niemand kam uns hinterher. Bei jeder Polizeipatrouille, die auf der Autobahn fuhr, stockte mir der Atem, aber wir wurden nie angehalten. Wir waren mit dem Zeitplan völlig durcheinandergeraten. Die Maschine ging erst am Abend. Wo sollte ich den ganzen Nachmittag verbringen? Nachdem ich von einer Telefonzelle aus mit Helen telefoniert hatte, rief ich meine »Meisterin« in Polanco an. »Ich habe Laura, und ich weiß nicht, wo wir hinsollen bis zu unserem Abflug. Ich muß sie noch umziehen, wir müssen essen: Kann ich nicht zu dir?« fragte ich sie verzweifelt. »Ich habe eine wichtige Verabredung. Du hast Glück, daß du mich überhaupt noch erwischst. Ich wollte gerade zur Tür heraus. Laß mich überlegen«, sagte sie und schwieg eine Weile. »Weißt du was, ihr kommt hierher! Ich sage meine Verabredung ab!«

So fuhren wir nach Polanco. Die »Meisterin« gab uns zu essen. Laura war inzwischen quietschvergnügt — für sie begann ein Abenteuer! Sie freute sich auf das große Flugzeug mit dem Kino an Bord und fragte mich Löcher in den Bauch. Am Nachmittag kam Andrea, eine der Töchter meiner Freundin, und brachte ihren Freund vom Theater mit. Sie meinte, mir einen anderen Gang einstudieren zu müssen. Wir veranstalteten eine Modenschau mit alten Röcken von meiner mütterlichen Freundin. Sie schminkte mich und stülpte mir eine Perücke auf. Ich sah zum Totlachen aus, denn sie paßte nicht! Laura fand das alles witzig und amüsierte sich köstlich. Zum Schluß sah ich aus wie eine Türkin. Um meine Haare ein Kopftuch geschlungen, mit einem engen, kurzen Rock bekleidet, der längst aus der Mode war, und mit schwarz angemalten Augenbrauen konnte mich wahrhaft niemand erkennen! Laura zog ich einen hübschen Jeansrock aus Deutschland an mit einem roten Sweatshirt, dazu rote Strumpfhosen. Von Marlene hatte ich ihr ein Paar Schuhe mitgebracht, die ihr zu klein geworden waren und die Laura sogar paßten. Ich band ihr Haar zu einem lustigen Pferdeschwanz über ihrem linken Ohr und schnitt ihr Ponyfransen. Auch sie war nicht mehr so leicht wiederzuerkennen. Ich hämmerte ihr ein, daß sie kein Wort reden durfte.

Um 18.00 Uhr fuhren wir mit Jesús Angel zum Flughafen, Andrea und ihr Freund fuhren uns hinterher. Einen Kilometer vor dem Flughafen stoppte Jesús. »Hier muß ich Sie rauslassen, denn ab hier hat die Bundespolizei das Sagen. Wenn jemand in Toluca meine Autonummer notiert hat, dann sind wir hier dran. Steigen Sie um zu Ihren Freunden! Viel Glück und gute Reise!« sagte er, nahm das Geld, das ich ihm bei Erfolg der Aktion übergeben sollte, und verschwand auf Nimmerwiedersehen. Andreas Freund Pedro fuhr mit uns auf den Parkplatz. Ich wollte noch nicht in den Flughafen. »Bitte Pedro, geh ins Lufthansa-Büro und frage, ob die Luft rein ist!«

Nach einer Viertelstunde kam Pedro zurück. »Es ist alles in Ordnung. Man erwartet dich. Wir begleiten dich, keine Angst. Am Schalter ist niemand erschienen, also sucht man nicht nach dir!«

Wie Helen mir aufgetragen hatte, gingen wir in der Ankunftshalle zu der versteckten Treppe neben dem Zoll und durch die endlos scheinenden Gänge. Die Stewardeß erwartete uns mit den Bordkarten. Andrea und Pedro durften uns bis zur Paßkontrolle begleiten. Hier mußten wir uns verabschieden. Laura war mucksmäuschenstill, sie sah mich zwischendurch mit ihren großen Augen an und — zwinkerte mir zu! Ich hatte riesige Angst vor der Paßkontrolle, aber wie Helen gesagt hatte, stempelte der Beamte unsere Dokumente blind ab — und der lange Marsch über den Flugsteig zur Maschine begann, die am Ende des Gates lag. Immer wieder blickte ich zurück. Ich hatte mächtige Angst davor, daß die Polizei oder jemand von der Einwanderungsbehörde uns doch noch aufhalten könnte. Aber es kam niemand.

An Bord begrüßte uns Helen. Sie nahm mich in den Arm, begleitete uns zu unserem Platz und verabschiedete sich. Die Maschine war bereits startklar, aber mir blieben noch ein paar Minuten, um auf die Toilette zu gehen, mich umzuziehen und abzuschminken und wieder ich selbst zu werden. Endlich, endlich waren wir in der Luft! Nun konnte uns keine Macht der Welt zurückholen! »Laura, ich verspreche dir, du wirst deinen Vater nicht verlieren! Es wird der Tag kommen, an dem wir wieder nach Mexiko reisen können, ohne Angst, daß wir auseinandergerissen werden!« sagte ich zu meiner Tochter und schwor mir selbst: ›Ich werde ihm beweisen, daß er mir unrecht getan hat. Und das beweise ich ihm dadurch, daß ich ihn weiterhin Vater sein lasse! Und eines Tages wird er es begreifen.‹

Bei der Zwischenlandung in Dallas rief ich überglücklich Vera an: »Wir sind in Sicherheit! Was ist bei euch los?«

»Hier ist alles voll Polizei: Lidia und Carlitos haben dich gesehen, aber kein Mensch scheint den beiden zu glauben! Es gibt auch widersprüchliche Aussagen zu dem Auto, in dem du gekommen bist. Die von der Imbißbude sagten etwas von einem weißen VW und einem großen Mann mit Trenchcoat und Hut! Aber euer Auto war schwarz und kein VW! Ich habe so die Vermutung, als wolle Raúl die Sache in die politische Ecke drängen — wie gut für dich! Gute Reise und alles Liebe deinen Kindern!«

Während wir auf den Weiterflug warteten, kam eine Dame der Lufthansa auf mich zu, die im Verkauf arbeitete und mit mir nach jenem ersten gescheiterten Versuch in der Maschine gesessen hatte. ›So ein Zufall!‹ dachte ich, als sie sich näherte und mir spontan Glück wünschte: »Wie ich sehe, haben Sie es geschafft. Das finde ich großartig!«

Durch Helen wußte Birthe Bescheid, daß ich mein Ziel

erreicht hatte. In Stuttgart erwartete sie mich mit meiner Mutter und Marlene. Kaum waren wir aus der Paß und Zollkontrolle heraus, sahen sich Laura und Marlene wieder! Laura warf ihren Rucksack hin, stürmte auf ihre Schwester zu, sie griffen sich an den Händen, tanzten Ringelreihen und riefen immer wieder: »Hermanita, hermanita!« (»Schwesterchen, Schwesterchen!«) Meine Mutter weinte, Birthe lachte, und von mir fiel endlich die ganze Spannung ab. Ich konnte das erste Mal nach langer Zeit vor Freude weinen! Es war unglaublich. Andere Passagiere standen um uns herum und beobachteten gerührt meine beiden Mädchen.

Auf dem Heimweg erzählte mir Birthe, wie sie meine Mutter und Marlene bis zum Schluß hingehalten habe. Erst als das Telegramm von Helen ankam, rief sie meine Mutter an. »Mutti, mach dich bitte fertig! Zieh Marlene an und komme sofort nach Stuttgart! Anne kommt mit Laura um 12.50 Uhr aus Mexiko an. Euer Zug fährt in einer halben Stunde!« Meine Mutter fiel aus allen Wolken, erzählte aber Marlene noch nichts. Am Bahnhof trafen sie sich, um im »Kaufhof« für Laura warme Sachen zu holen. Erst im Café informierte meine Schwester Marlene, daß sie nun zum Flughafen führen, um uns abzuholen. »Marlene«, so berichtete mir Birthe, »guckte mich nur groß an und sagte: ›Tante Birthe, verarschst du mich auch nicht?‹«

Noch am selben Tag — wir waren bereits am Bodensee — klingelte bei meiner Schwester Ruth das Telefon. Ruth war nicht da, und so nahm ich den Hörer ab. In der Leitung war Raúls ehemalige deutsche Freundin Brigitte. »Mit wem spreche ich?« fragte sie.

»Mit Anne. Was ist los?«

»O Gott, Anne! In Mexiko ist etwas Schreckliches passiert. Deine Tochter ist entführt worden, vermutlich von Leuten von der Regierung, um Raúl mundtot zu machen!«

Dieser Raúl — hatte Vera womöglich doch recht? Aber

zu Brigitte sagte ich: »Ach was, von wegen Regierung! Ich habe Laura geholt! Sie ist bei mir, es ist alles in Ordnung. Du kannst Raúl anrufen und ihn beruhigen. Ich melde mich später bei ihm!«

Genau eine Woche nach unserer Ankunft (wir waren bereits in Hamburg) erhielt ich von Vera zwei Briefe, die vom 12. und 13. Oktober datierten:

Toluca, den 13. Oktober 1988

Liebe Anne,

Du wirst beim Lesen beiliegenden Briefes vom 12. Oktober ein paarmal stutzen. Daher beachte bitte unbedingt folgende Hinweise:

Ich behalte nur von dem beiliegenden Brief eine Kopie, nicht von diesem hier. Wenn sich die Situation für mich oder andere Nichtbeteiligte zuspitzt, habe ich vor, die Kopie der Polizei in die Hände zu spielen.

Die Schilderung entspricht dem, was ich gegenüber der Polizei erzählt und zu Protokoll gegeben habe und was ich auch allen anderen erzählt habe. Nämlich, daß Du mich irgendwann im September im Büro angerufen und mir erzählt hast, daß Du inzwischen einigermaßen etabliert bist (Arbeit, Wohnung, Schule etc.).

Du hättest mich nach Laura ausgefragt: Wie es ihr geht, ob sie jetzt ständig bei Raúl sei, ob Olivia auch noch da sei und ob ich Laura denn ab und zu sähe bzw. die Möglichkeit hätte, heimlich mit ihr ein paar Worte zu wechseln. Du habest gesagt, daß Du eventuell im Dezember kommen würdest (Urlaub, Schulferien) und daß Du hofftest, mit Raúl doch zu einer Einigung zu kommen. Und Du wolltest mir Bescheid geben, sobald Genaueres feststünde.

Ich habe ausgesagt, daß es außer diesem einen Telefonat

zwischen Dir und mir keinerlei weitere Kontakte gegeben hat: nicht vorher, nicht nachher, nicht schriftlich und auch nicht telefonisch (unsere Anrufe kann uns niemand nachweisen, und alle Briefe und -kopien habe ich vernichtet).

Was sonst noch in dem beiliegenden Brief steht, entspricht den Tatsachen: Nimm es also ernst . . .

In jenem »offiziellen« Brief vom 12. Oktober schilderte mir Vera nun in allen Einzelheiten, was sie der Polizei zu Protokoll gegeben hatte und was geschehen war, nachdem ich mit Laura davongerast war:

. . . Ich hatte Freunde zum Zwiebelkuchen eingeladen und war in meiner Küche, zusammen mit einem Bekannten mit den Vorbereitungen beschäftigt. Die Nachbarskinder spielten im Hof. Wenn ich mich nicht täusche, war Laura auch dabei.

Plötzlich stieß eines der Kinder einen lauten Schrei aus. So laut, daß ich aufmerksam wurde und durchs Küchenfenster guckte. Ich sah die Kinder aber nicht und habe mich nicht weiter darum gekümmert, im Glauben, sie stritten sich mal wieder heftig. Kurze Zeit später, fast im selben Moment, kam Lidia hereingestürzt und schrie: »Vera, Vera! Sie haben Laura mit Gewalt weggeholt. Es war ihre Mama!«

Ich war zuerst wie erstarrt, und dann rannte ich zum Tor. Lidia und Carlitos auch. Ich fragte Lidia mehrmals: »Bist du ganz sicher? War es ganz bestimmt Lauras Mama?« Und sie versicherte mir, heulend und total aufgelöst: »Ja, es war Anne, ihre Mama! Ich habe sie ganz genau gesehen, und auch Laura hat sie gesehen, denn sie rief ›Mama‹ und lief auf sie zu. Anne schnappte sie sich und schleppte sie in ein Auto!«

Mein Freund, der dazugekommen war, zuckte die Schul-

tern und meinte: »Was sollen wir machen, wenn es wirklich ihre Mutter war?« Damit konnte ich Lidia beruhigen: »Wenn du ganz sicher bist, dann ist doch alles gut! Du hast mir doch immer selbst erzählt, wie sehr Laura ihre Mutter vermißte.« Das hat sie eingesehen. Ich ging ins Haus, und sie rannte los, bestimmt, um die Sensation überall zu verbreiten.

Nicht lange danach sah ich draußen im Hof mehrere fremde Männer herumlaufen. Sie schauten sich erst irgendwie unschlüssig um und gingen dann nach hinten, wohl in Richtung von Raúls Haus, denn ich dachte mir gleich: ›Aha, die Polizei! Die hat bestimmt Olivia gerufen!‹ (ich wußte ja, daß Raúl nicht da war).

Nach etwa einer Stunde sah ich die Polizisten wieder hinausfahren. Sie haben, soweit ich das beurteilen kann, mit keinem Nachbarn gesprochen.

Als ich heute abend von der Arbeit nach Hause kam, stand das Tor wie üblich einladend offen (es hat schon lange kein Schloß mehr). Vor dem Tor stand ein Mann mit einem Sprechfunkgerät. Ich sah noch einen weiteren Mann, der sich ebenso seltsam benahm. Er stand auf meinem Parkplatz, also drinnen im Hof, und sammelte irgend etwas vom Boden auf. Ich beobachte ja Fremde auf unserem Gelände sehr mißtrauisch, und nicht erst seit letzter Woche, als sich ein Einbruch hier ereignet hat. Ich war schon drauf und dran, ihn zu fragen, was er da eigentlich treibe, da fiel mir das Sprechfunkgerät des anderen auf, und da wußte ich: ›Polizei!‹

Kaum war ich im Haus, klopfte es: Ein Kommandant Juan-José Enríquez bat mich um ein Gespräch. Ich bat ihn herein und war in den ersten Minuten des Gesprächs dermaßen tatterich, daß ich dachte: ›Du lieber Gott! Der guckt dich nur an und weiß: Du hast die Kleine irgendwo im Keller versteckt, bei Wasser und Brot!‹

Er nahm meine Personalien auf und ließ sich dann schildern, was gestern geschehen ist, bzw. was ich selbst konkret beobachtet habe. Ich erzählte ihm auch, wie ich Dich damals kennengelernt habe, daß die Kleine vor etwa eineinhalb Jahren plötzlich bei ihrem Vater gelebt habe und daß Du mir damals bei gelegentlichen Wochenendbesuchen anvertraut hast, daß er sie Dir praktisch geraubt habe. Daß Du damals auf allen nur denkbaren Wegen verzweifelt versucht hast, das Kind von Raúl zurückzubekommen, ohne Erfolg. Ich schilderte ihm auch, wie wir uns im Dezember 1987 in der Lufthansa-Maschine auf dem Weg über Dallas nach Frankfurt wiedergetroffen hatten und was Du mir im Laufe des Fluges erzählt hast: von Deinem letzten Versuch zur gütlichen Einigung, von Raúls brutaler Reaktion und von Olivias billigem Hohn.

Ich habe ihm auch gestanden (wie sich das anhört!), daß Du mich vor ein paar Wochen angerufen und nach Laura gefragt hast. Und daß Du erzählt hast, daß Du im Dezember während der Schulferien mit Marlene kommen und versuchen wolltest, Dich mit Raúl zu einigen. Ich berichtete ihm auch, daß ich seit Ewigkeiten keinen Kontakt zu Raúl gehabt habe, ich wüßte beim besten Willen nicht, wie schwer ihm die plötzliche Umstellung vom sorglosen Junggesellen zum treusorgenden Vater gefallen sei. Sicher jedoch nicht leicht, denn zumindest in den ersten Monaten war Laura sehr unregelmäßig da und wurde, wie mir Nachbarskinder berichteten, mal hier, mal da untergebracht. Zu mir durfte sie keinen Kontakt haben. Sie durfte weder mit mir reden noch die Geschenke entgegennehmen, die Du mir für sie mitgegeben hattest.

Das alles habe ich dem Kommandanten erzählt. Weiß der Himmel, inwieweit man Polizisten vertrauen kann, aber er schien mir wirklich ein ehrlicher Mann zu sein, der seine Arbeit tun will, und sonst nichts.

Er sagte mir, daß diese ganze Untersuchung lediglich das Ziel hätte, herauszufinden, ob Laura tatsächlich von ihrer Mutter entführt worden ist oder von wem sonst. Weiß der Kuckuck, was Raúl da erzählt hat, aber Lidia hat Dich erkannt. Ich weiß, daß Du eines Tages hier auftauchen wolltest: Wer, außer Dir, sollte sonst ein Interesse an Laura haben?

Nun ja, kaum eine halbe Stunde nach diesem Gespräch — ich hatte mich gerade hingesetzt, um diesen Brief an Dich zu schreiben — klopfte es schon wieder: Es war erneut der Kommandant. Ob ich nicht so nett wäre mitzukommen, meine Aussagen sollten protokolliert werden! Was sollte ich machen? Als ich in das Auto einstieg — es sah durchaus nicht aus wie ein Polizeifahrzeug —, fragte ich mich einen Moment ernstlich, ob ich wohl jemals wieder gesund nach Hause zurückkommen würde. Man hört und liest soviel, und schließlich hatte ich vor lauter Aufregung von niemandem irgendeine Identifikation verlangt!

Aber ich muß wirklich alles, was ich in den letzten sieben Jahren von der Polizei gehört habe, korrigieren: Meine ersten eigenen Erfahrungen sind überaus positiv! Nicht nur dieser »Comandante«, sondern jeder andere in der Polizeistation war überaus höflich und zuvorkommend. Ich bekam nicht nur einen Kaffee, sondern man bot mir allen Ernstes sogar etwas zu essen an!

Es dauerte eine Weile, bis das Polizeiprotokoll aufgenommen werden konnte. In der Zwischenzeit unterhielt ich mich mit dem Comandante Juan-José. Vor lauter Nervosität — und vor lauter Kälte; es zog dort wie Hechtsuppe — habe ich bestimmt mehr geredet als nötig: Jetzt könnte ich mich nachträglich in den H . . . beißen, aber ich habe klipp und klar erklärt, daß ich, wäre ich an Deiner Stelle, auch versuchen würde, an mein Kind heranzukommen. Im Notfall auch auf illegale Weise!

Vielleicht will man mich ja reinlegen, aber dieser Comandante erklärte mir, daß das Gesetz ganz auf Deiner Seite sei, daß Kinder unter zwölf Jahren zunächst zur Mutter gehören und dann erst selbständig entscheiden dürfen, bei wem sie leben möchten. Wenn das stimmt, weshalb hast Du dann da-

mals nichts erreicht? Offengestanden, ich verstehe im Moment nur eine einzige Sache: daß ich zum ersten Mal in all den Jahren, die ich hier lebe mit der Polizei zu tun habe und daß ich darüber ziemlich besorgt bin, denn schließlich habe ich als Ausländerin alles zu verlieren!

Mein Instinkt, auf den ich mich erfahrungsgemäß verlassen kann, sagt mir, daß ich dem Comandante trauen kann. Für den Fall, daß Du Dich mit mir in Verbindung setzt, habe ich ihm versprochen, ihn davon zu unterrichten. Er hat mir sogar seine private Telefonnummer gegeben. Sobald sicher ist, daß Du — die Mutter — das Kind entführt hast, werden die Ermittlungen eingestellt. Melde Dich also bitte ...

Elvira geht es sehr schlecht. Mit ihr ist die Polizei anders umgesprungen. Und auch Lidia ist völlig fertig. Sie ist seit gestern krank, muß dauernd erbrechen. Elvira traut sich nur auf Umwegen, mit mir zu telefonieren. Sie sieht überall Spione und Abhörgeräte, die Arme ...!

Hier schließt der offizielle Brief Veras. Ihrem »inoffiziellen« Brief vom 13. Oktober lag eine kleine Zeitungsmeldung bei, in der folgendes berichtet wurde:

Kind entführt

Toluca, 12. Oktober. Gestern um etwa 12.30 Uhr wurde das sechsjährige Mädchen Laura Castelar Christen aus ihrem Domizil in der »Straße 16. September« entführt. Bis zum Abend gab es keine Spur von dem Kind.

Das Mädchen ist Tochter des Oppositionspolitikers Raúl Castelar Jiménez. Bezeichnend für die Entführung ist die Tatsache, daß das Kind nur einen Tag später verschwand, nachdem Castelars Partei in einer öffentlichen Anhörung auf eine Reihe von Korruptionsfällen im Justizwesen hingewiesen hat, erklärte dazu ein Sprecher der »Revolutionären Ar-

beiterpartei« *in einer noch am selben Abend einberufenen Pressekonferenz. In einer Erklärung verurteilt die Partei diese Praxis, egal von welcher Seite sie komme, und fordert die Behörden zu einer raschen Klärung der Vorgänge auf* . . .

Veras Kommentar zu der Meldung:

Erst heute, beim Lesen des Zeitungsartikels, habe ich begriffen (und von da an ging es mir auch wieder schlagartig besser): Raúl drängt die Sache — egal aus welchen Gründen — in die rein politische Ecke. Die Polizei wehrt sich und drängt ab in die rein familiäre bzw. deutsche. Erst jetzt verstehe ich die übergroße Höflichkeit der Polizei mir gegenüber. Und erst jetzt kapiere ich ihre drängenden Fragen gegenüber Lidia: »Nicht wahr, der Fahrer des Autos war groß und schlank? Nicht wahr, es war ein Blonder?«

Übrigens hat die Polizei auch beim Vertrauensmann der Botschaft angerufen. Ich hatte ihn ja nach Deinem Anruf ganz offiziell um Rat gefragt, wenn auch ohne nähere Angaben. Gestern morgen habe ich ihm lediglich zugeflüstert: »Es hat geklappt!« Auf den Polizeianruf hat er wie folgt reagiert: Die Deutsche Botschaft habe keine zuverlässige Kontrolle über die ortsansässigen Deutschen und noch viel weniger über Ein- und Ausreisende. Für Auskünfte dieser Art sei die Einreisebehörde am Flughafen ständig (stimmt doch auch!). Aber seines Wissens habest du das Land schon vor zwei oder drei Jahren verlassen. Zumindest sei ihm nichts Gegenteiliges bekannt.

Inzwischen ist der 15. Oktober. Gestern und heute war es ruhig. Dieser Brief geht morgen per Dienstreisenden auf den Weg nach Deutschland und dürfte also spätestens Anfang nächster Woche bei Dir sein. Bitte unternimm bald etwas! Der Comandante hat mir versprochen, die Akte zu schließen,

sobald Du Dich zu der Entführung bekannt hast. Ansonsten
Gruß und herzlichen Glückwunsch!

Das tat ich auch: Ich schrieb eine lange Erklärung, die ich vom Konsulat beglaubigen ließ, und schickte sie nach Mexiko.

Die ersten zwei Wochen nach unserer Rückkehr kannte mein Glück keine Grenzen. Alles klappte wie am Schnürchen: Laura bekam einen Kindergartenplatz, wurde regulär eingeschult und wie Marlene erstmal sich selber überlassen. Marlene war für ihre Schwester immer da, und wir hatten große Hilfe seitens der Erzieherinnen und der Lehrer, von anderen Eltern und meinen Nachbarn. Ohne sie wäre ich völlig aufgeschmissen gewesen!

Nun bekam ich erst recht zu spüren, was es hieß, in Deutschland als alleinerziehende Mutter arbeiten zu müssen. Alleinerziehende Väter sind Helden, alleinerziehende Mütter arme Teufel, die dafür bestraft werden, ja zum Leben gesagt zu haben. Ob meine Kinder krank waren, ob ich zur Arbeit mußte, wenn sie aus der Schule oder dem Kindertagesheim kamen — wen interessierte das? »Ihre Kinder sind Ihre private Sache! Sie müssen Ihren Schichtdienst machen wie jeder andere auch. Wir können keine Rücksicht darauf nehmen«, klärte mich mein Chef gleich zu Anfang auf. Hätte ich nein sagen sollen? Dabei wäre es möglich gewesen, meine Schichten etwas familienfreundlicher zu gestalten! Viele Kollegen mochten den Frühdienst gar nicht, aber das hätte gegen das Prinzip um des Prinzipes willen verstoßen. Ich habe mich schon damals gefragt, ob diesen Menschen niemals der Gedanke kommt, daß Kinder die Zukunft unserer Welt sind. Was können wir von ihnen erwarten, wenn man sie zu einem leidigen, lästigen Übel macht? Was ist das für eine Gesellschaft? In Mexiko sind Kinder Könige, und Mütter werden überall mit Respekt und Solidarität behandelt.

Es war eine schwere Zeit! Irgendwann war auch für mich die anfängliche Euphorie vorbei, und die Konflikte traten zutage: Marlene, die mit ihren acht Jahren mit der Verantwortung für ihre kleine Schwester überfordert war, und Laura, die so völlig von ihr abhing. Beide bekämpften sich mit einem Mal ganz fürchterlich. Die eine, weil sie ihre Mutter nun wieder teilen mußte, die andere, weil sie ihre Mutter endlich für sich alleine haben wollte. Es gab Momente, da gingen die beiden so brutal aufeinander los, daß mir angst und bange wurde. Ich trennte die beiden Kampfhennen, war aber selbst der Verzweiflung nahe, weil ich nicht mehr wußte, wie ich mit Laura und Marlene umgehen sollte, ohne ungerecht zu werden. Nach einem solchen Kampf warfen sich beide einmal auf den Boden, weinten hemmungslos und schrien: »Ich will nicht mehr leben!«

Ich wäre in dem Moment am liebsten auch gestorben. Ich brauchte professionelle Hilfe, das wurde mir in jenem Moment klar. Ich wandte mich an die Erziehungsberatung des »Amtes für soziale Dienste«. Hier fand ich eine Psychologin, die mir half, nicht nur wieder Ordnung in meine Gedanken zu bringen, sondern vor allem die Ruhe und Gelassenheit wiederzuerlangen, die ich brauchte, um meine beiden Mädchen zu stabilisieren. Nach etwa sechs Wochen hatte ich es geschafft, und Laura, Marlene und ich wurden zu einem gut eingespielten Team, in dem jede sich auf die andere verlassen konnte. Es war eine Freude zuzusehen, wie die beiden wieder zu den fröhlichen, unbeschwerten Schwestern wurden, die sie früher waren! Natürlich gab es auch mal Streit zwischen ihnen, aber dann waren es die normalen Geschwisterkämpfe, die ich sie auch austragen ließ. Laura nahm mit der Zeit wieder zu und entwickelte sich zu dem pausbäckigen, heiteren und hübschen Mädchen, das sie war, als Raúl sie mir fortgenommen hatte. Wir hatten das Schlimmste überstanden!

Weihnachten 1988 fuhr ich mit Laura und Marlene zu

meiner Mutter und meiner Schwester Ruth an den Bodensee. Raúl hatte seinen Besuch angekündigt, und wo hätte ich ihn besser empfangen können als in der sicheren Umgebung meiner Familie?

Nachdem er wußte, daß Laura bei mir war und wohl doch nicht »entführt« worden war, schien er sich beruhigt und mit der Tatsache abgefunden zu haben. Wir hielten einen lockeren, telefonischen Kontakt und vermieden jedes Thema, das auch nur den geringsten Konflikt hätte heraufbeschwören können. Natürlich hatte ich Angst vor dem Wiedersehen. Nicht, daß ich befürchtete, daß er mir Laura wieder wegnehmen könnte. Aber war ich ihm jetzt gewachsen? Ich war mir keineswegs sicher.

Wir trafen uns in Konstanz im »McDonald's«. Es lag nicht an der Lokalität, daß wir uns sehr kühl begrüßten. Jeder gab sich Mühe, besonders stark und souverän zu wirken. Hier trafen zwei — so scheint es mir heute — monströse Giganten aufeinander!

»Du kannst dir denken, daß ich deine Aktion nicht gut fand«, begann Raúl. »Abgesehen davon war sie völlig überflüssig, denn ich hätte Laura zu dir gelassen — aber doch nicht auf diese Art! Ich bin allerdings nach wie vor der Ansicht, daß sie bei mir besser aufgehoben wäre. Wenn ich sie nun aber bei dir lasse, dann deshalb, weil ich sie nicht wieder einem Wechsel aussetzen möchte. Du hast diesen Schritt getan, nun mußt du zusehen, wie du deine Probleme löst!«

Mir liefen Schauer über den Rücken: So einfach war das also! Im ersten Moment war ich sprachlos. Wollte er mir wirklich weismachen, daß er mir Laura je überlassen hätte? Warum hatte er mir dann auf meinen Brief nicht geantwortet?

»Du hast mir ja gar keine Zeit gelassen, dir zu antworten«, meinte er auf meine Frage. ›Gut‹, dachte ich mir,

›ich lasse ihn sein Gesicht wahren. Solange er mir Laura nicht wieder wegnimmt!‹

Während des Gespräches eröffnete er mir, daß Olivia mitgekommen war und am Bahnhof auf uns wartete. Er war auf Hochzeitsreise! Er hatte es mir vor seiner Reise nicht gesagt, um »Konflikte zu vermeiden«. Ich konnte ja verstehen, daß er mit ihr nach Europa reiste, aber sie mit zu unserem ersten Treffen in Deutschland, und dann bei meiner Familie, mitzubringen, fand ich taktlos und den Kindern gegenüber ungeschickt. Mir blieb nichts anderes übrig, als gute Miene zum bösen Spiel zu machen.

Ich mochte Olivia nicht. Umgekehrt war es nicht anders. Wie und warum auch hätten wir uns mögen können? Aber als ich sie da so einsam am Bahnhof sitzen sah, mit glatten, kinnlangen Haaren, die ihr herbes Gesicht unnötig häßlich machten, tat sie mir leid. Ich erinnerte mich an meinen Schwur im Flugzeug und nahm mir vor, freundlich und aufgeschlossen zu sein.

Ich brachte beide in einem Hotel an der Strandpromenade unter, aber natürlich lud meine Schwester Ruth die beiden ein, die Tage bei ihr zu verbringen. Sie begrüßte sie überschwenglich wie gute alte Freunde, überschüttete sie mit Aufmerksamkeiten, bekochte sie und »opferte« sich auf, damit Laura und Marlene mit ihrem Papa zusammensein konnten. Das war auch in Ordnung so, aber ich fand es unerträglich, daß sie wieder keine Gelegenheit ausließ, ihre Solidarität mit Raúl zu beweisen. Sie stritt das ab und meinte, sie sei doch bloß freundlich zu ihm! Sie hatte immer noch nicht begriffen, daß Freundlichkeit und Höflichkeit eine Sache sind, aber ihre psychologisch gezielte Anmache bei ihm völlig mißverstanden wurde — nämlich als Zeichen dafür, daß er richtig gehandelt und ich dagegen auf der ganzen Linie als Mutter versagt hatte. Statt ihren Mund zu halten, gab Ruth wieder ihre Kommentare ab. Und das in einem radebrechenden Spanisch, das erst recht zu Mißverständnissen führen mußte! Meine Mutter weigerte sich, Olivia zu begrüßen. Sie empfing Raúl in ihrer Wohnung, zwar freundlich, aber sehr kühl.

»Sie können nicht von mir verlangen, daß ich Ihre Frau in meinem Hause begrüße. Sie sind der Vater meiner Enkelin, und Sie haben es nicht für nötig gehalten, meine Tochter zu heiraten!« sagte sie ernst, wobei sie sich wie eine perfekte hanseatische Dame gab. Sie war ganz in ihrem Element, umgeben von ihren antiken Möbeln. Raúl saß auf dem Biedermeier-Sofa. Der »Salon-Revolutionär«, wie meine Mutter ihn nannte, kriegte jetzt ausgerechnet in ihrem Salon sein Fett weg! O weh, und ich mußte ihm das übersetzen . . . In dem Moment tat er mir leid, denn in diesem Punkt tat meine Mutter ihm wirklich unrecht. Schließlich war ich ja diejenige, die ihn nicht mehr hatte heiraten wollen! Die Unterhaltung zog sich zäh dahin, während Raúl sich alle Mühe gab, sich zu rechtfertigen. Es war eine Szene, wie sie in einer mexikanischen »Telenovela« (Seifenoper) nicht besser hätte gelingen können.

Raúl und Olivia besuchten uns noch eine Woche lang in Hamburg, bevor sie nach Mexiko zurückkehrten. In jenen Tagen bemühten wir uns alle, nicht nur freundlich, sondern auch freundschaftlich miteinander umzugehen. Für die Kinder war es ungemein wichtig, daß sie in unserem Verhältnis etwas ganz Normales sahen. Wie viele Eltern trennten sich und heirateten wieder? Das war nichts Ungewöhnliches. Sie sollten so unbeschwert wie möglich aufwachsen.

Als Raúl zugab, daß er sehr brutal zu mir gewesen war, fiel es mir leichter, ihm zu verzeihen. Über unsere Gefühle sprachen wir beide nicht. Ich war erleichtert, daß der Alptraum endlich vorbei war. Aber es war noch ein langer und manchmal auch sehr schmerzhafter Weg, bis wir unser gegenseitiges Mißtrauen überwanden und nicht hinter jedem Wort, Vorschlag oder Kommentar Unheil witterten. In einem langen Brief kurz nach seinem Besuch schleuderte ich ihm zunächst wieder meine Wut um die Ohren. Klar, daß er darauf mit Schweigen reagierte.

Ein Besuch seines Bruders Gerardo mit seiner Frau Mara im November 1988 half, wieder eine Brücke zu bauen. Sie konnten sich selbst überzeugen, daß es Laura gutging und daß es nicht wahr gewesen war, daß ich damals in Mexiko Laura Raúl freiwillig gegeben hatte. Für mich war es eine ungeheure Befriedigung, aus dem Munde von Gerardo zu hören, daß mir Unrecht geschehen war. Aber bestürzt war ich, als er mir erklärte, Raúl und ich machten uns etwas vor: »Ihr seid beide nicht in der Lage zuzugeben, daß ihr euch immer noch liebt! Ihr überschüttet euch mit Vorwürfen, und Raúl ist maßlos eifersüchtig, obwohl er nicht mehr das geringste Recht hat, sich in dein Leben einzumischen. Schließlich lebt er sein Leben ja auch. Aber ihr beide seid wahrhaftig Vollidioten!«

Ich gab mir die größte Mühe, ihm zu erklären, daß er sich irrte. Ich erzählte ihm stundenlang von meiner Liebe zu Peter und rechtfertigte mich mit Raúls Unzuverlässigkeit und Untreue. Am Ende der Nacht hatten wir jeder eine Flasche Wein intus und waren genauso klug und unnachgiebig wie vorher. Er bat mich, seine Mutter anzurufen. Ausgerechnet Dona Guadalupe, die ich so geliebt hatte und von der ich mich so schrecklich verraten fühlte! Ihr sollte ich verzeihen? Vielleicht war es Schicksal, daß wir Dona Guadalupe und Don Ramón nicht erreichten. Sicherlich waren sie gerade ausgegangen. Ich konnte sie mir vorstellen, wie sie im »Benavides« saßen und ihren Kaffee tranken. Es gab mir einen Stich ins Herz, aber ich war froh darum, daß sie nicht zu Hause waren.

Wir verlebten mit Gerardo und Mara schöne, heitere, um nicht zu sagen, lustige Tage. Ich hatte ihm versprochen, positiver zu denken und Raúl eine Chance zu geben. Aber ich meldete mich bei ihm nicht. Nun war er am Zuge.

Viele, viele Monate später erhielt ich einen Brief von Raúl:

Toluca, den 17. Oktober 1989

Anne:
Schreiben oder nicht schreiben, das ist nicht das Problem zwischen uns. Wie Du weißt, ist es eher eine Schwierigkeit der Kommunikation.

Ich werde einmal mehr versuchen, die Gefahren abzuwägen, die lauern, wenn ich Dir meine Gedanken mitteile, die ich zum Ausdruck bringen möchte, um Formen der Verständigung zu finden, auch wenn die sprachlichen und kulturellen Interpretationen immer eine Barriere sein werden.

Wenn jeder von uns nur ein Körnchen Willen aufbringt, um zu reden, und wenn es auch nur um das Elementare geht, dann hört dieses ewige Schweigen vielleicht endlich auf! Zu allererst laß mich Dir sagen, daß ich nicht versuchen werde, Dich von dem, was ich denke, zu überzeugen. Ich versuche nur, Dir meine Gedanken und das, was ich tue, offenzulegen. Wenn das in diesem Brief Geschriebene hilft, die Kommunikation zwischen uns zu verbessern, dann ist es gut, und wenn nicht, nun gut, dann soll dieses Papier Zeuge dessen sein, aber kein Motiv für einen Konflikt.

Gut. Ich atme tief durch und beginne . . .

Es ist nur natürlich, daß ich Laura sehr vermisse und daß ich nicht verstehe, warum sie mir nie auf meine Karten antwortet. Dennoch nehme ich mir vor, auf Antworten meiner nächsten Briefchen zu warten. Wenn Du mir als ihre Mutter beschreiben könntest, wie es ihr geht und wie Du sie siehst, wäre ich Dir sehr dankbar!

Wie dem auch sei, ich muß zugeben, daß ich in Lauras enorme Fähigkeit vertraue, auch in schwierigen Momenten

294

einen Ausweg zu finden und ihre Werte in stabilen Momenten zu entwickeln. So war es vorher, und ich hoffe, daß es auch in dieser Phase, in der ich sie nicht begleiten kann — obwohl ich es gern täte —, so sein wird!

Wenn Du die bist, als die ich Dich kennengelernt habe, dann bin ich sicher, daß Du den Mädchen eine großartige Mutter bist, mit all deiner Liebe und den Erziehungsprinzipien, die Deinem Ambiente entsprechen. Das ist nicht alles, was sie brauchen, aber mit dem, was Du ihnen gibst, gibst Du viel und Dich selbst. Alles weitere wird die Zeit zeigen, und die vergeht schneller denn je.

Meine Erinnerung an Marlene ist stets präsent, vom Baby bis zu jenem Tag am Bodensee zieht sich eine Linie der Zärtlichkeit und Sensibilität, die ich nach wie vor behüte und fühle. Es ist mein größter Wunsch, daß sie sich schnell in ihrer neuen Welt und in der Schule einlebt und daß sie vorwärtskommt, ohne ihre Eigenschaften zu verlieren. Bei allem, sie ist diejenige, die am meisten von Dir gelernt hat.

In der Welt der Gefühle, zwischen einem Vater und seinen Töchtern, kann es keine abstrakte Sprache geben. Es muß eine eigene Sprache, eine einzigartige, geben, die sich aus dem direkten Kontakt ergibt, und das ist es, was mir fehlt: In mir wird alles zu einem Knoten, einem Knoten aus Empfindungen, Ideen, Erinnerungen, Erlebnissen, Gefühlen. Das ist ein Gefühl, das sich im Nichts verliert . . .

Von Marlene zu Laura habe ich die unglaublichste Entwicklung meines Lebens erlebt: Mit ihnen wurde ein Teil meiner menschlichen Sensibilität geboren, Liebe und Zuneigung, Zärtlichkeit und Stärke, die sich von den direkten, konkreten Erlebnissen mit den Mädchen genährt haben. Die Welt mit den Augen seines Kindes zu sehen heißt, die Welt und sich selbst mit anderen Augen sehen.

Heute, ein Jahr, nachdem Du Laura geholt, und fast zwei Jahre, nachdem Du mit Marlene fortgegangen bist, bin ich nicht mehr derselbe. Dieser Teil von mir, der nur durch sie geboren wurde, verblaßt entweder, verschwindet oder verliert er sich — jedenfalls bin ich nicht mehr der, der ich einmal war. Ich verfalle in Zustände der Sehnsucht und Traurigkeit, so wie jetzt, und widersprüchlicherweise zeichnet sich gleichzeitig eine Abkühlung vieler sensibler, menschlicher und alltäglicher Fähigkeiten in mir ab. Ich weiß nicht, wie dieser Widerspruch in meinem Leben und in der Verbindung zu meinen Töchtern fortschreiten wird oder welche Veränderungen ich in meinem jetzigen Leben herbeiführen muß, um diesen Konflikt zu überwinden (aber es tut gut, diesen Konflikt zu benennen und ihn nicht totzuschlagen).

Vielleicht — um keinen falschen Ausweg aus dieser Lage des nicht direkten und erlebten menschlichen Kontaktes zwischen den Kindern und mir zu wählen — kann ich einige Anpassungen ausnutzen, die sich in meinem derzeitigen Leben ergeben haben, um Dir einige Vorschläge zu machen. Natürlich hoffe ich, daß Du mir deine Meinung dazu mitteilst!

Aber vorher möchte ich Dir berichten, was ich mache, damit Du meine Vorschläge besser nachvollziehen kannst.

Seit ich aus Deutschland zurück bin, habe ich die Intensität meiner Parteiarbeit eingeschränkt. Einige Probleme haben mir das erleichtert . . .

Bevor ich mit Raúls Brief fortfahre, muß ich zum Verständnis seiner Ausführungen anmerken, daß sich im Zuge von »Glasnost« und den damit einhergehenden Reformen in der ehemaligen Sowjetunion auch in Lateinamerika die marxistischen Parteien und Ideologien gespalten hatten. In Mexiko löste sich die kommunistische Partei auf. Aus der Regierungspartei PRI sonderte sich ein von Cuahtémoc Cárdenas angeführter Flügel ab und bildete die Mitte-Links-Partei »Partido Democrático Mexicano« (PDM — Demokratische Partei Mexikos), die zum Auffangbecken für die Kommunisten und u. a. auch für zahlreiche Trotzkisten aus Raúls Partei wurde. Die Trotzkistische Partei löste sich zwar nicht auf, verlor aber nahezu ihre gesamte politische Bedeutung.

Raúl beschrieb in seinem Brief die berufliche Neuorientierung, die diese Entwicklung für ihn brachte. Er versuchte, das Kunststück zu vollbringen, einerseits Geld zu verdienen und andererseits seinen sozialistischen Ideen nicht untreu zu werden. Er blieb seinen Bauern verpflichtet und stellte fortan seinen Dienst in ihre Sache, indem er Kooperativen beriet, ihnen bei der Vermarktung ihrer Produkte half und ihnen im Rahmen der Reprivatisierung der Landwirtschaft half, sich zu modernisieren. Diese Arbeit füllte ihn so aus, daß er schließlich seine Tätigkeit als Dozent — die er ohnehin nur halbherzig ausgeübt hatte — endgültig an den Nagel hängte.

Er schlug mir vor, mich regelmäßig finanziell zu unterstützen.

... Vielleicht fragst Du Dich jetzt, woher diese Veränderung bei mir kommt?

Die Veränderung der objektiven, wirtschaftlichen Umstände in meinem Leben haben eine Reifung subjektiver Aspekte hervorgebracht, die mir vorher aufgrund der ihnen eigenen Natur keine Antwort auf die Anforderungen der Realität hatten geben können. Du weißt, daß es unmöglich war, mit einem Mindestgehalt von weniger als zweihundert Dollar — die ich zuletzt im Monat verdient habe — Dir in der Weise zu helfen, wie es nötig gewesen wäre und Du erwartet hast. Außerdem mußte ich ja meine Europareise abbezahlen. Ich kann Dir jetzt nicht sagen, wieviel ich Dir überweisen kann, aber gehe davon aus, daß ich Dich unterstützen werde, und sei es dadurch, daß ich Eure Flüge nach Mexiko bezahle ...

Raúls Brief berührte mich sehr, auch wenn ich seine Worte erst heute, vier Jahre später, wirklich nachvollziehen kann. Er hielt sein Versprechen. Er unterschrieb nicht nur die Papiere für Lauras Reisepaß und damit die Genehmigung, daß sie bei mir in Deutschland bleiben konnte, sondern bezahlte uns fortan auch die Flüge nach Mexiko — meine inbegriffen.

Das erste Mal reisten die Mädchen und ich im Mai 1990
nach Mexiko bzw. in die USA, von wo aus uns Raúls Bruder Gerardo abholte und nach Sonora zu seinen Eltern
fuhr. Ich war sehr aufgeregt, wußte ich doch nicht, wie mich
Doña Guadalupe empfangen würde. Aber meine Befürchtungen wurden sofort zerstreut. Sie und Don Ramón begrüßten mich sehr liebevoll, und als Guadalupe zu mir sagte: »Wir haben uns mißverstanden. Ich wollte Ihnen nichts
Böses tun«, nahm ich das als Bitte um Verzeihung an. Wir
brauchten darüber nicht mehr zu reden.

Nach einer Woche fuhren wir nach Mexiko-Stadt, wo uns
Raúl am Bahnhof abholte. Mir gegenüber verhielt er sich
noch sehr kühl, aber wir hatten den ersten Schritt getan,
und nach ein paar Tagen schmolz das Eis. Er war wieder
der lustige Raúl, mit dem man lachen konnte. Und wie früher erzählte er mir von der Politik, von den Problemen im
Land. Wir gingen öfters ohne die Kinder Kaffee trinken
und sprachen sogar davon, irgendwann in der Zukunft Geschäfte miteinander zu machen: Kaffee in Deutschland zu
verkaufen oder andere mexikanische Produkte, die in Raúls
Genossenschaften hergestellt wurden. Damals war das noch
Zukunftsmusik . . .

Die Gefahr jedenfalls war gebannt. Ich konnte Laura
und Marlene getrost mit ihm ziehen lassen. Nach vier Wochen bekam ich sie heil und glücklich wieder — wenn auch
Stunden nach der vereinbarten Uhrzeit, was in mir entsetz-

liche Panik auslöste und mir die letzten Stunden in meiner geliebten Stadt gründlich verdarb. Arme Mina! Sie mußte meine Wutausbrüche ertragen. Und arme Guadalupe! Stündlich rief ich sie an und versetzte sie in große Unruhe. Aber Raúl ist noch nie pünktlich gewesen und wird es auch nie sein. Inzwischen kann ich damit leben.

In jenen Wochen gönnte ich mir die Seiten Mexikos, die ich mir vorher hatte versagen müssen, weil ich nie Geld und Zeit gehabt hatte. Ich fuhr in die mexikanische Karibik und sah mir endlich die Pyramiden von Uxmal, Chichén Itza und Tulum an. Davon hatte ich immer geträumt! Für mich gibt es keinen schöneren Flecken auf der Erde als die mexikanische Karibik. Aber eigenartigerweise konnte ich das nicht richtig genießen. In mir war eine Traurigkeit, die ich mir selbst nicht erklären konnte. Hatte ich denn nicht alles geschafft? Sollte ich nicht stolz darauf sein, daß ich nicht nur meine Tochter wiedergewonnen hatte, sondern daß es mir obendrein gelungen war, Raúl und seine Familie davon zu überzeugen, daß sie mir unrecht getan hatten? Und mehr noch: daß sie mich in ihren Kreis wieder aufnahmen? Auch in Mexiko-Stadt wurde ich liebevoll von meinen Freunden und Kollegen von der Zeitung begrüßt und überallhin eingeladen. Warum war ich traurig?

Ich war nicht mehr dieselbe, und ich mochte mich selbst nicht mehr leiden! Ich war dick geworden und fand mich häßlich, und irgendwie wurde mir bewußt, was ich verloren hatte: Nicht nur meine schöne Arbeit und damit meine Kreativität. Ich merkte, daß ich innerlich verstockt war, daß ich auch meine Sprache verloren hatte. Ich hatte mich selbst verloren! Irgendwo im Atlantik zwischen Europa und Mexiko war ich auf einer einsamen Sandbank gestrandet. Und ich wußte nicht, wie ich mich selbst wieder zum Leben erwecken sollte.

Meine Erinnerung an Peter ließ mich lange Zeit nicht los. Immer wieder holte mich die Sehnsucht nach ihm ein. Ich besuchte ihn in seiner schönen Heimatstadt, die er mir zeigte, wie auch sein schönes Haus. Wir wandelten gemeinsam auf historischen Pfaden. Ich hatte mich so sehr auf ihn gefreut, und die Tatsache, daß er mich eingeladen hatte, erfüllte mich mit Hoffnung. Aber Peter blieb ein Traum. Er ließ es nicht zu, daß ich ihm näherkam. Er lieferte mich abends im Hotel ab und überließ mich meiner Sehnsucht. Wie gerne hätte ich ihm meine Zärtlichkeit gegeben und ihn gestreichelt! Ich mußte meine Leidenschaft für mich behalten und fühlte mich gefangen in meinem eigenen Käfig.

Kurze Zeit nach unserem Treffen hatte ich einen Traum, der mir den Weg, den Ausweg, wies: Ich befand mich alleine im Zug in einem leeren Großraumwagen. Auf einem Sessel sah ich von hinten eine Frau sitzen mit lockigem dunklem Haar. In meinem Traum war es Dana, jene Freundin in Mexiko in meinen ersten Jahren. Der Zug fuhr durch eine Schneelandschaft.

Die Frau in dem Zug war ich, und der Schnee waren die leeren Seiten, die ich mit Worten füllen mußte, um den Weg zu mir zurückzufinden.

Doch ich ging nicht nur was das Schreiben anbelangt auf Reisen. Ich wollte das Leben wieder entdecken, und so nahm ich jede Chance wahr, die sich mir dafür bot. Ich wurde als Journalistin nach Chile, Argentinien, Brasilien, El Salvador und in die USA eingeladen. Die Gespräche mit den ehemaligen Exilanten in Chile, den Bürgerrechtlern, den von der Diktatur gebeutelten und gequälten Menschen, den verfolgten Mapuche-Indianern weckten nicht nur meine Lebensgeister wieder, sie ließen mich das, was Raúl mich lehrte und das, was er tat, auch mit anderen Augen sehen. Ich begann, ihn zu begreifen.

Nun bereitete mir Mexiko keinen Schmerz mehr, wenn ich mit den Kindern da war. Ich genoß es. Ich freute mich über alles und jeden, freute mich auch auf Raúl, der häufig geschäftlich nach Europa reiste und es nie versäumte, uns in

Hamburg zu besuchen, und wenn es nur für wenige Tage war. Und wir begannen, das, was wir uns bei meinem ersten Besuch in Mexiko 1990 vorgenommen hatten, in die Tat umzusetzen: Wir arbeiteten geschäftlich zusammen.

Kaum merklich begann sich unser Verhältnis zu wandeln. Ich hatte inzwischen einen Freund, der Raúl bei seinen Geschäften unterstützte. Trotzdem übernachtete Raúl bei mir. Es war selbstverständlich, daß das Zuhause seiner Kinder auch seines war. Das hieß nicht, daß wir miteinander schliefen. Das taten wir auch nicht. Aber eines Abends — Raúl lag bereits im Wohnzimmer auf dem Sofa, und ich brachte ihm noch Wolldecken — da schaute er mich nur an, mit unendlich traurigen Augen. Er verharrte lange so, und sagte dann nur: »Ay, güerita!« (»Ach, Blondchen!«) Mir ging sein Blick durch und durch. Ja, ich hatte ihm verziehen!

Heute glaube ich, daß er damals weiter war als ich. Ich brauchte noch einige Erschütterungen — die sich im Traum durch abstürzende Flugzeuge ankündigten —, um zu begreifen, warum alles so geschehen war und was ich selbst dazu beigetragen hatte. Sie halfen mir, die letzten Puzzlesteine zusammenzutragen, die zum Gesamtbild fehlten. Erst danach war ich in der Lage, die Dinge zurechtzurücken und mich von meinem Ballast zu befreien, mich auch von Menschen zu lösen, die mir geschadet hatten. Ich lernte loszulassen.

So sollten uns im Sommer 1993 Raúls Eltern in Deutschland besuchen. Wir freuten uns riesig darauf und nahmen uns vor, mit ihnen auch zu meiner Schwester Ruth zu reisen. Marlene und Laura, die inzwischen dieselbe Internatsschule am Bodensee besuchten, in die ich einst mit meinem Bruder gegangen war, waren häufig bei Ruth in den Ferien und an sogenannten »kurzen Heimfahrtswochenenden«. Als der Besuch näherrückte, hatte ich den Eindruck, daß sich Laura mir gegenüber zunehmend schweigsam, ja feind-

302

selig verhielt. Ich verstand nicht, warum. Bis mir Marlene erklärte, daß Ruth ihnen gesagt hatte, sie würden in den Sommerferien nicht nach Hamburg fahren, sondern bei ihr bleiben, wo die Großeltern aus Mexiko ja auch hinkämen. »Eure Mutter hat doch keine Zeit für euch!« soll Ruth gesagt haben. Sie setzte Laura noch andere verrückte Gedanken in den Kopf. Daß sie Akne hatte, schrieb Ruth Lauras »psychischen Problemen« zu. Mir war unbekannt, daß meine Tochter psychische Probleme hatte. Die hatte sie auch nicht, jedenfalls nicht, bis meine Schwester sie ihr einredete. Ich hatte mich ja schon häufig darüber geärgert, daß Ruth es nicht lassen konnte, sich einzumischen. Mich lobte sie, wenn wir uns trafen, und hinter meinem Rücken erklärte sie, ich würde meine Kinder verwahrlosen.

Ich stellte Ruth zur Rede. Ich erklärte ihr, daß ich mir jede Einmischung verbäte, daß die Großeltern nach Hamburg kämen, und wenn wir dann Lust und Zeit hätten, dann würden wir noch nach Süddeutschland reisen. »Natürlich, ich habe Raúls Eltern ja noch nicht offiziell eingeladen und werde es auch erstmal nicht tun«, versprach sie mir.

Als Raúl mich jedoch anrief und mir erklärte, daß Ruth viermal in Mexiko angerufen hatte — selbst bei seinem Bruder —, war für mich das Maß voll. Ich verbat meiner Schwester den Kontakt zu meinen Kindern. Von dem Moment an, wo Laura nicht mehr zu ihr kam, wurde sie wieder zur alten Laura. Oft saßen wir abends zusammen, und Laura erzählte mir, wie es sie störte, wenn ihre Tante hinter ihr herkam, wenn sie sich zurückziehen wollte. Laura liest gerne, hört ihre Musik im Walkman und schreibt leidenschaftlich gerne Tagebuch und Gedichte. Warum sollte ein Kind, ein heranwachsendes zudem, sich nicht zurückziehen dürfen, wenn es alleine sein wollte?

Der Besuch der Großeltern war herrlich. Wir zeigten ihnen Hamburg und Berlin, wir machten Stadtbummel und lachten viel. Sie genossen es, sich das erste Mal in ihrem Leben wirklich verwöhnen zu lassen, sich ausruhen und schlafen zu dürfen, solange sie wollten. Abends saßen wir in meiner gemütlichen, mexikanisch dekorierten Küche und redeten. Auch über Ruth und was vor Jahren geschah. »Wir mußten ihr glauben! Schließlich ist sie doch Ihre älteste Schwester!« sagte Dona Guadalupe.

Mit diesem einen Satz bestätigte sie mir, daß meine Schwester damals, als sie in Mexiko war und mit Laura die Großeltern besuchte, vom Leder gezogen hatte: Ich war die unfähige Mutter! Und daß ich ihr meine Kinder mit nach Deutschland geben wollte. Guadalupe sagte noch etwas, was mir zu denken gab: »Hätten Sie doch ein bißchen mehr Geduld gehabt, Sie hätten heute den besten Mann der Welt! Aber Sie wollten Ihre Freiheit, Sie wollten Freunde haben, Sie sind schuld daran, daß das alles kaputtgegangen ist!«

Dona Guadalupe war traurig darüber, daß Raúl und ich auseinandergegangen waren, das war mir klar. Sie deutete auch an, daß es sehr viele Probleme mit Olivia gebe. Daß man sie in der Familie nicht gerade liebte ... Sie meinte, ich solle wieder nach Mexiko kommen, mich von meinem Freund trennen, der nicht der richtige Mann für mich sei (da hatte sie allerdings recht, und ich befolgte ihren Rat), und ich sollte gut zu Raúl sein, was nicht heißen sollte, mit ihm wieder zu schlafen. Ich wußte, daß Olivia eifersüchtig war, daß sie vor Wut schier platzte, als ihre Schwiegereltern ausgerechnet zu ihrer Erzrivalin reisten. Dabei hatte ich nie die Absicht, Raúl als Mann zurückzugewinnen. Ich wäre auch nie auf die Idee gekommen, wieder mit ihm zu schlafen. Insofern hatte Olivia keinen Grund zur Eifersucht, obwohl ich zugeben muß, daß mir die Worte Guadalupes durchaus ein Gefühl der Befriedigung gaben.

Laura und Marlene waren inzwischen zwölf und vierzehn Jahre alt, und Marlenes fünfzehnter Geburtstag stand nun ins Haus. In Mexiko ist der fünfzehnte Geburtstag ein besonderes Ereignis, denn damit wird das Mädchen in die Gesellschaft der Erwachsenen eingeführt. Und das wird gebührend gefeiert. Es gibt zwei Schlüsselerlebnisse im Leben eines mexikanischen Mädchens: der fünfzehnte Geburtstag und die Hochzeit. Der Geburtstag wird traditionsgemäß als Ball gefeiert, zu dem die Eltern und die Paten alle Freunde und Verwandten einladen. Hier wird nicht gespart, angefangen beim Ballkleid, das in der Pracht einem Hochzeitsgewand in nichts nachsteht, bis hin zu dem Essen, der Musikkapelle und den eigens für den Walzer engagierten »Chamberlanes«: Kavaliere, die die Jubilarin und die »Jungfern« führen. Es ist einfach großartig.

Marlene träumte natürlich von ihrem fünfzehnten Geburtstag, zumal ihre Tante Mara ihr versprochen hatte, ihn auszurichten. Und so nahmen die Dinge ihren Lauf.

Wochen nachdem die Großeltern wieder in Mexiko waren, rief mich Raúl an.

»Also Anne, das geht nicht, daß mein Bruder den Geburtstag Marlenes ausrichtet! Das wäre so, wie wenn deine Schwester Ruth die Konfirmation übernehmen würde. Solange Marlene einen Vater hat — und das bin ich —, muß er das Fest ausrichten! Ich bin nicht glücklich darüber, denn sie hat ihre Konfirmation gerade gehabt, und wenn ich dich richtig verstanden habe, kommt das in etwa der hiesigen Bedeutung des fünfzehnten Geburtstages gleich. Wir — das heißt, Olivia und ich — werden ihr das Fest dennoch bereiten! Olivia will das tun, und da mische ich mich auch nicht mehr ein. Marlene soll sich mit Olivia in Verbindung setzen, um mit ihr alles zu besprechen. Du übernimmst die Einladungen.«

Natürlich konnten wir, wenn wir Weihnachten hinüberflogen, nicht bis zu Marlenes Geburtstag Ende Januar bleiben, und so legten wir das Fest auf den 27. Dezember. Olivia organisierte mit Marlene alles. Mir bestätigte sie nur das Datum, die Adresse in Oaxaca (wo Raúl inzwischen mit

Olivia und deren beiden kleinen Mädchen lebte) sowie die Namen und Adressen der Gäste. Mit meinem Computer und mit Hilfe eines Freundes entwarfen wir eine in unseren Augen sehr hübsche und witzige Einladung, die aber in Mexiko kritisiert wurde. Denn dem Anlaß entsprechend sollte sie mindestens auf Büttenpapier und in goldenen Lettern geschrieben sein! Das fing ja heiter an! Meine Intuition ließ mich nichts Gutes ahnen.

Aber meine Befürchtungen verflogen am Flugplatz wieder. Raúl holte uns mit Olivia und seinen beiden Töchtern ab, in einem eleganten großen Reisemobil, wie sie in Mode sind, und mit einem Dienstmädchen im Auto, das auf die jüngste, anderthalbjährige Tochter aufpaßte. So hatten sich die Zeiten verändert!

Olivia war wie immer sehr kühl, worum ich mich nicht weiter kümmerte. Ich freute mich auf Mexiko und fühlte mich wohl in meiner Haut. Ich war wieder schlank und sah richtig gut aus, was Raúl sehr wohl bemerkte. Zu einem Eiszapfen wurde Olivia, als Raúl mich einlud, zu Silvester mit der ganzen Familie zu Olivias Familie nach Guadalajara zu reisen. Olivia sagte keinen Ton, aber sie sprach sowieso wenig. Ich freute mich über die Einladung, nahm mir jedoch vor, sie nicht anzunehmen.

Die Kinder fuhren schon am nächsten Tag mit Olivia nach Oaxaca, denn es blieben nur wenige Tage, um das Geburtstagsfest vorzubereiten. Ich blieb bei Mina in Mexiko-Stadt und sollte am 23. Dezember nach Sonora zu Raúls Familie fliegen. Ich wollte mich mit Raúl noch treffen, weil ich vieles mit ihm zu besprechen hatte. Aber er hatte, wie immer, keine Zeit und ließ mich warten. Das kannte ich ja von ihm.

Er versprach mir, sich den 23. Dezember für mich freizuhalten. Wir wollten gemeinsam frühstücken und mittagessen, um dann zum Flughafen zu fahren. Aber es kam alles anders.

Ich wartete in einem Café auf Raúl, als einer seiner Parteifreunde hereinkam und mich ansprach. Es war derselbe, der nach meinem Verschwinden mit Laura im Oktober 1988 jene Pressemitteilung herausgegeben hatte, in der die Partei die Regierung beschuldigte, Laura entführt zu haben. Ich erinnerte mich gut an Eduardo, dessen frühere Lebensgefährtin und Mutter seines Sohnes die Müttergruppe mitgegründet hatte. Nun saß ein gesetzter, älterer, etwas dick gewordener Herr an meinem Tisch.

»Raúl hat mich gebeten, dich abzuholen. Wir müssen sofort nach Monterey. Er wartet am Flughafen auf uns und versucht Tickets für uns zu bekommen. Wir haben vor einer Stunde erfahren, daß der Mann von Rosario Ibarra de Piedra gestorben ist. Und du sollst mit mir in Raúls Vertretung zur Beerdigung kommen.«

Ich fiel aus allen Wolken! Ich hatte doch vor einer Stunde erst mit Raúl telefoniert! Also fuhr ich mit Eduardo zum Flughafen. Ich mußte lachen über diese Überraschung, die das Schicksal mir bot. Eduardo und ich unterhielten uns sehr angeregt, und ich fand ihn überaus sympathisch. Am Flughafen sah ich dann Raúl, der in schwarzen Hosen und einer saloppen, eleganten schwarzen Lederjacke sehr chic aussah. Er sah überaus gut aus und hatte nichts mehr mit jenem wilden Revolutionär gemein, als den ich ihn einst kennengelernt hatte. Uns blieb gerade noch Zeit, eine Tasse Kaffee zu trinken und uns sehr liebevoll voneinander zu verabschieden. Ich freute mich darüber, daß er mich in Vertretung seiner Familie zum Begräbnis schickte, aber ich war auch überrascht. War ich nicht in den Reihen seiner Partei zu einer Unperson geworden?

Im Flugzeug sprachen Eduardo und ich über alte Zeiten, auch über die Müttergruppe und was das Verhalten der Männer aus der Partei damals für uns Mütter bedeutet hatte.

»Ja, wir waren sehr dumm und rücksichtslos! Wir haben

damals tatsächlich geglaubt, daß Kinder unserer politischen Arbeit im Weg stünden.«

Das waren Worte! Wer hätte gedacht, daß ich einst mit Eduardo, einem der führenden Köpfe der Partei, im Flugzeug sitzen würde auf dem Weg zur Beerdigung von Rosarios Mann, über Politik reden und schöngeistige Gespräche über den Sinn des Lebens und den Glauben an das Leben führen würde! Eduardo war ein geistreicher und witziger Gesprächspartner. Wir verstanden uns hervorragend. Auch in Monterey während der beeindruckenden Trauerfeier blieben wir zusammen, was Aufsehen erregte und zu den wildesten Spekulationen führte. Alte Parteifreunde Raúls waren verständlicherweise überrascht, mich zu sehen, und begrüßten mich erst zögernd, als ob sie noch nicht recht wüßten: »Ist sie's oder ist sie's nicht?«

Nach der Trauerfeier und dem Begräbnis lud mich Eduardo zum Essen ein. Wir verbrachten etliche Stunden zusammen. Er erzählte viel von sich und seinem Sohn. Aus ihm sprachen viele Worte des Bedauerns. Ihm war wohl bewußt geworden, was die verqueren politischen Ansichten, die seine Parteimitglieder damals vertraten, anrichteten und wieviel Schmerz sie uns Frauen und Müttern dadurch bereiteten. Wir schieden als gute Freunde. Ich war glücklich darüber. Hatte sich der Kreis nicht auf wundersame Weise geschlossen?

Weihnachten fühlte ich mich etwas traurig ohne meine Kinder, zumal sie sich nicht meldeten und ich sie nicht erreichen konnte. Mara zeigte mir Videoaufnahmen von den fünfzehnten Geburtstagen ihrer Töchter, und das brachte mich doch zum Grübeln: Das Geburtstagskind wurde normalerweise von den Eltern präsentiert — wie sollte das in Oaxaca ablaufen? Ich versuchte mehrmals, Olivia zu erreichen, erfolglos: Das gab mir noch mehr zu denken. Mich beschlichen dunkle Ahnungen.

Am 25. Dezember — die Großeltern waren schon mit

dem Flugzeug vorausgereist – machten wir uns in zwei Autos auf die weite Reise von Sonora im Norden nach Oaxaca im Süden Mexikos: mehr als zweitausend Kilometer! Wir wollten durchfahren. Schließlich waren wir zu mehreren, die Auto fahren und sich somit abwechseln konnten. Aber erstens kommt es anders, zweitens als man denkt: In Mexiko-Stadt besuchten Gerardo und seine Frau noch Freunde, die mit nach Oaxaca kommen sollten, und so übernachteten wir in der Stadt und wollten am nächsten Tag weiterfahren. Ich war wirklich in Sorge, denn ich hatte keine Ahnung, wie das Fest ablaufen sollte, zumal ich weder mit Marlene noch mit Raúl oder Olivia sprechen konnte.

Wir kamen abends in Oaxaca im Hotel an, eine Stunde, bevor das Fest beginnen sollte. Mina war schon mit ihrer Tochter im Hotel und wartete auf mich. Gerardo gefiel das Hotel nicht. So fuhr er davon – mit meinem Koffer! Ich rief bei Raúl an und bat ihn, Gerardo sofort zu mir zurückzuschicken. Schließlich wollte ich nicht in Jeans zum Ball gehen. Ich war nervös, und Raúl reagierte sauer. Marlene und Olivia waren noch beim Friseur. Raúl mußte Kinder hüten. Alles ging drunter und drüber. Schließlich erreichte ich Olivia und fragte sie, wie die Vorstellungsprozedur ablaufen sollte, daß ich als Mutter von Marlene gerne wüßte, welche Rolle ich an dem Abend spielen sollte. Olivia, kurz angebunden wie immer, wimmelte mich mit den Worten ab, es sei alles organisiert und vorbereitet und ich könne schon zum Lokal fahren.

Im Hotel traf ich dann auf den Rest der Familie aus Mexiko-Stadt, die Kinder von Guadalupes Bruder mit ihren Kindern. Ich freute mich riesig darüber, sie nach all den Jahren wiederzusehen, zumal sie mich sehr liebevoll und überschwenglich begrüßten. Wir gingen gemeinsam zum Festsaal: Wir waren die ersten. Ich sprach das Personal an, denn an den Tischen waren keine Platzkarten, auch am Ehrentisch nicht. Ich hatte keine Ahnung, wo und bei wem ich sitzen sollte. Normalerweise sitzen die Eltern mit dem Geburtstagskind am Ehrentisch . . .

Raúl kam schließlich mit der üblichen Verspätung, ohne Olivia und ohne Marlene, dafür mit der zauberhaft aussehenden Laura. Richtig ungewohnt sah mein Mädchen in ihrem grünen Ballkleid aus — sie, die am liebsten in Jeans und Tennisschuhen herumläuft!

Raúl nahm mich beiseite. Er war sehr ärgerlich auf mich.

»Was hast du dir eigentlich dabei gedacht, Olivia so anzuschnauzen? Daß du Marlene präsentieren willst! Bist du verrückt geworden? Deine Tochter hat entschieden, wer wo und bei wem sitzt! Sie wird am Ehrentisch mit ihren Cousinen und Minas Tochter als ihrer Freundin sitzen, und Gerardo und Mara werden Marlene präsentieren. Weder ich noch Olivia noch du werden sie der Gesellschaft vorstellen!«

Ich nahm meinen ganzen Mut zusammen und antwortete ihm: »Ich habe weder deine Frau angeschnauzt noch habe ich verlangt, Marlene vorzustellen! Ich wollte lediglich wissen, welche Rolle mir an diesem Abend zugedacht ist, und ich glaube, daß ich ein Recht darauf habe, informiert zu werden. Daß ich nervös war und vielleicht nicht den richtigen Ton getroffen habe, mag sein, und das bitte ich zu entschuldigen!«

»Ich weiß ganz genau, was du Olivia gesagt hast. Ich war ja dabei, und sie hat es mir sofort erzählt«, antwortete Raúl, immer noch böse. »Und eins will ich dir mal sagen: Keiner von uns ist verpflichtet, Marlene, die schließlich nicht meine Tochter ist, diesen Geburtstag zu richten. Olivia hat es mir und deinen Kindern zuliebe getan. Und dafür gebührt ihr Dank!«

Ich mußte schlucken bei diesen Worten. »Abgesehen davon, daß ich sie nicht darum gebeten habe, bin ich dennoch dankbar dafür. Das hat aber nichts damit zu tun, daß ich ein Recht habe zu wissen, wie der Abend ablaufen soll! Bei aller Dankbarkeit kann es nicht sein, daß ich hier nur Zaungast bin, zumal Marlene und auch du gewollt habt, daß ich an diesem Abend dabei bin.«

Das Geburtstagskind und Olivia kamen mit fast zweistündiger Verspätung mit Gerardo und Mara. Gerardo bat mich, nach der Präsentierung von Marlene ein paar Worte des Danks an Olivia zu richten. Das tat ich auch, obwohl ich das als demütigend empfand. Vorher bat ich Olivia noch um Entschuldigung und um Verständnis dafür, daß ich nervös gewesen war. Sie blieb kühl wie immer, sagte nur: »Ist schon in Ordnung!« und würdigte mich für den Rest des Abends keines Blickes mehr. Ihren Eltern und Geschwistern stellte mich Raúl vor, die mich von oben herab knapp begrüßten und ansonsten nicht beachteten. Das konnte ich auch verstehen, obwohl Raúl mir hatte weismachen wollen, daß es keine Eifersucht mehr gab. Und wie sonst sollte ich seine Einladung zu ihrer Familie über Neujahr verstehen? Mir wurde bewußt, daß er mir und sich selbst etwas vormachte.

Das Fest an sich verlief sehr schön. Eine kleine Tanzkapelle spielte flotte Musik, und jeder Mann im Saal mußte mit Marlene einen Walzer tanzen. Eine Mariachi-Kapelle brachte ihr zu vorgerückter Stunde ein Ständchen. Ich tanzte mit Raúls ältesten Bruder Ramón und seinen Cousins, sogar mit Ramóns Jungs, die etwas älter als Marlene sind und sich zu sehr sympathischen jungen Männern gemausert hatten, die ihre Cousinen aus Deutschland heiß und innig liebten. Ich wurde von Raúls Familie an dem Abend nicht im Stich gelassen. Demonstrativ unterhielt sie sich mit mir, während Olivia links liegengelassen wurde. Sie setzte sich, außer zu den Großeltern, zu niemandem an den Tisch. Raúl tanzte den ganzen Abend nur mit ihr und Marlene. Aber mir konnte er nichts vormachen!

Am Ende des Abends eröffnete mir Marlene, daß am nächsten Tag bei Raúl zu Hause noch einmal gefeiert werden und ein Essen stattfinden sollte. Raúl kam dazu und sagte zu Marlene und Laura: »Ich will den morgigen Tag mit meiner Familie verbringen. Ihr müßt euch entscheiden, wo ihr sein möchtet: bei mir oder bei eurer Mutter!«

Marlene stand ganz betreten da und fragte nur: »Aber warum, Papa?« Und Raúl gab eine Antwort, die ich nie für möglich gehalten hätte: »Es gibt Dinge, die gehen nur Erwachsene etwas an!« Und das sagte er zur fünfzehnjährigen Marlene, die er gerade in die Welt der Erwachsenen offiziell eingeführt hatte!

Da war's um mich geschehen: Ich sollte also nicht dabeisein! Wie konnte das sein − wo ich doch in Deutschland jeden von der Familie gerne aufnahm, selbst Raúl und Olivia! Jetzt auf einmal war ich nicht mehr Teil der Familie? Mühsam hielt ich meine Tränen zurück und verließ die Gesellschaft.

Im Hotelzimmer brach ich zusammen und fing vor Mina hemmungslos an zu weinen: »Was ist nur aus Raúl geworden! Olivia hat ihn so in der Hand, daß er nicht mehr Herr seines eigenen Willens ist! Daß er vor ihrer Familie ohne Rücksicht auf andere kuscht!«

Ich schleuderte mit meinen Tränen nicht nur meine Traurigkeit hinaus, sondern auch meine Wut, ich hatte eine unbändige Wut in mir. Auf einmal standen Ramón und seine Frau Mireya bei mir im Zimmer und wurden bestürzt Zeugen meines Ausbruchs. Ich schrie meinen ganzen Zorn hinaus und schimpfte über Raúl in einer Weise, wie ich es noch nie zuvor getan hatte: »Feigling« war noch das mildeste Wort, das mir herausrutschte.

Der gute, dicke Ramón setzte sich aufs Bett, holte eine Flasche Rum aus seiner Tasche und ein paar Cola-Dosen (sie wollten den Abend mit uns im Hotel ausklingen lassen, was ich lieb fand, aber sie hatten nicht mit einer solchen Situation gerechnet).

»Liebe Anne«, sagte er, während er mich väterlich und

liebevoll in den Arm nahm. »Du mußt Raúl verstehen. Das hat er sicherlich nicht gewollt so, aber was hätte er tun sollen? Sie ist nun mal seine Frau, und du bist die Ex-Frau, und in den Augen ihrer Familie hast du bei ihnen nichts zu suchen. Diese Tatsache mußt du schlucken! Daß sie eifersüchtig ist, wundert's dich? Dein Ausbruch beweist mir nur, daß du ihn nämlich liebst, und du bist ihm mit Sicherheit auch nicht gleichgültig!«

»Was, ich und Raúl noch lieben, diesen Schuft, diesen Feigling? Nie!« schleuderte ich ihm entgegen und brach erneut in Tränen aus . . .

Natürlich hatten wir am nächsten Tag alle einen schrecklichen Kater. Ich konnte, verheult, wie ich aussah, nicht auf die Straße. Nacheinander kam die ganze Familie am Morgen zu mir: Cousinen und Cousins mit ihren Frauen, die mich trösteten und davon überzeugten, Flagge zu zeigen und wenigstens mit den Großeltern und meinen Kindern zum Frühstück ins Café zu kommen. Das machte ich dann auch, und Don Ramón und Doña Lupe taten genau das Richtige, indem sie kein Wort über den Abend sagten und sich so verhielten wie immer. Liebenswürdig und aufmerksam. Marlene beobachtete mich ängstlich. Sie befürchtete, ich könne wieder in Tränen ausbrechen. Mir saß der Kloß im Hals, aber ich schluckte ihn.

Mit Ramóns und Mireyas Familie verbrachten die Mädchen und ich ein wunderschönes Silvester im Haus von Mireyas Schwestern, nachdem wir schon bei Guadalupes Bruder gefeiert hatten. Die ganze Familie war da, nur Raúl und Olivia nicht. Raúl wollte mit Marlene und Laura anschließend nach Acapulco fahren, und zwar allein. Zwischen Raúl und Olivia hatte es Krach gegeben. Das erfüllte mich mit Genugtuung. Mit den Kindern vereinbarte ich, daß ich nach Acapulco nachkommen würde, wenn Raúl wieder zur Arbeit mußte. Sie sollten mir nur hinterlassen, wo sie waren.

Einen Tag später, am ersten Januar, geschah das, womit

niemand in Mexiko — diesem Bollwerk politischer Stabilität in Lateinamerika — gerechnet hatte: Im südmexikanischen Bundesstaat Chiapas brach ein Bauernaufstand los!

Ich rief in unserem Korrespondentenbüro an und bot meine Hilfe an. — »Komm sofort her, ich ersticke hier in Arbeit. Ein Kollege liegt in Acapulco am Strand, und Gato ist nach Chiapas geflogen. Wann kannst du dasein?«

In einer halben Stunde war ich im Büro. Sechs Tage lang teilten wir uns die Arbeit auf und berichteten wie die Teufel aus dem Aufstandsgebiet. Diese Regierung, die sich vorgenommen hatte, durch das mit den USA und Kanada getroffene und am ersten Januar in Kraft getretene Freihandelsabkommen Mexiko vom Status eines Dritte-Welt-Landes in die erste Welt zu katapultieren, diese Regierung, die stets die Aufständischen in Nicaragua und El Salvador unterstützte und das brutale Eingreifen des Militärs verurteilte, ließ nun Bomben auf die Rebellen werfen! Auf die Bauern, die nicht mehr verlangten als ihr verfassungsmäßig verbrieftes Recht auf Land und menschenwürdige Behandlung sowie gerechte Bezahlung ihrer Arbeit!

Mir bescherten jene Tage ein großes Erfolgserlebnis. Ich konnte alle meine Kenntnisse, Kontakte und Erfahrungen einsetzen und endlich beweisen, was in mir steckte! Dieser Aufstand, so eigenartig es klingt, brachte mich zu mir selbst zurück. Es war unglaublich.

Eine Woche später als geplant flog ich nach Acapulco. Ich wußte nicht, wo Raúl mit den Kindern abgeblieben war. Er hatte mir versprochen, mich anzurufen, es aber nicht getan. Er war überzeugt, daß ich mit ihm die Tage verbringen wollte, aber es war nicht so! Ich weiß nicht, warum er das glaubte. Jedenfalls meldete er sich nicht mehr, obwohl ich ihm versicherte, daß ich die Kinder erst dann übernehmen würde, wenn er zurück zur Arbeit mußte.

Ich hoffte, sie würden mir über den Weg laufen, und hinterließ in Mexiko-Stadt, in welchem Hotel ich reserviert hatte. Aber es kam wieder anders: Das Hotel war so entsetzlich, daß ich mir ein anderes suchte. Ich hinterließ zwar in Mexiko im Büro und bei der Familie, wo ich schließlich abgestiegen war. Aber die Nachricht erreichte Raúl nicht. Wir waren nur zwei Hotels voneinander entfernt und liefen uns dennoch nicht über den Weg!

Ich konnte nicht länger als vier Tage in Acapulco bleiben, denn wir mußten am fünfzehnten Januar zurück nach Deutschland. Endlich erreichte ich Raúl, und am Abreisetag wollten wir uns zu einem Gespräch in der Stadt treffen. Mir war klar: Ich mußte etwas unternehmen, um ihm zu beweisen, daß ich ihm nichts Böses wollte. Ich wollte, daß er meine Reaktion begriff, und er sollte wissen, daß ich ihn in seiner Hilflosigkeit durchaus verstand. Ich war ja genauso hilflos.

Ich erinnerte mich an Guadalupes Worte von den Waffen der Frau. Wir waren um dreizehn Uhr im Kachel-Haus von »Sanborns« im Zentrum verabredet. In Kenntnis seiner Unpünktlichkeit nahm ich mir Zeit. In aller Ruhe machte ich mich zurecht, nicht zu auffällig, aber bewußt flott. Ich fuhr in meine Zeitung, um mich von meinen Freunden zu verabschieden, und spazierte dann in aller Ruhe die »Avenida Juárez« hinunter, besah mir die Waren an den zahlreichen Ständen und hielt inne, wo immer ich etwas Interessantes erspähte. Ich wollte Zeit gewinnen und einmal in meinem Leben Raúl warten lassen!

Und prompt geschah, was noch nie in all den Jahren, die wir uns kennen, passiert war: Raúl saß bereits wartend im Café. Lachend und kokett ging ich auf ihn zu und begrüßte ihn betont liebevoll: »Na, mein Lieber, nun hast du auch mal auf mich warten müssen!« Ich hatte mir vorgenommen, ihn zu ködern, indem ich ihm geschäftliche, ganz konkrete Projekte anbot und indem ich ihn über meine Arbeit und Erkenntnisse zum Aufstand aufklärte, ihn auch das eine oder andere fragte.

So nahm ich ihm den Wind aus den Segeln, und erst nachdem wir ausgiebigst gefrühstückt und über den Aufstand debattiert hatten und Raúls Anspannung merklich nachließ, hob er an: »Weißt du, Anne, das war nicht gut, was da in Oaxaca gelaufen ist. Olivias Eifersucht und dein Ausbruch kamen für mich so überraschend! Ich fühlte mich völlig überrannt. Und sicherlich ist manches Mißverständnis darauf zurückzuführen, daß wir nicht miteinander geredet haben! Ich hatte die ganze Planung bewußt Olivia überlassen und wollte mich nicht einmischen, und das war genau das Falsche! Aber daß du dann auch noch die Kinder erpreßt hast, die mir schwere Vorwürfe gemacht haben, weil ich dich angeblich gedemütigt und verletzt habe, das ist unfair!«

Ich fühlte mich sehr wohl an jenem Morgen. Ich hatte keine Angst mehr vor Raúl. Ich sah ihn als den Mann, der er war, und ich sah ihn sehr wohl mit dem Herzen. Das machte es mir leicht, ihn davon zu überzeugen, daß ich die Kinder keinesfalls erpreßt hatte. Nach und nach erzählte mir Raúl von seinem Leben mit Olivia. Anfangs wollte er mir noch glauben machen, daß sie, wenn man mit ihr alleine war, sehr liebenswürdig und zärtlich sei. Ich glaubte ihm nicht und sagte ihm auch, daß wir beide uns doch nun wirklich kein Theater mehr vormachen müßten! Er sprach auch jene verhängnisvollen Wochen an, in denen meine Schwester Ruth in Mexiko gewesen war. »Du bist sonst so intelligent, aber wenn es um Gefühle und um ein Gespür für andere Menschen geht, versagst du! Du vertraust den Menschen und merkst nicht, wie du manipuliert und hintergangen wirst. Mara hat dir die Videos von den Geburtstagen ihrer Töchter ganz bewußt gezeigt. Und wieder ist das passiert, was unsere Beziehung immer bedroht und schließlich zerstört hat: Du bist zu vertrauensselig und hast es immer zugelassen, daß sich die Familie — deine und meine — in unsere Angelegenheiten einmischt! Deine Schwester, der du die Kinder mitgeben wolltest, meine Mutter, die alles, was sie von dir hört, an Olivia weitergibt . . . Du merkst gar nicht, daß Olivia ihre Lieblingsschwiegertochter ist!«

Sicherlich hatte Raúl in manchem recht – nur in einem nicht. Guadalupe verfolgte mir ihren Erzählungen über mich bei Olivia nämlich eine Strategie: Sie wollte Olivia und Raúl trennen! Das sagte ich Raúl natürlich nicht. Er selbst sprach von seiner Traurigkeit, von seinem offenbar gescheiterten Versuch, mit Olivia eine Familie zu gründen und sie zusammenzuhalten, wirklich etwas aufzubauen. »Und dann kommt Olivia an, das erste Mal, daß meine ganze Familie mich in Oaxaca besucht, und läßt mich alleine sitzen und kümmert sich nicht um sie! Ich habe soviel für ihre Familie getan, und daß sie mir das angetan hat, das verzeihe ich ihr nicht! Ich wollte die Fehler aus der Vergangenheit mit dir nicht wiederholen. Ich wollte alles richtig machen! Sie wollte mit nach Acapulco, aber ich wollte niemanden von euch beiden sehen: Sie nicht, dich aber auch nicht! ›Zum Teufel mit den blöden Weibern‹, habe ich mir gesagt. Sicher habe ich manches falsch gesehen, weil ich natürlich von der Vergangenheit geprägt bin, und dann handelt man eben falsch. Aber Marlene und Laura haben mir eine Lektion erteilt . . .«

Ja, da saßen wir beiden in diesem herrlichen Jugendstilcafé, mit unseren verratenen und dem Stolz und der Wut geopferten Gefühlen füreinander, mit unseren späten Erkenntnissen und konnten das Rad der Zeit nicht mehr zurückdrehen! Was nützte es noch, daß ich ihm wieder und wieder erklärte, daß ich niemals die Kinder meiner Schwester hatte mitgeben wollen!

Es war jetzt nicht mehr zu ändern. Und wie Schuppen fiel mir die Erkenntnis von den Augen, daß ich Raúl nie eine Chance gegeben hatte. Ich lehnte jeden Mann ab, der mich liebte! Mit einem Mann, der mich liebte, konnte etwas nicht stimmen – dachte ich –, und so, wie ich mich selbst nicht liebte und akzeptierte, sondern bekämpfte, so bekämpfte ich jeden, der mich ernst nahm, und rannte denen hinterher, die mich nicht haben wollten! Mir wurde bewußt, daß ich Raúl auch tief verletzt hatte, und mir wurde bewußt, wie sehr ich ihn eigentlich liebte.

Nein, das Rad der Geschichte konnten wir nicht mehr zurückdrehen. Aber wir schlossen einen Vertrag: In Zukunft würden wir immer miteinander reden, direkt und ohne Umwege über die Familie oder Freunde oder sonstwen! Wir wollten uns das erhalten, was wir heute haben: unsere Freundschaft und die Liebe zu unseren Kindern. Keiner sollte je wieder das Recht bekommen, sich da einzumischen.

Als Laura und Marlene mit Mina und ihrer Tochter ins Café kamen, sahen sie uns friedlich und liebevoll zusammensitzen. Gerechnet hatten sie nicht damit. Ich fuhr mit Mina zur Wohnung von Guadalupes Bruder, wo ich die ganzen Tage geblieben war, um meine Koffer zu packen. Raúl wollte mit Laura, Marlene und Marita noch CDs kaufen und uns dann abholen, um zum Flughafen zu fahren.

Aber Raúl kam nicht. Die Maschine sollte um 21.00 Uhr abfliegen. Um 19.00 Uhr hatten wir immer noch keine Nachricht, wo er mit den Kindern abgeblieben war. Mina geriet in Panik. Ich beruhigte sie: »Du kennst Raúls Unpünktlichkeit! Wahrscheinlich haben sie sich in der Zeit vertan und zu lange getrödelt. Wir werden ihn spätestens am Flughafen treffen.« Arme Mina, sie zeichnete alle möglichen Katastrophenszenarios! Aber ich war überzeugt, daß nichts Schlimmes passiert war. Ich konnte mir nicht vorstellen, daß Raúl irgendeine böse Tat vorhatte. Um 19.30 Uhr erreichte ich ihn endlich bei sich zu Hause. Er war völlig aufgelöst. »Mein Auto sprang nicht an, der Tank war leer, und ich Idiot habe es nicht bemerkt! Wir sind dann mit dem Taxi hierhergefahren und sehen uns gleich am Flughafen, ja?«

318

Ich habe selten so gelacht! Ich habe Tränen der Befreiung gelacht. Am Flughafen verabschiedeten wir uns voneinander: Wieder und wieder haben wir uns umarmt, wir konnten nicht voneinander loslassen, so daß Marlene und Laura schon Witze darüber machten.

Wochen später rief mich Laura weinend an. Unter Tränen erzählte sie mir, welcher Konflikt in ihr gärte: »Ich begreife euch nicht. Erst reißt mich Papa von dir weg, dann reißt du mich von Papa weg. Du erzählst mir eine Geschichte, und Papa erzählt mir eine andere. Wem soll ich eigentlich glauben?«

Was sollte ich meinem Kind dazu sagen?

»Dein Papa und ich haben große Fehler gemacht. Jeder von uns glaubte, das Richtige zu tun. Wir haben uns selbst belogen und betrogen, und jeder von uns hat die Dinge so erzählt, wie er sie empfunden hat. Das heißt nicht, daß er oder ich gelogen haben. Wir beide haben es uns nicht leicht gemacht und uns geirrt. Das ist schlimm, und was wir — und ganz besonders du! — durchmachen mußten, war schrecklich. Aber das ist vorbei. Freue dich darüber, daß du einen Vater und eine Mutter hast, die dich über alles lieben und die sich nie wieder etwas Böses antun wollen! Wir haben gelernt aus unseren Fehlern und können jetzt auf dem aufbauen, was wir heute erreicht haben. Das heißt nicht unbedingt, daß wir wieder zusammenkommen. Aber wir haben etwas ganz Wunderbares und ganz Wichtiges erreicht: Wir stehen zueinander und zu dir und Marlene! Genieße deinen Vater, wenn er bei dir ist, und freue dich darüber, daß du ihn hast! Kannst du damit leben?«

»Ja, Mami, das kann ich. Ich hab' dich lieb!«

Band 61312

Orestes Lorenzo Pérez
Flug ins Morgenrot

Im März 1991 fliegt Orestes Lorenzo Pérez, Major der kubanischen Luftwaffe, zum ersten Mal eine MIG 23. Doch anstatt zu seiner Basis zurückzukehren, steuert er einen Stützpunkt in Florida an und bittet in den USA um politisches Asyl.

Von Kindheit an von den Idealen der kubanischen Revolution überzeugt, waren ihm Zweifel an dieser Ideologie gekommen. Er hatte beschlossen, in die Vereinigten Staaten zu gehen, wo seine Kinder in Freiheit aufwachsen sollten. Doch alle Versuche, seine Frau und die beiden Söhne aus Kuba zu sich zu holen, bleiben erfolglos, obwohl u.a. George Bush und Michail Gorbatschow ihn unterstützen. Und so hat er nur noch eine Chance: Am 19. Dezember 1992, nach 21 Monaten voller Sehnsucht, steigt er in eine alte Cessna, um das fast Unmögliche zu vollbringen.